003po Foto: sg

Weitere KulturSchock-Titel:

Ägypten, Argentinien, Australien, Brasilien, China/Taiwan, Cuba, Finnland, Golfemirate und Oman, Indien, Iran, Japan, Jemen, Kambodscha, Kaukasus, Laos, Marokko, Mexiko, Pakistan, Polen, Russland, Spanien, Thailand, Türkei, USA, Vietnam

KulturSchock – Familienmanagement im Ausland
KulturSchock – Leben in fremden Kulturen

Izabella Gawin, Dieter Schulze
KulturSchock Polen

„Um an die Quelle zu kommen, muss man gegen den Strom schwimmen.“

(Stanisław Jerzy Lec)

002po Foto: sg

Impressum

Izabella Gawin, Dieter Schulze
KulturSchock Polen

erschienen im
Reise Know-How Verlag Peter Rump GmbH
Osnabrücker Str. 79
33649 Bielefeld

1. Auflage 2005

Gestaltung
Umschlag: Günter Pawlak (Layout)
Inhalt: Günter Pawlak (Layout), Klaus Werner (Realisierung)
Abbildungen: siehe Bildnachweis Seite 253

Lektorat
Klaus Werner

Druck und Bindung: Ebner & Spiegel, Ulm

ISBN 3-8317-1295-6
Printed in Germany

Dieses Buch ist erhältlich in jeder Buchhandlung Deutschlands, der Schweiz, Österreichs, Belgiens und der Niederlande. Bitte informieren Sie Ihren Buchhändler über folgende Bezugsadressen:

Deutschland
Prolit GmbH, PF 9, D-35461 Fernwald (Annerod) sowie alle Barsortimente
Schweiz
AVA-buch 2000, Postfach, CH-8910 Affoltern
Österreich
Mohr Morawa Buchvertrieb GmbH, Sulzengasse 2, A-1230 Wien
Niederlande, Belgien
Willems Adventure, Postbus 403, NL-3140 AK Maassluis

Wer im Buchhandel trotzdem kein Glück hat, bekommt unsere Bücher auch direkt über den Verlag oder über unseren **Büchershop im Internet: www.reise-know-how.de**

Wir freuen uns über Kritik, Kommentare und Verbesserungsvorschläge.

Alle Informationen in diesem Buch sind von den Autoren mit größter Sorgfalt gesammelt und vom Lektorat des Verlages gewissenhaft bearbeitet und überprüft worden.

Da inhaltliche und sachliche Fehler nicht ausgeschlossen werden können, erklärt der Verlag, dass alle Angaben im Sinne der Produkthaftung ohne Garantie erfolgen und dass Verlag wie Autoren keinerlei Verantwortung und Haftung für inhaltliche und sachliche Fehler übernehmen.

Der Verlag sucht Autoren für weitere KulturSchock-Bände.

Izabella Gawin, Dieter Schulze

KulturSchock POLEN

Inhalt

Exkurse zwischendurch

Vorwort

Freunde fragen uns überrascht: „Polen? Kann man denn da Urlaub machen?“ Das Land im Osten ist nur wenig bekannt und das Bild, das man sich von seinen Bewohnern macht, widersprüchlich wie keines sonst in der Welt. Da erscheint ein wirres Personal aus Wodkatrinkern und schönen Frauen, verbohrten Katholiken und fleißigen Gastarbeitern, empörten Bauern und Autodieben. Fragt man nach berühmten Polen, werden immer die selben genannt: der unermüdlich für sein Land betende Papst, *Chopin* mit seinen Mazurkas und Polonaisen, dann der Elektriker, der es zum Präsidenten brachte, vielleicht auch der Filmemacher *Polański* und die „Schwarze Madonna“.

Halbwissen an allen Fronten, vermischt mit hartnäckigen Stereotypen – und dies auf beiden Seiten der Oder. Da will noch viel begriffen sein, bis das Gefängnis der Vorurteile aufspringt und Deutsche und Polen einander verstehen. Dieses Buch unternimmt einen Versuch, einiges von dem zu erklären, was beim Besuch des Nachbarn ins Auge springt und vielleicht auch verstört. Es gibt einen Überblick über die prägenden Ereignisse der Geschichte und prüft, wo und wie sie in der Gegenwart fortwirken. Es fragt, wie Polen zu dem wurde, was es heute ist und welches Verhältnis es zu seinen Nachbarn hat, insbesondere den Deutschen. Erzählt wird auch von den Juden und Roma im Land, den Goralen, Bojken, Lemken und Kaschuben. Vor allem aber von den Polen selbst, ihren Wünschen und Träumen, ihren Sorgen im Alltag und den geschickten Lösungen, die sie immer wieder finden, um sich aus schwieriger Lage zu befreien. Dargestellt werden die beherrschende Rolle der Kirche, das Verhältnis von Mann und Frau, Liebe und Sexualität, Studium und Beruf.

Das Buch will allen, die in nächster Zeit ins Nachbarland reisen, Orientierungshilfe geben. Sie sollen ihre Erlebnisse in einen größeren Rahmen einordnen und leichter verstehen können. Dabei werden die praktischen Dinge des Lebens nicht ausgeklammert: Was erlebt man in Bus und Bahn? Wovor gilt es sich zu schützen, wenn man mit Auto unterwegs ist? Welche Überraschungen gibt es beim Besuch bei einer polnischen Familie? In welchem Milieu ist der Handkuss noch Pflicht? Darf man „nein“ sagen, wenn immer mehr Essen aufgefahren wird? Und in welcher Situation sollte man schweigen?

Wir wünschen viel Spaß bei der Lektüre des Buches und der Reise durchs Land!

Izabella Gawin und Dieter Schulze

004po Foto: sg

ERINNERUNGSORTE UND EPOCHEN

Eintritt in den westlichen Kulturkreis

Drei Brüder, heißt es in einer Legende, zogen übers Land und suchten einen Ort, an dem es sich lohnte zu bleiben. *Rus* entschied sich für die Steppe, *Czech* für das Moldautal und *Lech,* der Älteste, für den Zufall: Auf einem großen, weiten Feld entdeckte er ein Nest mit schneeweißen Adlern und war so entzückt von ihrem Anblick, dass er beschloss, sich just an dieser Stelle eine Hütte zu bauen. Er gab ihr den Namen *Gniazd* („Nest"), woraus später *Gniezno,* die erste Hauptstadt des Landes wurde – mit dem Adler als Polens Wappentier.

In Warschau: Kinder gedenken am „Kleinen Aufständischen" den Kinderkurieren, die im Zweiten Weltkrieg umkamen

Christliches Fundament

Mit einer hübschen Legende ist freilich noch kein Staat zu machen. Es bedurfte eines ehrgeizigen Herrschers, um die slawischen Stämme zwischen Oder und Weichsel, jenes bunte Gemisch von Polanen, Wislanen, Slensanen, Kujawiern und Masowiern zu einen. Diese Rolle kam **Mieszko I.** zu, einem Gnesener Fürsten aus der Piasten-Dynastie (reg. ca. 960–992), dessen Stamm (*polane* = Feldbewohner) zum Namensgeber Polens wurde.

Mieszko agierte im Schatten eines starken westlichen Nachbarn, der bestrebt war, sein „Heiliges Römisches Reich Deutscher Nation" in Richtung Osten auszudehnen. Längs der Oder, dem wichtigen Handelsweg von der Ostsee nach Schlesien, kam es wiederholt zu Konflikten. Seit der Niederlage gegen die Truppen des Markgrafen *Gero* (963) war *Mieszko* dem deutschen Kaiser tributpflichtig. Um handlungsfähig zu bleiben, tat er das Beste, was er tun konnte. Er schwor seinem heidnischen Glauben ab und ließ sich taufen, womit er Anspruch auf päpstlichen Schutz erwarb und seinerseits missionierend tätig werden durfte. Zugleich entzog er seinem deutschen Nachbarn den Vorwand, ihn mittels Gewalt zum „rechten Glauben" bekehren zu können.

Doch es gab in dieser frühen Phase **deutsch-polnischer Beziehungen** nicht nur Zank und Streit. Die Heirat *Mieszkos* mit *Oda,* der Tochter des sächsischen Markgrafen, läutete eine Zeit der Entspannung im deutsch-polnischen Verhältnis ein (977). Der Pole nahm an kaiserlichen Reichstagen teil und rückte vom Vasallen zum Lehnsmann des Deutschen Reiches auf. Gleichzeitig nutzte er die Ruhe an der Westfront, um sein Territorium in Richtung Süden und Osten auszudehnen. Er sicherte sich die Kontrolle über Schlesien und das Weichselgebiet um Krakau, die aus dem West-Ost-Handel erzielten Einkünfte (etwa zehn Prozent des Warenwerts) flossen nun nicht mehr in böhmische, sondern in polnische Taschen.

Polen wird selbstständig

Doch nicht *Mieszko,* sondern Sohn **Bolesław I.** (reg. 992–1025) war es vergönnt, seinem Land die Selbstständigkeit zu erkämpfen. Eine gigantische Statue vor der Gnesener Kathedrale zeigt ihn in voller Montur, ausgerüstet mit Schild und Schwert. Manch ein Pole posiert zu seinen Füßen und lässt sich nach dem Motto „Ich und mein Ahnvater" ablichten. Und

Statue von Bolesław I.

noch etwas zieht ihn magisch-intensiv an. 18 Flachreliefs an der romanischen Kirchentür erzählen vom Leben und Sterben des heiligen *Adalbert,* dessen sterbliche Überreste in einem Sarkophag am Hochaltar aufbewahrt sind. 997 hatte *Bolesław* den aus Prag verbannten Bischof bei sich aufgenommen und ihn anschließend bei seiner Missionsreise ins heidnische Pruzzenland unterstützt. Doch das Unternehmen scheiterte, *Adalbert* wurde von einem widerspenstigen Priester erschlagen. Darauf erwarb *Bolesław* die Reliquien seines Freundes im Tausch gegen bares Gold und setzte sich beim Papst dafür ein, dass der den Märtyrertod gestorbene Bischof heilig gesprochen werde.

005po Foto: sg

Als im Jahr 1000 der deutsche Kaiser *Otto III.* das Grab des heiligen *Adalbert* in Gnesen besuchte, kam es zu einer folgenreichen Begegnung mit Herzog *Bolesław,* der nun die Früchte für die von ihm praktizierte Loyalität gegenüber dem Deutschen Reich ernten durfte. *Otto III.* erhob den bis dahin Tributpflichtigen *(tributarius)* in den Rang eines Souveräns *(dominus).* Er kürte ihn zum „Bruder und Mitstreiter im Reich", setzte ihm ein Diadem aufs Haupt und übergab ihm sein Schwert. Auch gestand er ihm das Recht zu, eigene Bischöfe zu ernennen, womit eine vom deutschen Reich unabhängige polnische Kirche entstand. Noch im gleichen Jahr wurde das **Erzbistum Gnesen** gegründet, dem das Bistum von Posen unterstellt war. Gnesen gilt seither als Wiege und Wahrzeichen des polnischen Staates, bis heute residiert dort der Primas von Polen. Der oberste Kirchenherr ist zugleich Erzbischof von Warschau und laut kirchlicher Doktrin „Reichsverweser", d. h. weltlicher Herrscher in königslosen Zeiten.

Nach *Ottos* Tod (1002) verschlechterte sich das deutsch-polnische Verhältnis. *Heinrich II.* war an der Fortsetzung des Bündnisses mit den Piasten nicht interessiert. Wiederholt kam es zu **kriegerischen Auseinandersetzungen,** wobei es *Bolesławs* Truppen mehrfach gelang, weit nach Westen vorzustoßen. Im Frieden von Bautzen 1018 wurde die Grenze der polnischen Kirchenprovinz nach Westen verschoben, ihr Territorium um Lausitz, Mähren und Pommern erweitert. Noch erfolgreicher war *Bolesław* bei seinen **Feldzügen gen Osten,** was ihm den Beinamen *Chrobry* (der Tapfere) einbrachte. Schon bald reichte seine Macht von der Oder bis zum Bug, von der Ostsee bis zu den Sudeten und entsprach ungefähr Polen in den Grenzen von heute.

1025 nutzte *Bolesław* einen Konflikt zwischen dem Papst und dem mittlerweile zum Kaiser aufgestiegenen *Heinrich* und ließ sich mit päpstlicher Billigung zum König krönen.

Innere Krisen

Doch sein Reich hatte keinen Bestand. Sein Nachfolger *Mieszko II.* verlor wichtige Territorien im Westen und musste 1033 auf den Königstitel verzichten. Nach einem Vorstoß der Böhmen wurde die Hauptstadt von Gnesen ins östlich gelegene Krakau verlegt. Bürgerkriege und heidnischer Aufruhr erschütterten das Land, das immer mehr an Bedeutung verlor. Zum **Zerfall der Zentralmacht** trug auch die 1138 eingeführte Erbfolgeregelung bei, die den ältesten, in Krakau residierenden Königssohn zum Oberherrscher bestimmte und den drei übrigen männlichen Nachgeborenen je einen Landesteil zusprach. Die Piasten-Dynastie splitterte sich in mehrere konkurrierende Linien auf, die sich ihrerseits verästelten. Dauerhaft zum polnischen Staatsgebiet gehörten „Großpolen" (Wielkopolska), das Stammland um Gnesen, ferner „Kleinpolen" (Małopolska), das Gebiet um Krakau, Masowien (Mazowsze), die Landschaft um Warschau und vorerst auch Schlesien (Śląsk) mit Breslau. Pommern fiel bereits 1181 ans Reich.

Die Piastenfürsten holten zwecks Mehrung ihrer Einkünfte **deutsche Siedler** ins Land, damit sie den Boden urbar machten. Auch gründeten sie Städte nach deutschem Recht und nahmen gern Töchter aus deutschen Fürstenhäusern zur Frau. Viele Polen hören das nicht gern, darum machen sie einen Bogen ums 12. und 13. Jahrhundert. Es verletzt ihren Nationalstolz, dass sich die eigenen Herrscher in Richtung Westen orientierten, weil sie von dort einen Zivilisationsschub erhofften.

Erst 1320, also nach fast zweihundert Jahren, wurde Polen nach internen Machtkämpfen als **Königreich neu begründet.** Allerdings gehörte Schlesien ab 1335 nicht mehr dazu: Als Teil Böhmens wurde es Bestandteil des Heiligen Römischen Reichs Deutscher Nation.

Der Sieg bei Tannenberg (Grunwald) wird in seiner Bedeutung mit dem Sturz Hitlerdeutschlands verglichen (polnisches Plakat aus dem Jahr 1945)

Sieg über den Deutschen Orden

„Hätten die Kreuzritter bei Grunwald gesiegt, wir hätten hier längst eine Autobahn."
(Zufahrt zur A7, Zitat eines polnischen Autofahrers gegenüber Journalisten der TAZ)

Vertreter der Stiftung „Geschichte und Kunst" stellten ein ungewöhnliches Projekt vor. An der Straße Warschau - Danzig, nahe der Abzweigung nach Grunwald, wollen sie das **größte Denkmal Europas** bauen lassen: In Erinnerung an die Schlacht vom 14. Juli 1410, die in Deutschland als „Schlacht bei Tannenberg" bekannt ist und in deren Verlauf der Deutsche Orden vom vereinten polnisch-litauischen Heer geschlagen wurde. Nun ist man in Polen gewohnt, nicht nur mit einem, sondern mit mehreren Denkmälern an Schlüsselereignisse der nationalen Geschichte erinnert zu werden. Doch dieses Monument dürfte alle bisher errichteten in den Schatten stellen, schon aus zwei Kilometern Entfernung soll man erschaudern. 500 Meter lang soll es sein, 350 Betonritter auf 70 Sockeln, eine Nachzeichnung der Schlacht in ihrer entscheidenden Phase. Als Vorlage könnte das berühmte Gemälde des Nationalmalers *Jan Matejko* (1838–

1893) dienen, im Hintergrund zwei 110 Meter hohe, nach unten weisende Schwerter. Diese gelten in Polen als Symbol für die siegreiche Abwehr der Deutschen und insbesondere ihres „Drangs nach Osten".

So lange die Finanzierung für das Projekt nicht gesichert ist, darf gestritten werden: Wäre ein solches Denkmal ein legitimer Beitrag zur Rettung des polnischen historischen Erbes oder eher Ausdruck von Gigantomanie? Die Antwort eines 82-jährigen Polen lässt keinen Zweifel daran, was die Männer seiner Generation denken: „Wir haben die Deutschen unter Aufbietung aller Kräfte besiegt und wir sind auch in Zukunft bereit, unser Leben zu opfern, wenn das Vaterland in Not ist." Die Jüngeren sind da schon zögerlicher: „Ein bisschen zu groß", meinen sie, „aber das Anliegen geht in Ordnung." Und nur einer traut sich zu sagen: „In Grunwald lebten damals doch gar keine Polen."

Aufbau eines „Gottesstaats"

Im kollektiven Gedächtnis der Polen und Deutschen stehen Grunwald bzw. Tannenberg für das Trennende zwischen den Völkern. Das von der Stiftung „Geschichte und Kunst" anvisierte Monument arbeitet der Zwietracht nicht entgegen, sondern löst das Geschehen aus dem historischen Kontext und macht Stimmung gegen den westlichen Nachbarn. Dabei wird nur selten herausgearbeitet, wer oder was der **Deutsche Ritterorden** eigentlich war.

Die Geschichte des Ordens reicht ins ausgehende 12. Jahrhundert zurück, als die „ungläubigen" Moslems den Christen die heilige Stadt Jerusalem entrissen. Kaufleute aus Lübeck und Bremen rüsteten sich zum dritten Kreuzzug und verbanden mit dem geistlichen Auftrag ein wirtschaftliches Kalkül. Es ging darum, die arabischen Zwischenhändler auszuschalten und sich so den ungehinderten Zugang zum lukrativen Orienthandel zu sichern.

Wo gehobelt wird, fallen Späne – wo gekämpft wird, fallen Verwundete an. Vor der Festungsstadt Akkon errichteten die Kreuzfahrer aus den Segeln ihrer Schiffe ein Feldlazarett, in dem die mitgereisten Mönche als Sanitäter arbeiteten. So wichtig war ihr Beitrag zum Krieg, dass sie Papst *Innozenz III.* in den Rang „geistlicher Ritter" erhob (1199). Der nach dem Vorbild der Templer und Johanniter gegründete „Orden des Hospitals der heiligen Maria vom Deutschen Haus" wurde Kern einer **Eliteeinheit,** die vom Papst aufgerufen war, den Kampf gegen die Ungläubigen in aller Welt zu führen: „Mir ist gegeben alle Gewalt im Himmel und auf Erden. Darum gehet hin und machet zu Jüngern alle Völker, indem ihr sie taufet im Namen des Vaters, des Sohnes und des heiligen Geistes, und lehret sie halten alles, was ich euch befohlen habe" (Matthäus 28, Vers 19ff.). Wo immer sich Heiden der Missionierung widersetzten, war der Orden befugt, gegen sie vorzugehen. Ihm gehörten anfangs nur Deutsche an, im späteren Verlauf auch Russen, Tschechen, Ungarn und Ruthenen. Sie waren Streiter Gottes gegen die Mächte des Bösen und keiner weltlichen Herrschaft, sondern einzig dem Papst unterstellt.

Der Orden wurde von Königen und Adligen protegiert. Sie beschenkten ihn mit Ländereien im Heiligen Römischen Reich, auf der Iberischen Halbinsel und in Palästina. Erste **Militäraufträge** führten ihn in andere Regionen des Nahen Ostens, dann auch nach Siebenbürgen, wo auf Bitten des ungarischen Königs die Kriegerhorden der Kumanen bekämpft und abgewehrt wurden. Das erfolgreiche Vorgehen kam dem polnischen Teilfürsten *Konrad von Masowien* zu Ohren, der sich mit Ungläubigen an der Nordflanke seines Herzogtums herumschlug. Zur Unterwerfung der baltischen Pruzzen bedurfte es kriegserfahrener Truppen, über die er nicht verfügte. Wie man sich erinnert, war schon um die Jahrtausendwende ein Bischof beim Versuch gescheitert, die Pruzzen zu christianisieren und auch in der Folge waren ähnliche, von polnischen Fürsten geleitete Unternehmen immer wieder fehlgeschlagen. In seiner Not wandte sich *Konrad von Masowien* an den Deutschen Orden (1226) und machte dem Hochmeister *Hermann von Salza* einen Vorschlag: Zeigten sich die Ordensritter bereit, bei der **Unterwerfung der Pruzzen** behilflich zu sein, sollten sie als Gegenleistung das Kulmer Land nördlich von Thorn erhalten.

Den Auftrag nahm der machtbewusste Hofmeister gerne an, doch war er nicht gewillt, sich mit einem kleinen Geschenk abspeisen zu lassen – seine Ziele waren weiter gesteckt. So ließ er sich vom Papst das zu erobernde heidnische, also nach christlicher Auffassung herrenlose Pruzzenland übereignen und vergaß nicht, sich von *Friedrich II.,* dem deutschen Kaiser, gleichfalls den künftigen Besitz absegnen zu lassen. Erst dann gab er seinen Rittern den Marschbefehl. Von den längs der Weichsel errichteten Festungsburgen starteten sie zu ihren blutigen Feldzügen, missionierten erst die Pruzzen, dann die weiter östlich siedelnden Sudauer und Galinder. Ab 1283 begann der Orden mit dem systematischen **Aufbau eines eigenen Gottesstaats,** zu dem bald auch das westlich der Weichsel gelegene Pommerellen gehörte. Mithilfe vorwiegend deutscher Kaufleute, Handwerker und Bauern wurden ca. 100 Städte gegründet, deren straffe Verwaltung als vorbildlich galt. Nachdem der Hochmeister 1309 seinen Hauptsitz in die Marienburg verlegt hatte, expandierte das Ordensheer weiter gen Norden; es vereinigte sich mit dem dort aktiven Schwertbrüder-Orden und erwarb Livland (1328), Estland (1346), Gotland (1398) sowie die pommersche Neumark (1402).

Allmählicher Niedergang

Die Furcht vor dem sich ausbreitenden Ordensstaat trug zur **Wiederannäherung der polnischen Teilfürstentümer** bei. Ab 1320 waren Groß- und Kleinpolen vereint, König *Władysław I.* schuf die Grundlagen für eine dauerhafte staatliche Entwicklung. 1386 erweiterte sich Polen durch Bildung einer Personalunion mit Litauen: Thronerbin *Jadwiga* heiratete den litauischen Großfürsten *Jagiełło,* der sich taufen ließ und zum polnischen König aufstieg. Da mit ihm auch seine Untertanen christlich wurden, war dem Deutschen Orden das Motiv für ein weiteres Ausgreifen nach Nordosten entzogen: Es gab in dieser Region nun keinen heidnischen Volksstamm mehr, der zu „missionieren" war.

Die Auseinandersetzung zwischen Polen und dem Deutschen Orden spitzte sich auf die Frage zu, wem die Herrschaft über das Baltikum und den Ostseeraum gebühre. 1410 wurde darüber in der **Schlacht bei Grunwald (dt. Tannenberg)** entschieden: In der größten Schlacht des Mittelalters siegte das polnisch-litauische Heer und tötete mehr als 40.000 Ordensritter, darunter auch den Hochmeister *Ulrich von Jungingen.* Da aber die Marienburg nicht eingenommen werden konnte, blieb die Herrschaft des Ordens trotz einiger mit der Niederlage verknüpften Gebietsverluste vorerst intakt.

Nicht die Polen, sondern die eigenen Untertanen versetzten dem Orden den entscheidenden Schlag. Die Kaufleute Königsbergs, Danzigs, Thorns und Elbings waren der hohen Steuerlasten überdrüssig und schlossen sich um die Mitte des 15. Jahrhunderts zum **Preußischen Bund** zusammen. Sie sicherten sich die Unterstützung des polnischen Königs und besiegten die Ordensritter in einem dreizehnjährigen Bürgerkrieg (1454–1466). Darauf zog sich der Hochmeister in einen Rumpfstaat um Königsberg zurück, trat 1525 zum Protestantismus über und verwandelte seinen geschrumpften „Gottesstaat" in ein weltliches Herzogtum von Polens Gnaden, das **Herzogliche Preußen.** Niemand konnte damals voraussehen, dass „Preußen" in anderer Gestalt zu einem großen Problem für Polen werden würde. Einige polnische Historiker vertreten deshalb bis heute die Ansicht, man hätte sich nicht mit dem Lehnseid bescheiden, sondern das Land gewaltsam in den polnischen Staat integrieren müssen – dann wäre es vielleicht nie zu einer Teilung Polens gekommen ...

Späte Folgen

Die Geschichte des Ordens war in deutschen Landen lange Zeit negativ besetzt. Dies änderte sich mit der Herausbildung eines **deutschen Natio-**

nalgefühls im 19. Jahrhundert, als man daran ging, eine Kontinuität zwischen Preußen und dem Ordensstaat herauszuarbeiten und das „kultivierte Abendland“ dem slawisch-barbarischen Osten gegenüberzustellen. Merkmale des deutschen Wesens wie „Fleiß“, „aggressive Kraft“ und „herrisch gemütlose Treue“ waren nach Meinung des Historikers *Heinrich von Treitschke* bereits im Deutschen Orden präsent, dank ihrer, folgerte er, haben sich die „massiven Gaben deutscher Gesittung, das Schwert, der schwere Pflug, der Steinbau ... über die leichtlebigen Völker des Ostens“ verbreitet. *Bismarck* übernahm diese Sichtweise und stimmte seine aggressive Politik gegenüber Polen darauf ab. 1901 wurde bei Tannenberg ein Denkmal zu Ehren des deutschen Hochmeisters errichtet, der im Kampf gegen die „Slawen“ gefallen war. Auf einem gen Polen gerichteten Findling stand zu lesen: „Im Kampf für deutsches Wesen, deutsches Recht starb hier der Hochmeister *Ulrich von Jungingen* am 15. Juli 1410 den Heldentod.“ Ergänzend notierte *Heinrich von Treitschke:* „Es weht ein Zauber über jenem Boden, den das edelste deutsche Blut gedüngt hat im Kampfe für den deutschen Namen und die reinsten Güter der Menschheit.“

Auch die Polen dachten an die Schlacht zurück. Ihr Königreich war von der Landkarte gestrichen, Grunwald alias Tannenberg wurde in Bildern und Romanen zum **Symbol für nationale Befreiung.** Die Erinnerung an den Sieg von 1410 diente der Selbstvergewisserung eigener Größe und vermochte das Selbstbewusstsein gegenüber der preußischen Teilungsmacht zu stärken. Im Roman „Kreuzritter“ von *Henryk Sienkiewicz* heißt es: „Nicht nur der treulose Kreuzritterorden lag hier zu Füßen des Königs, sondern die ganze deutsche Macht, die bisher wie eine Welle die unglücklichen slawischen Länder überflutet hatte, war an diesem Tag der Sühne an der Brust der Polen zerbrochen.“ Der Roman zählt bis heute zu den meistgelesenen Werken der polnischen Literatur, er wurde mehrfach verfilmt.

In den Augen der ihres Vaterlands beraubten Polen war der Deutsche Orden identisch mit Preußen, die Deutschen galten als rücksichtslos und brutal. Ab dem frühen 20. Jahrhundert wurde im österreichischen Teilungsgebiet der Jahrestag der Schlacht mit viel Pomp gefeiert. So wurde 1910 in Krakau ein Denkmal enthüllt, unter dem sich die Patrioten für die gemeinsame nationale Sache vereinten. Es zeigt den polnischen König *Jagiełło* hoch zu Ross, darunter der litauische Großfürst und ihm zu Füßen der erschlagene Hochmeister. 1939 wurde das Denkmal von den Deutschen geschleift, 1976 wiedererrichtet.

Zu Beginn des Ersten Weltkriegs kam es zu einer **Neuauflage der Schlacht von Tannenberg.** Die achte deutsche Armee unter Führung von *Ludendorff* und *Hindenburg* besiegte die russische Narew-Armee. Das zivilisierte Abendland, so die damals offizielle Lesart in Deutschland, hatte über die slawischen Völker des Ostens triumphiert und die Schmach von 1410 vergessen lassen. Später knüpfte *Hitler* an den Mythos von Tannenberg an. Er huldigte dem greisen *Hindenburg* als genialem Feldherr, bei Hohenstein (nahe dem heutigen Olsztynek) entstand ein Mausoleum zu Ehren der gefallenen deutschen Soldaten (1927). Sechs Jahre später präsentierte sich *Hitler* erstmals persönlich vor dem zinnenbewehrten Bau. Nach dem Tod *Hindenburgs* 1934 bestimmte er das Denkmal als dessen Grablege, erhob es in den Rang eines „Reichsehrenmals" und verklärte es zum „Heiligtum der Nation".

Die imperialen Ambitionen des Deutschen Reichs wurden durchkreuzt: 1945 feierten Polen und Russen die Eroberung Berlins als „zweites Grunwald", *Hindenburgs* Totenburg wurde dem Erdboden gleichgemacht. 15 Jahre später baute man bei Grunwald ein Stahldenkmal, mit dem man an die beiden Siege über „Deutschland" erinnerte.

Immer noch, auch nach der Wende, werden in Polen **alte Feindbilder aktualisiert.** Dies geschieht immer dann, wenn man das Gefühl hat, von Deutschland nicht als gleichberechtigter Partner wahrgenommen zu werden. Zum Jahrestag der Schlacht, am 10. Juli, findet bei Grunwald ein Volksfest statt, bei dem Ritterzünfte aus ganz Europa die Schlacht aus dem Mittelalter nachspielen.

Krakau und das goldene Zeitalter

„Warst du nicht in Krakau, so kennst du Polen nicht."
(alte Weisheit)

Die Stadt Krakau steht in Polen einzigartig dar. Sie wurde im Zweiten Weltkrieg nicht zerstört, kein Neuaufbau tat not wie etwa in Warschau, Danzig und Breslau. Bis heute hat sie viele Spuren jener Zeit bewahrt, als sie Hauptstadt des größten europäischen Staates war, der von der Ostsee bis fast zum Schwarzen Meer reichte. Aus jener „goldenen" Epoche stammen fast hundert Kirchen und Klöster, das Wawelschloss, die Tuchhallen auf dem Rynek und eine der ältesten Universitäten. Krakau ist heute die Kulturstadt par excellence, nirgendwo gibt es auf so engem Raum mehr Theater und Konzertsäle, Kabaretts und Galerien.

Krak lässt sich vom Drachen Feuer geben – Krakauer Legende
(Karikatur von Andrzej Mleczko)

Aufstieg

Der Aufstieg Krakaus begann paradoxerweise mit dem **Sturm der Mongolen** 1241. Nachdem die alte Bischofstadt in Schutt und Asche gelegt worden war, machte man sich daran, sie nach dem Vorbild Breslaus vollkommen neu aufzubauen: Eine Befestigungsmauer wurde rund um den Stadtkern gezogen, der sich um einen weitläufigen Marktplatz gruppierte. In seiner Mitte standen die Tuchhallen, in denen schon bald Stoff- und Wollverkäufer, Ledermacher und Schuster ihre Ware anpriesen. Ringsum stellten fahrende Kaufleute ihre Zelte auf und boten exotische Gewürze, Perlen und Seide feil.

Den **Zuzug der Bewohner** regelte die am Magdeburger Stadtrecht orientierte Verfassung von 1257. Wer sich in Krakau niederließ, war von Frondienst und Abgaben an den Adel befreit. Dieses Privileg galt freilich nicht für die Bauern des Umlands, denn seine Pachteinnahmen wollte der schon damals einflussreiche Adel nicht einbüßen. Unter den nach Krakau kommenden Fremden bildeten die Deutschen die Mehrheit; sie genossen volle Bürgerrechte, dominierten den Stadtrat und übernahmen den Vorsitz des Schöffengerichts. So mächtig waren sie, dass Deutsch sogar Amtssprache wurde.

Krakau entwickelte sich binnen weniger Jahrzehnte zu **einem der wichtigsten Handelszentren** im spätmittelalterlichen Europa. Sollte es gelingen, die zerstrittenen Fürstentümer wieder zu einen, so war Krakau als polnische Hauptstadt prädestiniert.

Neugründung des Königreichs

Władysław I., aufgrund seiner kleinwüchsigen Statur auch *Łokietek* („Ellenlang") genannt, gelang, woran alle seine Vorgänger gescheitert waren. 1320 vereinte er Klein- mit Großpolen, erkor Krakau zur Hauptstadt und ließ sich in der Wawelkathedrale zum König krönen. Sein Sohn **Kazimierz III.** (1333–1370) führte den Erfolg weiter und verleibte dem Reich Masowien sowie Teile der heutigen Ukraine ein. Er feierte nicht allein Siege auf dem Schlachtfeld, sondern machte sich auch einen Namen als **Modernisierer.** Er förderte die Gründung von Städten, stiftete Krankenhäuser und Kirchen, vereinheitlichte das Rechtswesen und die Verwaltung. Kultur und Wissenschaft wurden großzügig unterstützt.

Der Chronist *Jan Długosz* schreibt: „Beseelt vom Wunsch, sein Königreich durch ein Studium Generale zu heben und zu verschönern", habe der König 1364 den Grundstein für **Polens erste Universität** gelegt. Es war nördlich der Alpen die zweite nach Prag, und es wurden an ihr nicht nur Theologie, sondern auch Medizin, Jura und Philosophie gelehrt. Und während in fast ganz Europa die Juden als Verursacher der Pest, als Wucherer und Schacherer verfolgt wurden, hieß sie der polnische König willkommen: Als Finanzexperten, kosmopolitische Kaufleute und geschickte Handwerker sollten sie dazu beitragen, Polen in die erste Liga europäischer Staaten zu hieven. Noch heute kennt jedes polnische Schulkind den Spruch, *Kazimierz* habe ein hölzernes Polen vorgefunden und ein steinernes hinterlassen. Als einziger Monarch wurde er mit dem Beinamen *Wielki* (der „Große") geehrt.

Polnisch-litauische Vereinigung

Die Blütezeit des Königreichs stand freilich erst noch bevor. Durch die Heirat *Jadwigas,* der Nichte des kinderlos verstorbenen *Kazimierz III.,* mit dem litauischen Großfürsten *Władysław II. Jagiełło* kam es zur Bildung eines **gemeinsamen polnisch-litauischen Staates** (1386). Die litauische Führungsschicht wurde polonisiert, der heidnische Fürst nahm den christlichen Glauben an. Von Krakau aus herrschte er fast ein halbes Jahrhundert über den territorial größten Staat Europas und begründete die **Jagiellonen-Dynastie,** die bis 1572 Polen und Litauen regierte.

Mit dem **Sieg über den Deutschen Orden** wurde die innenpolitische Position gefestigt und spätestens seit Hochmeister *Albrecht von Hohenzollern* dem polnischen König den Treueschwur leistete, war auch die Nordflanke befriedet; das früher vom Orden kontrollierte Gebiet wurde der polnischen Krone unterstellt und Polen genoss freien Zugang zum Baltischen Meer.

Krakau glänzte nicht nur wirtschaftlich, sondern auch **kulturell.** Aus Deutschland und Italien sowie vielen anderen europäischen Ländern kamen Maler, Bildhauer und Architekten, um die Stadt zu verschönern. Der Nürnberger *Veit Stoß,* bedeutendster Bildhauer des ausgehenden Mittelalters, schuf den spätgotischen Hochaltar der Marienkirche. Italienische Renaissancekünstler gestalteten den Wawel und die Sigismundkapelle, restaurierten Kapellen und Tuchhallen. König und Adel ließen sich Schlösser erbauen, reiche Bürger eiferten ihnen nach mit Palästen. Mitglieder der italienischen Kaufmannsgilde, die dank des Einflusses von *Bona Sforza,* der aus Mailand stammenden Gemahlin *Zygmunts I.* mit großzügigen Hofaufträgen bedacht worden waren, erwarben zahlreiche Häuser rings um den Rynek. „Cracovia totius Poloniae urbs celeberrima" („Krakau ist die herrlichste Stadt Polens"): In Westeuropa war dieser Spruch im 16. Jahrhundert in aller Munde. Aber auch geistig hat sich unter den Jagiellonenkönigen vieles bewegt. Es entwickelte sich eine **demokratische Streitkultur,** man studierte die Schriften von Hus, Morus und Erasmus. Berühmtester Absolvent der Hochschule war der in Thorn aufgewachsene *Nikolaus Kopernikus,* der die These vertrat, nicht die Erde, sondern die Sonne sei das Zentrum des Universums. Damit wurde das christliche Weltbild auf den Kopf gestellt: Die Erde erschien nicht mehr als Krönung der Schöpfung, sondern als ein Planet unter anderen.

Es war eine Zeit, in der die Menschen begannen, sich für **irdische Annehmlichkeiten** zu erwärmen, Glück nicht länger nur im Gebet und in prunkvollen Prozessionen suchten. Das Leben auf dem Krakauer Marktplatz und in den Straßen der Stadt war von Optimismus und Leichtigkeit geprägt. Wanderschauspieler unterhielten die Zuschauer mit Kunststücken, Studenten deklamierten Spottgedichte: Hier gab es Kultur für alle Schichten des Volkes.

Polen hat in seiner Geschichte nie wieder eine so lang andauernde **politische Stabilität** genossen. Doch im Goldenen Zeitalter wuchsen auch bereits die historischen Gegenkräfte heran: Das **Adelsparlament** suchte den Einfluss der Städte zu mindern, trotzte dem König immer mehr Rechte ab und unternahm alles, um seine Allianz mit dem Bürgertum zu unterminieren. Wo sich Teile der Adelsklasse für das Gedankengut der Reformation offen zeigten, hatte dies zumeist einen praktischen Grund: Durch die partielle Entmachtung des katholischen Klerus befreiten sie sich von geistlicher Bevormundung und brauchten den Kirchenzehnt nicht mehr zu zahlen. Erfolgreich widersetzten sie sich auch dem Versuch des Königs, sein winziges, gerade einmal 2000 Mann starkes Heer durch Besteuerung der zahlungskräftigen Stände zu erweitern. Lieber unterhielten die Magnaten eigene Privatarmeen, um gegen drohende Bauernrevolten geschützt zu sein.

1569 gelang König *Zygmunt II.* ein letzter politischer Triumph: Er unterzeichnete den **Vertrag von Lublin,** wodurch die bisherige Personalunion zwischen Polen und Litauen in eine Realunion umgewandelt wurde. Doch mit *Zygmunts* Tod drei Jahre später endete die Jagiellonen-Dynastie und es war fortan der Adel, der über die Königsnachfolge befand – auf die Erbfolgte die Wahlmonarchie. Die Hauptstadt wurde in die Mitte des Reichs nach Warschau verlegt, wo auch alle zwei Jahre der Sejm, der gemeinsame Reichstag, tagte.

Adel ohne Tadel

Loblied auf die „wahren" Polen

Mehr als sein halbes Leben hat er in England verbracht, wohin sich seine Eltern nach der kommunistischen Machtergreifung abgesetzt hatten. Er ging auf die besten Privatschulen und studierte in Oxford, bevor er im Wendejahr 1990 nach Polen zurückkehrte. Und plötzlich war er auch dort, von einem Tag auf den anderen, der angesehene „Herr Graf": Der Palast der Familie, nahe dem Krakauer Ring und fast 50 Jahre in staatlichem Besitz, gehörte nun wieder ihm:
„Unglaublich, wie es bei meiner Rückkehr hier aussah", erinnert er sich, „in den Salons hausten fünfköpfige Familien, und der Stuck war mit

Plastik verhüllt!" Binnen weniger Jahre hat er das Haus aufpolieren lassen, nun erstrahlt es in prachtvollem Barock. Die Säle vermietet er an Westfirmen, was ihm jeden Monat satte Gewinne einbringt. Davon finanziert er auch eine Galerie, in die er von Zeit zu Zeit die Krakauer Kunstszene zur Vernissage bittet. In einem Seitenraum hat er seine Ahnengalerie postiert: „Irgendwo muss ich die Familie ja unterbringen", entschuldigt er sich. „In der Wohnung wirkt sie zu martialisch."

Da sieht man einen schnauzbärtigen Typen mit orientalischem Gewand, Pelzhut und roten Schaftstiefeln, auf einem zweiten Bild zieht er seinen Säbel aus dem Schaft und mustert den Betrachter mürrisch aus den Augenwinkeln - die breite, elegant um die Hüfte geschwungene Schärpe reicht fast bis zum Boden. Wie die meisten der hier porträtierten Figuren wirkt er kampfesbereit; man traut ihm zu, nicht lange zu fackeln, wenn es darum geht, sein Hab und Gut zu verteidigen.

Das ist aber nur ein Teil der Wahrheit, erklärt der Graf; denn eigentlich wurden die Edelleute nur dann biestig und ernst, wenn es um die Einschränkung ihrer Rechte ging - jener „Goldenen Freiheiten", wie sie kein anderer Adelsstand in Europa besaß und die der Krone im Verlauf einer langen Geschichte abgetrotzt worden waren. Und natürlich waren sie Patrioten, liebten und verteidigten das Vaterland, wo immer es bedroht war. Sie kannten noch einen Ehrenkodex und strebten nach Würde, opferten nicht alles der Nützlichkeit, so wie dies heute en vogue sei. Darum hätten sie es auch verstanden, das Leben aufs Schönste zu genießen, sie waren gesellig, verliebt in das Spiel, die Jagd und die Leidenschaft.

Und der Graf zieht Bücher hervor, will zeigen, was berühmte Autoren im Laufe der Geschichte über den glorreichen polnischen Adel geschrieben haben. „Die Polen", sagt er, „das waren per definitionem wir, die Adligen." Klingt das nicht ein bisschen anmaßend, fragen wir. Aber nein, bekommen wir zur Antwort, die anderen, das waren doch die dumpfen Bauern und die zugereisten Städter, polonisierte Deutsche zumeist. Den Schriftsteller Stanisław Orzechowski nimmt er als Zeugen. Dieser hatte schon 1564 eine Lobeshymne auf den „Polen" gesungen: „Schaut auf den seiner Freiheit stolzen und vor aller Welt in seiner Unabhängigkeit glänzenden Polen; ein vorzügliches Gewand trägt der Pole, das ist die Freiheit, in der er seinem König nicht nachsteht; dazu trägt er einen glänzenden goldenen Ring, das ist der Adel, in dem der höchste dem niedrigeren in Polen gleich ist; er hat mit seinem Herrn, dem König, einen gemeinsamen Ochsen, das ist das allgemeine Recht, das ihm ebenso wie seinem König in Polen gleichermaßen als Ochse dient. Als ein solcher ist der Pole in seinem Königreich stets fröhlich, er singt und tanzt ungehindert, von jeder knechtischen Pflicht ledig." Und noch ein anderes Schriftstück hat es dem Grafen an-

getan: Casanova, der in den Jahren 1765/66 neun Monate in Warschau lebte, notierte beim Anblick polnischer Adliger: „Sie haben sich die wilden Reaktionen der Barbaren bewahrt, und ihre überfließende Freundschaft wie auch ihr glühender, nachtragender Hass tragen Züge der Sarmaten in sich.“

Sarmatische Lebensart

Da tauchte er wieder auf, jener schillernde Begriff der **„Sarmaten“**, der durch so viele Schriften geistert, aber nur selten erklärt wird. Die Sarmaten waren ein ruhmreiches, mit den Skythen verwandtes Nomadenvolk aus den Steppen nordöstlich des Schwarzen Meeres. Im 4. Jahrhundert waren sie westwärts gezogen, hatten sich zwischen Dnjepr und Weichsel niedergelassen und die dortige Urbevölkerung besiegt. Als im Mittelalter erstmals von **Verbindungen zwischen Sarmaten und polnischem Adel** die Rede war, schenkte man derlei Sprüchen wenig Beachtung, doch ab dem 16. Jahrhundert wurde die These durch Universitätsstudien erhärtet.

Und bald gab es immer mehr Adlige, die sich – vor allem in Ruthenien (heute: westliche Ukraine) – zu ihrer sarmatischen Herkunft bekannten. Die These, Abkömmlinge des tapferen Nomadenvolkes zu sein, erlaubte ihnen, sich als etwas Großartiges darzustellen und mit antiken Lorbeeren zu schmücken. Auch trug ein gemeinsamer Stammbaum zur Vereinheitlichung ihres Standes bei. Natürlich gab es unter den Adeligen beträchtliche Unterschiede, was wirtschaftliche Macht und politischen Einfluss betraf, doch rechtlich waren sie einander gleichgestellt – und dies immerhin schon seit 1331. Das kam auch in der Anrede „Herr Bruder" zum Ausdruck, während man im restlichen Europa größten Wert auf Rang und Titel legte. Wollte man mehrere Personen ansprechen, wählte man das Wort *państwo* („edle Herrschaften") – daraus wurde bezeichnenderweise der polnische Ausdruck für „Staat".

Goldene Freiheiten

Die Macht des Adels spiegelte sich nicht bloß im Habitus, sondern sie war auch real. In seinen Auseinandersetzungen mit dem Könighaus hatte sich der Adel seit dem 14. Jahrhundert **viele Rechte erstritten.** Er konnte im Reichstag über Steuern und Krieg entscheiden, nur mit seiner Zustimmung durfte das Königshaus Gesetze erlassen. Auch besaß er das **Monopol auf den Erwerb von Land** und sicherte sich den bedingungslosen Zugriff auf die Arbeitskraft der Bauern, konnte über deren Leib und Leben nach Belieben verfügen. Einige Adlige, die so genannten Magnaten, herrschten auf ihren Latifundien wie souveräne Fürsten. Das waren die Potockis und Poniatowskis, Czartoryskis und Radziwiłłs – bis heute unbestrittene Vorbilder der polnischen Gesellschaft. Auf ihrem Hof unterhielten sie ein ganzes Gefolge von Höflingen und Stallmeistern, Sekretären und Archivaren, Ärzten und Künstlern; dazu kamen Stallknechte und Kutscher, Läufer und Schützen, Kammerdiener und Köche.

In der zweiten Hälfte des 16. Jahrhunderts war es den Magnaten gelungen, den lukrativen **Getreidehandel** an sich zu reißen und sich ins Importgeschäft mit ausländischen Manufakturwaren einzuschalten. Die Einschränkung des städtischen Außenhandels schwächte die wirtschaftliche Position der Bürger, hatte auf längere Sicht die kulturelle Verödung der Städte zur Folge.

Sarmatische Kultur – mit Tanzbären und Musikanten (Holzschnitt 16. Jh.)

Graf Chojnicki spricht's aus

Joseph Roths Roman „Radetzkymarsch" (1938) ist bei unseren Nachbarn nicht besonders bekannt, obwohl eine der Hauptfiguren ein Pole ist. Wahrscheinlich liegt das an seinem wenig schmeichelhaften Porträt, das zum Bild des aufopferungswilligen, fürs Vaterland sterbenden Adeligen nicht so recht passen will. Graf Chojnicki ist gesellig und großzügig bis zum Exzess, doch zugleich ein radikaler Egoist. Nichts hasst er so sehr wie „die unteren Schichten", deren sozialer Aufstieg seine lang angestammten Privilegien bedroht. Ausgerechnet dem polnischen Grafen gilt der „fremde" habsburgische Kaiser als Garant seiner Würde, auf einen neuen polnischen Staat will er gerne verzichten. „Sobald unser Kaiser die Augen schließt, zerfallen wir in Hunderte Stücke ... Alle Völker werden ihre dreckigen, kleinen Staaten errichten, und sogar die Juden werden einen König von Palästina ausrufen ... Die Arbeiter haben rote Fahnen und wollen nicht mehr arbeiten. Der Bürgermeister von Wien ist ein frommer Hausmeister und jede Woche wird ein ungarischer Klosettfabrikant Baron."

Und auch auf der politischen Ebene verlagerte sich die Macht zu Gunsten des Adels. Ein einschneidendes Datum war das Jahr 1572, als die Jagiellonen-Dynastie erlosch und die Erb- einer Wahlmonarchie wich. Das heißt, die **Entscheidung über die Königsnachfolge** oblag fortan der „Bruderschaft" der adligen Gutsbesitzer, die immerhin 10 % der Gesamtbevölkerung stellten. Sie wählten den ihnen genehmen Monarchen „wie einen abrufbaren Konzernchef" *(Krzemiński)* und machten klar, dass er nichts weiter als ein „primus inter pares" („Erster unter Gleichen") war. Schon bald war die Liste der Könige, die den polnischen Thron anvisierten, so bunt wie der sarmatische Lebensstil.

Durch Bestechung wichtiger Adelsfraktionen avancierten Günstlinge auswärtiger Herrschaftshäuser zu Königen Polens. Nacheinander bestiegen Franzosen, Ungarn und Schweden den Thron, später auch Sachsen und ein Liebhaber der Zarin. War dies der so prachtvolle Ausdruck der Adelsdemokratie? Polen machte sich zum **Spielball anderer Mächte,** wurde in Krisen und Kriege verstrickt. Im Gewirr von Niederlagen und Gebietsabtretungen gab es nur einen einzigen kurzen Triumph, der im Bewusstsein vieler Polen freilich um so tiefer eingegraben ist: 1683 stoppte König *Jan III. Sobieski* das Vorrücken der Türken bei Wien und ließ sich dafür als „Retter des christlichen Abendlandes" feiern.

Die Adelsrepublik war nicht die Zeit der großen Freiheit, sondern nur deren illusionäres Zerrbild. Folgenreich war das ab 1656 wirksame **„Liberum Veto",** das auf dem absurden Grundsatz der Einstimmigkeit beruhte: Missfiel auch nur einem einzigen Adeligen die Gesetzesvorlage, so konnte er sie mit seinem Vetorecht zu Fall bringen und, wie es hieß, den Reichstag „zerreißen". Solche Machtfülle schmeichelte vor allem dem Ehrgeiz des Kleinadels, richtete aber den Staat schrittweise zugrunde. Was kümmert mich die Zukunft und das große Ganze, solange ich Herrscher bin über Bauern und Hof, guten Kontakt habe zu meinen Nachbarn, niemand mich kontrolliert oder zu etwas zwingt! So naiv mag sich der kleine Gutsbesitzer die Situation ausgemalt haben, während um ihn herum die Zeichen längst schon auf Sturm standen.

Als der Getreidehandel an Bedeutung verlor und klar wurde, dass der Adel den erworbenen Gewinn nicht im geringsten zur Modernisierung des Landes eingesetzt, sondern privat verprasst und verschwendet hatte, wurde die „polnische Wirtschaft" zum Gespött im gesamten absolutistischen Europa. Im 18. Jahrhundert nutzten insbesondere Russland und sein Juniorpartner Preußen die Widersprüche der Adelsrepublik und machten das Land faktisch zu ihrem **Protektorat,** bevor sie es unter Einbeziehung Habsburgs von 1772 bis 1795 schrittweise aufteilten.

Idealisierter Rückblick

Unser Krakauer Graf möchte sich mit solchen Details nicht herumschlagen oder gar selbstkritisch quälen. Die Adelsrepublik bleibt für ihn die „erste Demokratie Europas", der Sarmatismus die Krönung der polnischen Kultur. Und er ruft Wajdas Film „Lotna" in Erinnerung, worin er den Geist des polnischen Adels vollendet aufgehoben sieht: Eine Schimmelstute trippelt über blanke Marmortreppen zum Schlafzimmer ihres Herrn hinauf - dieser liegt im Sterben und will sich vom geliebten Tier verabschieden. Schon kurze Zeit später ist die Stute abermals im Bild: Lotna („die Fliegende") galoppiert stählernen deutschen Panzern entgegen, jäh stoßen feudale und moderne Welt aufeinander. Andrzej Wajda weiß die polnische Adelswelt dem Untergang geweiht, doch trauert er ihr nach, als sei mit ihrem Ende ein Stück „polnischer Seele" verloren.

Wie *Wajda* fühlen sich polnische Schriftsteller und Künstler bis heute vom Sarmatismus angezogen. Selbst der kritische Literat *Witold Gombrowicz* verteidigt ihn als eine Kraftquelle nationaler Identität und sieht sich als „polnischen Krautjunker aus der Provinz". Bei ihm freilich weiß man nicht, ob er das, was er schreibt, wirklich 100 %ig ernst meint oder sich hinter einer Maske versteckt. Die naive Rückschrittlichkeit des Adels ist ihm bewusst. Sie provoziert Kritik, aber da bleibt ein Rest von Bewunderung, und so frisst er sich fort, jener Wurm, der von Anfang an im sarmatischen Apfel saß ...

Gescheiterte Aufklärung

„Kein Sieg, der sich nicht auf das Bewusstsein der Massen stützt, ist endgültig oder sicher“
(Stanisław Brzozowski)

Darum nutzten all die Reformen nichts mehr, mit denen progressive Kräfte in Polen am Ende des 18. Jahrhunderts das Rad der Geschichte herumreißen und das Land vom Provinzialismus befreien wollten. Es mangelte an einer breiten und demokratischen, im Volk verankerten Bewegung und es gab auch keinen Herrscher mit absolutistischer Machtfülle, der die Reformen gegen den Widerstand der Magnaten hätte durchsetzen können. Diese hatten es in den vorangegangenen 200 Jahren erfolgreich verstanden, die Herausbildung einer städtischen Bourgeoisie zu verhindern, und darum gab es in Polen - anders als in Frankreich oder Preußen - keinen dritten Stand, der es verstand, die Verhältnisse zum Tanzen zu bringen.

Reformstau

Stanisław August Poniatowski, 1764 als Sprecher einer prorussischen Magnatenfamilie, der *Czartoryskis,* zum König gewählt, hat es immerhin versucht, den Verfall des Staates abzuwenden und aus der „sarmatischen“ Geschichtslogik auszubrechen. Er war von den Ideen der Aufklärung durchdrungen und kurbelte im Verein mit fortschrittlichen Geistlichen und Gelehrten ein durchaus mutiges, den Interessen des Adels widersprechendes **Reformprogramm** an. Er wollte die Verwaltungsstrukturen ausbauen und die Wirtschaft sanieren, eine schlagkräftige Armee schaffen und ein weltliches Schulwesen begründen. Außerdem wollte er das Monopol der katholischen Kirche brechen und das „Liberum Veto“ für ungültig erklären, jenes Gebot der Einstimmigkeit, an dem fast alle im Sejm vorgetragenen Gesetzesinitiativen der letzten hundert Jahre gescheitert waren.

Doch schon das erste Reformvorhaben, die Ausweitung gleicher und gesicherter Rechte auf alle christlichen Konfessionen, stieß auf den entschlossenen **Widerstand katholischer Adliger,** die um ihre Pfründe fürchteten. 1768 schlossen sie sich in der „Konföderation von Bar“ zusammen, liefen Sturm gegen das Reformwerk des Königs und seine vermeintlichen Hintermänner aus Russland. Als „Elite des Adels“ fühlten sie sich berufen, den wahren, sprich katholischen Glauben mit allen, auch militärischen Mitteln zu verteidigen. Die katholischen Würdenträger standen schon lange mit der Aufklärung auf Kriegsfuß. Diese sei, so zürnten sie, mit jenem Geist vergleichbar, der Gutes will, doch stets nur Böses schafft. Die Welt lasse sich nicht mit den Mitteln der Vernunft begreifen. Im Bestreben, den schönen falschen Schein aufzuheben, zerstöre die Aufklärung wertvolle Mythen und Träume, raube dem Menschen die letzte Hoffnung und lasse ihn fallen.

Bürgerkrieg und Teilung

Die Rebellion der Konföderierten mündete in eine vier Jahre dauernde, bürgerkriegsähnliche Auseinandersetzung mit den Reformern. Nur mithilfe **russischer Interventionstruppen** konnte das Toleranztraktat verteidigt werden. Die Zarin ließ ihre Truppen aufmarschieren, worauf Preußen und Habsburg gleichfalls Teile des Landes besetzten (erste Teilung 1772).

In den Folgejahren erhielt Polen mit der „Kommission für nationale Edukation" und dem „Immerwährenden Rat" Bildungs- und Verwaltungseinrichtungen, doch es mangelte an einer bürgerlichen Intelligenz, die das Reformwerk mit Leben hätte füllen können. An ihrer Stelle schwang sich der verarmte, in die Städte abgewanderte **Land- und Kleinadel zum Träger der Reformen** auf. Das freilich war keine gute Basis für einen gewünschten Aufbruch: Wo die *intelligencja* dem Adel entstammt, bleibt das Geistesleben in seiner Grundausrichtung elitär – ein punktuell bürgerliches Bewusstsein kann das reale Bürgertum nicht ersetzen.

Die Liste der **misslungenen Reformen** war damit nicht zu Ende. Auch der Aufbau einer schlagkräftigen Armee musste scheitern. Da dem Adel das Heute näher stand als das Morgen, weigerte er sich (wie schon in den vorausgegangenen 200 Jahren), das königliche Säckel für die Schaffung eines staatlichen Heeres zu füllen – es hätte die Existenz der eigenen Milizen gefährdet. Standen in Preußen mehr als 200.000 Mann unter Waffen, so wuchs das polnische Heer von 16.000 im Jahr 1760 auf gerade mal 19.000 im Jahr 1790 an. Der Adel war auch nicht bereit, seine eigenen Milizen einer vom König geführten gesamtpolnischen Armee zu unterstellen.

Der König tat was er konnte, doch die Konservativen blockten ab. Noch einmal schöpften die progressiven Kräfte Hoffnung, als es ihnen am 3. Mai 1791 gelang, die Abwesenheit oppositioneller Abgeordneter zu nutzen und eine von den Ideen der Französischen Revolution inspirierte **Verfassung** zu verabschieden. Bis heute sind die Polen stolz auf dieses Schriftstück, feiern es als das nach der amerikanischen Verfassung weltweit zweite Dokument dieser Art. Es sah die Einführung einer konstitutionellen Monarchie mit Erbdynastie vor, Teilung der Gewalten in Legislative, Exekutive und Judikative, eine aus Kronrat und Ministern gebildete Regierung, ein nach dem Mehrheitsprinzip entscheidender Reichstag und –

Racławice – Das letzte Gefecht

Voller Stolz sprechen die Polen von Racławice, einem kleinen Dorf 45 km nordöstlich von Krakau. Im Jahr 1794 errangen dort die polnischen Milizen unter Führung von Tadeusz Kościuszko einen letzten kleinen Sieg über das russische Militär, bevor ihr Staat – ein Jahr später – von der politischen Landkarte verschwand. Die Schlacht gehört zum polnischen Mythos und trug wesentlich zur Identitätsstiftung bei.

Eine Gedenkstätte in Breslau, in der mit einem Gemälde an den damaligen Triumph erinnert wird, zählt zu den größten Touristenattraktionen des Landes. Jeder Pole, der auf sich hält, muss dieses Bild mindestens einmal in seinem Leben gesehen haben. Vor dem Eingang des Hauses, gegenüber vom Hotel Radisson, bilden sich schon morgens lange Schlangen. Jede halbe Stunde wird einer neuen Gruppe von Schaulustigen der Zutritt gewährt. Im Dämmerlicht werden sie durch einen spiralförmigen, violett ausgeleuchteten Tunnelgang nach oben gelotst, wo unter einer Kuppel eine Aussichtsplattform geschaffen wurde. Diese ist durch einen „Schützengraben" von dem ringsum verlaufenden, 114 m langen und 15 m hohen Gemälde getrennt, doch die Übergänge sind kaum sichtbar, so geschickt sind Graben- und Pinsellandschaft miteinander verwoben. Verdorrte Bäume, umgestürzte Planwagen und andere Requisiten schaffen die Illusion von Räumlichkeit, aus dem Off werden Kanonensalven abgefeuert und es erklingen Fanfaren. Im Hintergrund tobt die vielfarbig ausgemalte Schlacht: Man sieht Staubwolken und wiehernde Pferde, polnische Bauern rasen dem Feind mit Sense und Axt entgegen, Tod und Kanonenfeuer missachtend. Ganz vorn, hoch zu Ross, ihr Führer Kościuszko, in seinem Gefolge schnittige Reiteroffiziere mit gezücktem Bajonett. Gefangene werden in dieser Schlacht nicht gemacht, denn, so Kościuszko, „der Eifer des Gefechts gibt den fanatischen Soldaten keine Zeit zum Pardonieren." Auf den Äckern liegen verwundete Soldaten, ein Geistlicher erteilt polnischen Toten den letzten Segen. Doch der Schmerz über das durch Krieg verursachte Leid darf nicht übermächtig werden – drum rasch zurück zum Tatort der siegreichen Schlacht, zum Feuerwerk des optischen Schwindels, kein Platz ist da für Wenn und Aber, allein die Botschaft ist's, die zählt. Die Polen, daran wird jeder Besucher, der es nicht schon weiß, erinnert, lieben die Freiheit und sind bereit, für sie

Der russische Befehlshaber in polnischer Gefangenschaft

was einen gewichtigen Teil des Adels besonders erboste – die Abschaffung des „Liberum Veto". Der Adelsstand sah sich um das Herzstück seiner „Goldenen Freiheiten" betrogen und wies seine Vertreter an, sich in der Konföderation von Targowica zu vereinen, um ausnahmsweise mal nicht gegen die zaristischen Truppen, sondern mit ihnen zu kämpfen. Russland wie auch Preußen fürchteten, sie könnten durch die Verfassung daran gehindert sein, nach altbewährter Manier in die inneren Angelegenheiten Polens hineinzuregieren und ihnen genehme Kandidaten auf den Königsthron zu hieven. Sobald die russische Armee vor Warschau

009po Foto: mn

durch die Hölle zu gehen. Gegen ihre ungestüme Macht hilft keine noch so ausgeklügelte gegnerische Taktik – der Feind wird zu guter Letzt besiegt, der Befehlshaber des russischen Heeres wie eine Trophäe abgeführt.

Das Panorama kam 1945 von Lemberg nach Breslau, doch hielt man es im sozialistischen Polen lange Zeit nicht für opportun, das Bild mit der brisanten Thematik zu zeigen. Was gestern war sollte keine Hoffnung auf ein mögliches Morgen entfachen. Schließlich war der einstige Feind nun der große Bruder, mit dem man sich besser gut stellte, damit er sich nicht in einen bösen Wolf verwandelte. Erst 1980, mit Erstarken der Solidarność-Bewegung, begann man das Bild zu restaurieren; fünf Jahre später wurde es in der eigens für diesen Zweck geschaffenen Rotunde ausgestellt.

stand, sagte sich *Poniatowski* von den Reformen los. Die Teilung von 1793 konnte er damit nicht mehr verhindern – die Zarin sicherte sich den Ostteil Polens, während sich Preußen die Posener Region, die Freie Stadt Danzig und Thorn einverleibte.

Der dritte Akt des Dramas ließ nicht lange auf sich warten. Ein von General *Tadeusz Kościuszko* angeführter Aufstand (s. Exkurs) kam über Anfangserfolge nicht hinaus und wurde niedergeschlagen, worauf die „heilige Dreieinigkeit" von orthodoxer Zarin, katholischer Kaiserin und protestantischem König zum entscheidenden Schlag ausholte: 1795 wurde

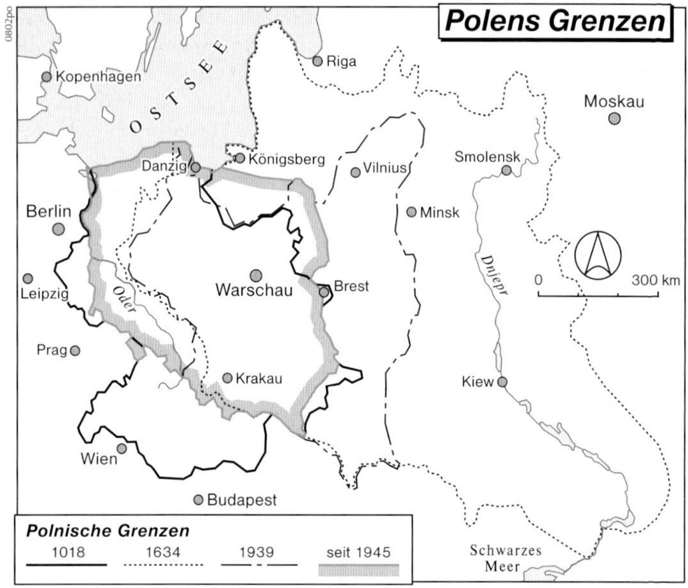

Restpolen unter Russland, Preußen und Österreich aufgeteilt. Russland erwarb die heutigen Territorien Ostpolens, Weißrusslands, Litauens und der Westukraine; Preußen erhielt den Westen mit den Städten Posen, Thorn und Danzig, Österreich den Süden mit Krakau und Lemberg. Für 123 Jahre verlor Polen seine Souveränität und verschwand von der politischen Landkarte Europas.

Verräter oder Held?

In der Folge wurde darüber gestritten, wie das **Verhalten des Königs Stanisław August Poniatowski** historisch einzuschätzen sei. Hatte er seinen politischen Spielraum optimal ausgenutzt oder sein Land an Russland verraten? War er ein kluger Realpolitiker oder ein weichgespülter Kollaborateur? Viele Polen betonen seine vermeintliche Naivität und nennen ihn abschätzig-herablassend „Königlein". Daneben gibt es liberale, aufgeklärte Polen, die ihn als gescheiterten Helden preisen. Wie sollte er Erfolg in einem Land haben, dem bürgerliches Ethos auch nicht in Ansätzen vertraut war, wo der Adel sich misstrauisch gegenüber allen Reformen verhielt und Werte wie Ordnung und Disziplin verhöhnte?

Poniatowski lebte nach seiner Abdankung am Zarenhof in Petersburg, wo er wenige Monate später starb. Beigesetzt wurde er in einer katholischen Kirche am Newskij-Prospekt. Bevor diese 1939 von den Sowjets gesprengt wurde, ließ man den Sarkophag mit der Bahn nach Polen befördern, wo ihn aber niemand so recht haben wollte. Heimlich ließen ihn die polnischen Regenten am Geburtsort des Königs östlich des Bug begraben. So erhielten die Russen den **Leichnam** früher als erwartet zurück: Aufgrund der von *Hitler* und *Stalin* 1938 vereinbarten Teilung des Landes rutschte er auf sowjetischen Boden. Erst 1992 wurde er (bzw. das, was von ihm übrig geblieben war: ein paar Knochen und Schnipsel seines Trauergewands) endgültig nach Polen überstellt – beigesetzt wurde er in der Kathedrale von Warschau.

Fremdherrschaft

Auch wenn es Polen ab 1795 offiziell nicht mehr gab, so existierte es doch weiter – als Erinnerung an eine bessere Zeit, als Idee der Hoffnung und illusionärer Zukunftsentwurf. Religion, Sprache und Literatur hielten das Volk zusammen, ließen es aufbegehren und in Verkennung realer Kräfteverhältnisse immer wieder scheitern.

Napoleon: Retter aus der Not?

Anfangs setzten die Polen ihre **Hoffnung aufs napoleonische Frankreich** und beteiligten sich am Kampf gegen seine Gegner südlich der Alpen. In Norditalien, wo die von General *Dąbrowski* geführten Adelsverbände mitmischten, entstand die spätere **Nationalhymne:**

Noch ist Polen nicht verloren.
Solange wir leben,
holen wir,
was uns fremde Macht genommen,
mit dem Säbel zurück.
Marsch, marsch Dąbrowski,
von Italien nach Polen,
unter deiner Führung
vereinen wir uns mit dem Volk.

Die Kavallerie warf sich todesmutig ins Feuer und wurde für ihren Heroismus gepriesen – nicht nur in Italien, auch in Spanien und Afrika. Und natürlich waren sie in Preußen dabei, als dort die Franzosen 1806 einmarschierten. Sie hofften, ihr entschlossenes Eintreten für die französische Sache würde mit der Wiederherstellung des polnischen Königreichs belohnt. Napoleon nahm ihre Hilfe gerne an, mahnte aber zur Geduld. Zuerst einmal sollten die Polen beweisen „wert zu sein, eine Nation zu bilden". 1807 schuf er aus Warschau und den von Preußen eroberten Gebieten das nach französischem Vorbild verwaltete „Herzogtum Warschau". Er sicherte sich damit ein strategisch wichtiges Protektorat, um von dort weiter gen Moskau zu ziehen. Bekanntlich endete der Feldzug mit der vernichtenden Niederlage der Grande Armée, womit auch Polens Traum von einer nationalen Wiedergeburt wie eine Seifenblase zerplatzte. Auf dem **Wiener Kongress** von 1815 setzten sich die alten Teilungsmächte wieder ins Recht. Der polnische Zar wurde König des so genannten **„Kongresspolen"**, dessen Grenzen mit denen des aufgelösten „Herzogtums Warschau" weitgehend identisch waren. Österreich kontrollierte Galizien (heute Südostpolen und Teile der Ukraine), Krakau wurde teilautonomer Stadtstaat und Preußen übernahm das Großherzogtum Preußen.

Gescheiterte Aufstände

In Kongresspolen, dem von Russland kontrollierten Teil, wurden bemerkenswerte **Zugeständnisse an den Unabhängigkeitswillen** der Polen gemacht. Als „König von Polen" gestattete ihnen Zar *Alexander I.* eine eigene, liberale Verfassung. Die politische und militärische Führung des „Herzogtums" wurde nahezu komplett übernommen, die Bildung einer 30.000 Mann starken Armee wurde, wenn auch unter einem russischen Oberkommandierenden, erlaubt. Das Heer war damit größer als jede Armee, die Polen vor 1795 besessen hatte. Und weil die Universitäten Krakau und Wilna außerhalb des Königreichs lagen, stiftete *Alexander I.* nun auch für Warschau eine eigene Universität. Das alles war freilich vergebliche Liebesmüh, denn viele Polen konnten es nicht ertragen, dass ein Russe, wie liberal er sich auch geben mochte, der verfassungsmäßigen Versammlung vorsaß. Als dann auch noch die Zügel unter dem neuen Zaren *Nikolaus I.* gestrafft wurden, wollte man die Kraftprobe wagen: Im November **1830 erhoben sich Teile des Kleinadels,** darunter viele Kadetten der Warschauer Militärakademie, gegen die zaristische Herrschaft. Zwei Monate später zog der polnische Sejm nach. Er beschloss, die ihm zuerkannte relative Freiheit zum Kampf gegen die national fortbestehende Unfreiheit zu nutzen. „Erhebe dich, Polen, denn dies ist der Tag deines Triumphs oder deines Todes" – so lautete der Text der *Warszawianka,* eines polnischen Revolutionsliedes.

Botschaft aus dem Pariser Exil

„Sie locken, Polen, dich mit Flitterkram!
Du warst der Völker Pfau und Papagei,
Jetzt bist du fremden Herren untertan!"

Harte Worte sind das, die der in seinem Land als „Seher" verehrte Juliusz Słowacki an die Polen richtet: Mehr Schein als Sein wirft er ihnen vor, blind ahmten sie die Nachbarn nach, statt eigene Wege zu suchen. Doch nun hätten sie die Zeche zu zahlen, müssten als Sklaven fremder Herren ihr Dasein fristen.

Der bewaffnete Aufstand endete am 8. September 1831 mit dem Fall der Stadt Warschau. Vorbei war es nun mit der relativen Autonomie Kongresspolens: Nach seiner **Angliederung ans russische Imperium** ging die Zarenregierung mit verschärfter Repression gegen die Bevölkerung vor. Der Kleinadel wurde rigoros entmachtet und verlor alle Privilegien, Tausende seiner Güter wurden konfisziert. Unzählige Adelige verließen darauf aus Angst vor Prozessen das Land und emigrierten nach Frankreich, einige auch nach Belgien, England und Amerika.

In polnischen Landen wurde der gescheiterte Aufstand romantisch verklärt: Neun Monate lang hatte man dem übermächtigen Gegner getrotzt. Wer fortan mit der russischen Besatzungsmacht zusammenarbeitete, wurde des nationalen Verrats bezichtigt.

Da die Erhebung auch von Polen in anderen Landesteilen unterstützt worden war, reagierten Preußen und Habsburg „präventiv" und grenzten die den Polen verbliebenen Freiheitsrechte ein. Früher oder später, ahnten sie, würde das Feuer auch auf die von ihnen kontrollierten Gebiete übergreifen. Tatsächlich ließen die **nächsten Aufstände** nicht lange auf sich warten. Der erste wurde **1846** von Adelsabkömmlingen aus Posen und Krakau angezettelt und konzentrierte sich auf das österreichische Galizien. Doch die Verschwörer hatten ihre Rechnung ohne die polnischen Bauern gemacht, die zu diesem Zeitpunkt noch nicht wie die in Preußen aus der Leibeigenschaft befreit waren. Sie weigerten sich, die Sensen gegen die fremden Besatzer zu richten, sondern gingen – ganz unpatriotisch – gegen die eigenen Gutsherren vor. Die Habsburger lachten sich ins Fäustchen, denn ihr Militär hatte nun leichtes Spiel. Krakau ging seiner Vorrechte als „freie Stadt" verlustig und wurde Österreich angeschlossen.

1848, im Jahr des Völkerfrühlings, scheiterte in Posen eine **Allianz von deutschen Radikaldemokraten und polnischen Nationalisten.** Letztere vertrauten lieber auf die eigene Kraft und wurden von preußischem Mi-

010po Foto: sg

litär besiegt. *Friedrich Engels* war von der Art, wie die Polen ihre Befreiung organisierten, nicht begeistert. Im Mai 1851 schrieb er an *Marx:* „Die Polen haben nie etwas anderes in der Geschichte getan, als tapfere krakeelsüchtige Dummheit gespielt. Auch nicht ein einziger Moment ist anzugeben, wo Polen, selbst nur gegen Russland, den Fortschritt mit Erfolg repräsentiert oder irgendetwas von historischer Bedeutung tat." (*Engels* in einem Brief an *Marx,* Mai 1851)

1863 loderte die Flamme des Protests erstmals wieder im russisch besetzten Teil. Auslöser des **Aufstandes** war der Beschluss des Zaren, die Bauern aus der Leibeigenschaft zu befreien und den Juden Niederlassungsfreiheit zu gewähren. Die um ihre Einnahmen fürchtenden Magnaten nahmen das zum Anlass, „für Polen" mobil zu machen. Doch ihrer Agitation war auch hier (wie zuvor in Galizien) kein Erfolg beschieden. Die Bauern, denen nie das Gefühl vermittelt worden war, Teil der nationalen Gemeinschaft zu sein, sahen keinen Grund, sich an der Seite ihrer ehemaligen Herren für die nationale Sache zu begeistern. So blieb dem Adel und dem mit ihm verbündeten Klerus die Unterstützung ihres „Fußvolks" versagt, der Aufstand scheiterte kläglich. Zar *Alexander II.* machte Russisch zur alleinigen Amts- und Schulsprache, „Kongresspolen" wurde aufgelöst und ins Zarenreich integriert. Gleichzeitig wurden die meisten Kirchen und Klöster geschlossen, zahlreiche Teilnehmer des Aufstands gehängt oder deportiert.

Auch im preußisch besetzten Teil verschärfte sich die Repression, insbesondere nach der Reichsgründung von 1871. Sie spiegelte sich im Kulturkampf gegen das Polentum sowie in der **Germanisierung.** Deutsch wurde alleinige Amts- und Unterrichtssprache, eine systematische Kolonisationspolitik trieb die „Germanisierung des Bodens" voran - ein Gespenst, das vielen Polen durch den Beitritt zur EU neuerlich aktuell zu werden scheint. Zunächst kaufte der deutsche Staat polnischen Grund und Boden, um ihn deutschen Siedlern zur Verfügung zu stellen, ab 1908 ging er dazu über, ihn zu konfiszieren.

Dagegen verbesserte sich das Los der in **Galizien** lebenden Polen. Die habsburgisch-ungarische Doppelmonarchie war durch die Niederlage im Deutschen Krieg 1866 geschwächt und deshalb bemüht, potenzielle Konfliktherde an der Nordostflanke des Reichs zu neutralisieren. Galizien erhielt ein eigenes Regionalparlament und freie Universitäten, Polnisch wurde als Amtssprache anerkannt.

Positivismus und Arbeiterbewegung

Im letzten Drittel des 19. Jahrhunderts kam in Polen einiges in Bewegung. Alte Gewissheiten wurden erschüttert, neue Hoffnungen keimten auf. In Warschau machte eine kritische Generation von sich reden, die vom mythisch überhöhten Heroismus ihrer Landsleute nichts mehr hören wollte. Warum sollte man sich in sinnlosen Aufständen verschleißen, wenn dies die Nation doch nur schwächte und eine defätistische Geisteshaltung hervortrieb? Die **„Positivisten"**, wie sie sich nannten, hatten durchaus Ähnlichkeit mit westlichen Liberalen ihrer Zeit. Sie waren realistisch und um eine nüchterne Sicht auf den Lauf der Dinge bemüht. Ihr Engagement zielte darauf ab, den materiellen Lebensstandard zu heben und wirtschaftliche Aktivitäten, die diesem Ziel näher kamen, zu unterstützen. Über den Geist der neuen Zeit schrieb der Publizist *Przybyszewski* im Rückblick: „Die mystisch-romantische Lehre von der Mission Polens, an die die heldenhafte Generation von 1863 so inbrünstig geglaubt hatte, wurde als ein pathologisches Hirngespinst verlacht, die idealistische Weltanschauung wurde durch die rohen Knüppel der materialistischen und positivistischen Lehren zu Tode gehetzt." *Przybyszewski* nannte sie in einem Atemzug: die Positivisten und die Materialisten.

In den Industriestädten wie Łódź und Białystok, aber auch in Warschau selbst trieb die gesellschaftliche Entwicklung ein neues Subjekt hervor: die

Arbeiterklasse. Ihr Widerstand formierte sich in der **sozialdemokratischen Partei,** kritisiert wurden die Eigentumsverhältnisse in Stadt und Land. Dabei fanden die freiheitlich-marxistischen Ideen der aus Zamość stammenden *Rosa Luxemburg* viele Anhänger unter Arbeitern und Intellektuellen; doch an der Frage, welche Bedeutung der nationalen Befreiung zukomme, schieden sich die Geister. So zeigte sich bei den Barrikadenkämpfen von Łódź 1905, dass die **polnische Arbeiterbewegung gespalten** war: in einen „marxistischen" und einen „nationalen" bzw. „national-sozialististischen" Flügel.

Nationale Wiedergeburt

„Ein guter Pole empfindet national und ist katholisch." Nur Politiker, die nach dieser Devise handelten, konnten in diesem Land Massen begeistern. Führer der Nationaldemokraten war seit 1893 **Roman Dmowski,** für den die Wiederherstellung des polnischen Staates oberstes Ziel war. Der autoritär auftretende, strenggläubige Katholik forderte die Dominanz der Polen über andere Nationalitäten und bekam Zulauf mit antisemitischen Parolen. Sein Gegenspieler war der aus litauischem Adel stammende **Józef Piłsudski,** der die nationale Erhebung als Voraussetzung für die sozialistische Revolution propagierte – der sozialistische Gedanke blieb freilich schon bald auf der Strecke. *Piłsudski* verachtete alles, was mit dem Marxismus zu tun hatte, setzte aber auf die Arbeiter als Subjekt nationaler Wiedergeburt. 1904 kam es zu einem Treffen der beiden Führer in Tokio, doch gelang es ihnen nicht, sich auf eine gemeinsame Linie im Kampf um die nationale Befreiung zu verständigen. Unter Duldung der habsburgischen Behörden begann *Piłsudski* noch im gleichen Jahr mit dem Aufbau paramilitärischer Einheiten, die für den Kampf gegen Russland ausgerüstet wurden.

Die große Stunde des Populisten *Piłsudski* schlug nach dem Ersten Weltkrieg, als das Prinzip nationaler Selbstbestimmung zur Grundlage der staatlichen Neuordnung wurde. Dabei profitierte Polen von der Niederlage der Teilungsmächte Österreich und Deutschland sowie von den revolutionären Umwälzungen in Russland. Am 14. November 1918 durfte es mit der in der Geschichtsschreibung so genannten **„Zweiten Republik"** seinen eigenen Staat wiederbegründen, auch der Traum vom freien Zugang zum Meer wurde Wirklichkeit: Ostpreußen wurde vom Deutschen Reich durch den so genannten „Polnischen Korridor" abgetrennt, das zu 95 % von Deutschen bewohnte **Danzig wurde Freie Stadt** unter dem Schutz des Völkerbundes. General *Piłsudski* setzte auf militärische Stärke und akzeptierte nicht die nach dem britischen Außenminister benannte

„Curzon-Linie", die entlang der realen ethnischen Grenzen verlief. Mit seinen Feldzügen gegen die Ukraine und Russland gelang es ihm, den Grenzverlauf zugunsten des polnischen Staates 250 Kilometer nach Osten zu verschieben. Außerdem erkämpfte Polen das Gebiet um Wilna, das oberschlesische Industrierevier sowie Teile von Westpreußen und Großpolen.

Mit seinem am 12. Mai 1926 verübten **Staatsstreich** stellte *Piłsudski* die Weichen für die weitere innenpolitische Entwicklung. Er ließ sich mit diktatorischen Vollmachten ausstatten und proklamierte die gesellschaftliche „Gesundung" *(Sanacja)*. In den **Jahren der „moralischen Diktatur"** wurden die Rechte der in Polen lebenden ethnischen Minderheiten erheblich eingeschränkt, Kommunisten und Sozialisten eingekerkert.

Zweiter Weltkrieg

1934 hatte die polnische Regierung mit Deutschland einen **Nichtangriffspakt** abgeschlossen und mehrere Jahre sah es so aus, als wollte sie sich um die Rolle eines Juniorpartners der Nationalsozialisten bewerben. Im September 1938 beteiligte sie sich an der Auflösung der Tschechoslowakei, indem sie per Ultimatum die Abtretung des Gebiets rund um Teschen erzwang, während die Deutschen das Sudentengebiet annektierten.

Schon einen Monat später machte *Hitler* der polnischen Seite einen Vorschlag. Er bot Polen die Verlängerung des Nichtangriffspakts auf 25 Jahre an und versprach die Anerkennung der bestehenden Grenze. Im Gegenzug sollte Polen zulassen, dass der Freistaat Danzig an Deutschland angeschlossen und durch eine extraterritoriale Autobahn mit dem Reich verbunden würde. Als sich Polen diesem Ansinnen mehrfach verweigerte, beschloss *Hitler*, „die polnische Wehrkraft zu zerschlagen". Den Oberbefehlshabern der Armee erklärte er: „Es handelt sich für uns um die Erweiterung des Lebensraumes im Osten und Sicherstellung der Ernährung sowie die Lösung des Baltikum-Problems."

Am 28. April annullierte *Hitler* den Nichtangriffspakt, die Zeichen standen auf Krieg. Der Generalstabschef des Heeres, *Franz Halder*, erklärte vor höheren Offizieren, ihm falle „ein Stein vom Herzen", dass mit dem unklaren Verhältnis zu Polen endlich Schluss sei. Man werde dafür sorgen, dass „Polen auf dem schnellsten Wege nicht nur geschlagen, sondern liquidiert" werde. Am 23. August unterzeichneten *Ribbentrop* und *Molotow*, die deutschen und sowjetischen Außenminister, ein Abkommen mit geheimem Zusatzprotokoll, das die **„vierte Teilung" Polens** vorsah. Im 20. Jahrhundert war es noch notwendig, Gründe vorzuweisen, um einen

Angriffskrieg zu starten. SS-Männer, die als Polen verkleidet waren, inszenierten am 31. August 1939 einen **Überfall auf den Sender Gleiwitz** und lieferten so der deutschen Regierung den Vorwand zur Attacke: „Ab heute wird zurückgeschossen." Am nächsten Tag begann der Zweite Weltkrieg mit der Beschießung des polnischen Munitionsdepots auf der Danziger Westerplatte. Etwa 200 polnische Soldaten trotzten dort sechs Tage lang der militärischen Übermacht Deutschlands, machten sich durch Mut und Opferbereitschaft zu Helden der Nation. England und Frankreich erklärten Hitler-Deutschland am 3. September den Krieg, leiteten aber keine Militärhandlungen ein. Polnischen Regierungsmitgliedern und Offizieren gelang die Flucht nach Großbritannien, wo General *Sikorski* 1940 eine Exilregierung bildete.

Die deutschen Invasionstruppen erreichten bis Ende September den Bug, die vereinbarte **deutsch-sowjetische Demarkationslinie.** Die polnischen Ostgebiete (jenseits des Bug) wurden in die Weißrussische und die Ukrainische Sowjetrepublik integriert, die dort lebende polnische Minderheit war terroristischen Übergriffen ausgesetzt; betroffen waren vor allem Militärs, Geistliche und Intellektuelle. Die Deutschen nahmen eine Zweiteilung des von ihnen besetzten Gebiets vor: Alle ehemals preußischen Teilungsgebiete (Danzig-Westpreußen, das Posener Wartheland und das östliche Oberschlesien) wurden annektiert und mit dem Reich vereinigt, der „polnische Rest" als koloniales **Generalgouvernement** verwaltet. Es diente als Reservoir billiger Arbeitskräfte und militärisches Aufmarschgebiet für den geplanten Angriff auf die Sowjetunion.

In den folgenden fünf Jahren machte man sich an die Vollstreckung der nationalsozialistischen **„Lebensraumpolitik",** als „Reichskommissar für die Festigung des deutschen Volkstums" agierte *Heinrich Himmler,* der zugleich Chef der deutschen Polizei und Reichsführer der SS war. Schon in den ersten Monaten der Besetzung wurden 10.000–20.000 zur Führungsschicht ihres Landes zählende Polen getötet. Dazu startete eine große Umsiedlungsaktion: Nach und nach wurden Polen aus den ans Reich angeschlossenen Gebieten ins Generalgouvernement umgesiedelt, dafür kamen „Volksdeutsche" aus dem Baltikum, dem sowjetischen Ostpolen, aus Bessarabien und der Bukowina „heim ins Reich". Nach dem deutschen Angriff auf die Sowjetunion (22. Juni 1941) wurden die Vertreibungs- und Ansiedlungsprogramme nach Osten ausgedehnt.

Die **jüdischen Bewohner** Polens wurden seit Kriegsbeginn systematisch verfolgt. In Gettos wurden sie zusammengepfercht, bevor sie in Konzentrationslager deportiert und dort ermordet wurden. Über die Zahl der Getöteten gibt es keine verlässlichen Angaben, doch wahrscheinlich lag sie bei über 4,5 Millionen.

Katyń

Das wichtigste Datum des Jahres 1939? Klar doch, möchte man meinen – der 1. September, als mit dem deutschen Angriff auf die Westerplatte der Zweite Weltkrieg begann. „Aber nein", sagt Freund Jurek, „es gibt ein zweites, noch wichtigeres Datum, den 17. September, als die Rote Armee in Ostpolen vorrückte und *Stalin* die vierte Teilung des Landes Wirklichkeit werden ließ." Millionen von Polen seien nach Sibirien und Kasachstan verschleppt, in Katyń bei Smolensk Tausende polnischer Offiziere erschossen worden. Wolle er damit sagen, *Stalin* sei ein noch schlimmerer Verbrecher als *Hitler?* Ja, dieser Meinung sei er, doch räumt er ein, dass darüber die Meinungen in seinem Land auseinander gehen, viele hätten eben noch die Lügen der alten Geschichtsschreibung im Kopf, wo immer nur von Auschwitz, nicht von Katyń die Rede war.

Bei dieser These möchte man aufbegehren: Nein, so darf Auschwitz nicht relativiert, der Horror der Gaskammern nicht verharmlost werden. Doch Jurek bleibt unnachgiebig. Er sei eben Pole und da gelte für ihn zuallererst, welche Kränkungen sein Volk erlitten habe und welchen Verbrechen es ausgesetzt gewesen sei, vielfach von Deutschen, vor allem aber von Russen. Die Standpunkte, so scheint's, lassen sich nicht versöhnen, den „objektiven", standortfreien Beobachter gibt es nicht.

Zurück zu den Fakten: Was genau ist in Katyń geschehen? Im Frühjahr 1943 fanden deutsche Soldaten die Leichen von 4143 **erschossenen polnischen Offizieren.** Sie gehörten zu den etwa 14.500 Soldaten und Beamten, die am 17. September 1939 beim Einmarsch der Roten Armee in Ostpolen in sowjetische Gefangenschaft geraten waren. Doch durfte man deutschen Soldaten, die selber Teil einer Tötungsmaschinerie waren, Glauben schenken? Oder hatten nicht die Sowjets Recht, die jede Schuld am Massenmord bestritten und ihn den Nazis anlasteten?

1987 entschied der sowjetische Regierungschef *Michail Gorbatschow,* alle „weißen Flecken" in der kommunistischen Geschichtsschreibung seien zu beseitigen. Dazu gehörten die bis zu diesem Zeitpunkt mit einem Tabu belegten Themen wie das **deutsch-sowjetische Geheimprotokoll** vom 23. August 1939, die darin beschlossene Aufteilung Osteuropas zwischen *Hitler* und *Stalin,* das Schicksal der durch die Komintern aufgelösten und weitgehend liquidierten Kommunistischen Partei Polens und natürlich auch die Klärung der Frage, wer für die Tötung der polnischen Offiziere in Katyń verantwortlich sei. Eine sowjetisch-polnische Historikerkommission machte sich umgehend an die Arbeit und kam zu einem für die Partei der Arbeiterklasse niederschmetternden Ergebnis: Katyń sei als **„eines der schwersten Verbrechen des Stalinismus"** einzustufen. Nicht ein untergeordnetes Kommando, sondern das Politbüro der Kommunistischen Partei hatte am 5. März 1940 auf Vorschlag des Volkskommissars *Berija* beschlossen, ein Sonderverfahren gegen die in Gefangenenlagern befindlichen polnischen Offiziere und Beamten einzuleiten und sie zur Höchststrafe zu verurteilen. Das aber bedeutete: Tod durch Erschießen, Liquidierung durch die regionalen Behörden des NKWD. Weder wurden die Gefangenen vorgeladen noch über die Anklageerhebung informiert. Ihre vermeintliche Verlegung in ein anderes Lager endete im Wald von Katyń, in Mednoje (bei Kalinin) und Pjatichatki (bei Charkow).

Auschwitz

Auschwitz als Arbeitslager entstand in den Jahren 1940/41 auf Initiative des IG-Farben-Konzerns und wurde in enger Komplizenschaft zwischen Konzern und SS zum **größten Vernichtungslager des Holocaust.** Bis 1944 wurden hier über eine Million europäische Juden vergast oder erschossen und anschließend verbrannt; dazu kamen etwa 250.000 nichtjüdische Polen, Sinti und Roma, sowjetische Kriegsgefangene, Homosexuelle, politische Häftlinge und Anhänger religiöser Gruppen.

Auf den Landkarten sucht man „Auschwitz" vergebens, nur der polnische Name Oświęcim ist vermerkt. Vor Ausbruch des Zweiten Weltkriegs lebten hier 8000 Juden und 6000 Polen - es war ein „normaler" Ort mit einer Geschichte, die bis 1270 zurückreichte. Damals war er im Zuge der Germanisierung weiter Teile Ostmitteleuropas entstanden, später wurde er polnisch, 1939 kehrten die Deutschen zurück. Die Lage am Kreuzpunkt der Zuglinien Berlin - Lemberg und Wien - Warschau begünstigte die Entscheidung, just hier eine **deutsche „Musterstadt"** zu begründen. Sie sollte von Juden und Polen „gereinigt" und zu einem wirtschaftlich-kulturellen Zentrum des Deutschtums im Osten werden.

Schon früh war auch der Chemiegigant **IG Farben** präsent, der an der Nutzung der ergiebigen Sand- und Kiesvorkommen und der Produktion von synthetischem Kautschuk interessiert war. Die erforderlichen Arbeitsplätze sollte das örtliche KZ zum Nulltarif liefern. So begann man im April 1940 mit dem Bau des späteren Stammlagers (Auschwitz I), ab März 1941 entstanden, einige Kilometer entfernt, das Arbeitslager Buna-Monowitz (Auschwitz III) und das Vernichtungslager Birkenau (Auschwitz II). Derweil bekam die „Musterstadt" eine neue Bevölkerung. Bis 1944 hatten hier 7000 Reichsdeutsche ihr neues Zuhause. Glaubt man den Dokumenten jener Zeit, so hat sie der durchdringend süßliche Geruch, der zeitweilig aus den Schornsteinen der Krematorien herüberwehte, nie gestört - der Wind würde eh seine Richtung bald ändern.

Polacy!

W ostatniem czasie wykonano wyroki śmierci przeciwko:

Zlosnik Josef, ostatnio w Falkendorf, powiat Höchstadt a. d. Aisch s powodu gwałtownosci przeciwko jego pracowdawcowi.

Sikora Stanislaus, ostatnio w Alterlangen koło Erlangen s powodu zgwałcenia.

Domagala Wladyslaw, ostatnio w Eyb powiat Ansbach s powodu cięszkiej kradżieży.

Pesko Josef, ostatnio w Wippendorf, powiat Ansbach z powodu podpolenia.

Uznajcie z tego:

Kto pracuje, ma się w niemczech dobrze!
Kto pracowac niechce, będzie do tego zmuszony!
Kto zawini przeciwko niemieckiem ustawom wojennym i obeczajowym, będzie powieszony!

Übersetzung:

Polen!

In letzter Zeit wurden hingerichtet:

Zlosnik Josef, zuletzt Falkendorf, Landkreis Höchstadt a. d. Aisch, wegen Gewalttätigkeit gegen seinen Brotgeber.

Sikora Stanislaus, Alterlangen b. Erlangen wegen Notzuchtverübung.

Domagala Wladyslaw, zuletzt Eyb, Landkreis Ansbach, wegen erschwerten Diebstahl.

Pesko Josef, Wippendorf, Landkreis Ansbach wegen Brandstiftung.

Ihr sollt daraus erkennen:

Wer arbeitet, hat es gut in Deutschland!
Wer nicht arbeiten will, wird dazu gezwungen!
Wer sich gegen die deutschen Kriegs- und Sittengesetze vergeht, wird aufgehängt!

Anschlag der deutschen Besatzer: „Wer sich gegen die deutschen Kriegs- und Sittengesetze vergeht, wird aufgehängt!“

Der Besuch von Auschwitz gehört zum touristischen Pflichtprogramm fast aller Polen-Besucher. Teile des Lagers wurden von den Deutschen vor ihrem Rückzug im Januar 1945 zerstört, doch was als **Gedächtnisstätte** erhalten blieb, reicht aus, um sich das Ausmaß des praktizierten Völkermords vorstellen zu können. Bei der Ankunft ist man gleichwohl irritiert. Da sieht man eine große Zahl von Reisebussen, Souvenir- und Imbissbuden, dazu lärmende, oft auch lachende Schüler. Das alles erinnert an einen Freizeitpark, viele Gäste schütteln den Kopf, nein, so hatten sie sich Auschwitz nicht vorgestellt.

Doch der erste Eindruck wird rasch korrigiert. Über dem Eingangstor prangt die metallene Aufschrift „Arbeit macht frei", die Stimmen werden leiser. Durch dieses Tor haben die Gefangenen jeden Tag hindurchgehen müssen, begleitet von den aufmunternden Rhythmen der Lagerkapelle. „Arbeit macht frei": Erst wurden die Häftlinge durch Arbeit erniedrigt, dann physisch vernichtet – fast alle fanden ihre Freiheit im Tod. Die Baracken des Stammlagers, das von einem unter Starkstrom stehenden Stacheldrahtzaun umgeben war, dienen heute als Mahnmal und Dokumentationsstätte. Auf Erfassungsfotos sieht man Häftlinge, die vom baldigen Tod noch nichts wissen. Die Schriftstücke sind fein säuberlich erstellt, enthalten Namen und Nummern, Einlieferungstermin und Todesdatum. Als die Sowjets das Lager am 27. Januar 1945 befreiten, fanden sie zwischen den Überresten der Krematorien 348.820 Herrenanzüge, 836.255 Damenkleider, 5525 Paar Damenschuhe, 38.000 Paar Herrenschuhe, 69.848 Teller, eine Unmenge von Zahnbürsten und Rasierpinseln, Brillen, Goldzähne und Beinprothesen sowie sieben Tonnen Haare.

In dem von deutschen Herrenmenschen ausgetüftelten „Laboratorium der Gewalt" waren **Zwangsarbeit und Vernichtung** bis ins Detail geregelt. Massenvergasungen gab es ab März 1942. Züge fuhren zur „Rampe" heran, wo die aus ganz Europa eintreffenden jüdischen Häftlinge selektiert wurden. Ärzte der SS fällten die Entscheidung, wer sogleich vergast werden sollte und wer für den temporären Arbeitseinsatz in den umliegenden Industrieanlagen infrage kam. Die Arbeitsunfähigen (das waren die meisten) mussten sich entkleiden und alles, was sie besaßen, abgeben. Sie gingen dann in einen großen „Duschraum", in den von außen das Blausäuregas Zyklon B eingeschleust wurde. Nach 15–20 Minuten war alles vorbei. Kräne und Loren standen bereit, um die Toten von den Gaskammern in die Krematorien zu bringen. Es gab mehrere, doch diese reichten häufig nicht aus – zu viele Häftlinge starben zu schnell. Um diesen Mangel zu beheben, entstanden Vernichtungsfilialen in Bełżec, Sobibór und Treblinka. Bestens organisiert war auch die industrielle Verwertung körperlicher Überreste. Selbst aus den Haaren der Toten ließ sich ein

Geschäft machen – die abgeschnittenen Zöpfe wurden zu Matratzen und Steifleinen weiterverarbeitet.

Bei den **Nürnberger Kriegsverbrecherprozessen** wurde das ganze Ausmaß der Verbrechen offenbar – und es wurden die Namen der Unternehmen genannt, die vom System der Zwangsarbeit und den medizinischen Experimenten profitierten. Ganz oben auf der Liste stand der Konzern IG Farben, gegen den auch ein Sonderverfahren eingeleitet wurde. Aus den Protokollen geht hervor, dass das Unternehmen nicht nur an der Ausbeutung jüdischer Arbeitskraft, sondern auch an der Verwertung ihrer sterblichen Überreste verdiente. Und die IG Farben war ebenso wie die Deutsche Gesellschaft für Schädlingsbekämpfung am Vertrieb des Todesgases Zyklon B beteiligt. Dennoch fielen die Urteile milde aus, die Firmenmanager wurden zu Freiheitsstrafen verurteilt. Sie waren schon bald wieder auf freiem Fuß und durften in der Bundesrepublik ungestört an die Spitze von Bayer, BASF und Hoechst, den Nachfolgeunternehmen der IG Farben, zurückkehren.

Die Ausstellung von Auschwitz kreist beharrlich um Tod und Gewalt, verstört Besucher und macht viele fassungslos. Doch es gibt auch andere Reaktionen. Da hört man ältere Besucher aus Deutschland, die sich beim Verlassen des Museums lautstark über Dresden unterhalten und gegen die Bombardierung der Stadt durch anglo-amerikanische Verbände wettern. Jerzy, der Germanistik studiert und schon viele Besuchergruppen geleitet hat, sagt uns, er sei dieses Verhalten gewohnt. „Sie wollen immer noch ablenken und sich entlasten, alles miteinander vergleichen und alles relativieren. Wie oft habe ich mir schon anhören müssen, dass doch alles nur der böse Hitler gemacht habe und die Deutschen seien nur Verführte gewesen. Als hätten sie nicht gewusst, was mit den Gegnern des Regimes, den Polen und Juden geschah! Nein, sie waren alle Komplizen des Systems, und viele hatten davon gewaltigen Nutzen."

Da er Germanist ist, möchte er mit uns auch über das reden, was er – mit spürbarer Ironie – „Originalität und Erfindungsreichtum deutscher Schriftsteller" nennt. Er hat zwei Bücher junger Autoren dabei, die etwas zu Auschwitz geschrieben haben. Da ist zuerst Matthias Kneip: „Auschwitz: Das Wort gleicht einem heißen, bösartig funkelnden Stein inmitten schaler Kiesel." Jerzy schaut uns musternd an, doch da wir nicht sogleich antworten, greift er zum nächsten Buch, einem Werk von Michael Zeller. Der hat sich Gedanken über die polnische Fassung des Ortsnamens gemacht: Oświęcim, heißt es, das klinge so, „als würde man ein Muschelgericht essen, als laufe man barfuß über Moos". Jerzy runzelt die Stirn: „Toll, nicht wahr?", fragt er und verrät uns sogleich einiges über den

Fortgang des Romans. Der Schriftsteller-Held geht zum Lagertor, kauft eine Tomate und kostet sie. Sie scheint ihm wunderbar süß, so süß „wie zu Kinderzeiten". Dann besucht er das KZ, kommt zurück und beschließt, eine zweite Tomate zu kaufen. Mit ihr kehre er, heißt es so versteckt anspielungsreich, in die Welt der Lebenden zurück. „Ja", meint Jerzy, „Zeller weiß, wie man heute schreiben muss, um erfolgreich zu sein."

Auschwitz ist schon seit mehreren Jahren ein **Modethema im deutschen Literaturbetrieb.** Neben seriösen Veröffentlichungen, in denen sich Menschen, die dem Holocaust entkamen, an ihre Schreckenszeit erinnern (*Primo Levi, Imre Kertész* u. a.), gibt es Bücher von Autoren, die nur so tun, als wären sie Opfer gewesen; sie schlüpfen in deren Rolle und erinnern sich nicht nur besser als diese, sondern auch erfolgreicher. Noch besser freilich verkaufen sich die kritisch angehauchten Liebesgeschichten: Kitsch vor der Kulisse der Lager, formuliert im Stil der Bahnhofsliteratur, wo nichts mehr an historische Fakten erinnert ...

Der **Kampf um die Hierarchie der Opfer** belastet seit 1945 das polnisch-jüdische Verhältnis. Die Konflikte begannen schon zwei Jahre nach Kriegsende, als die Gedächtnisstätte im ehemaligen Stammlager eingerichtet und zum polnischen Nationaldenkmal erklärt wurde. Eine Ausstellung illustrierte die heroische Leidensgeschichte der polnischen Nation und betonte den antifaschistischen Widerstand und den Sieg der Kommunisten über das nationalsozialistische Deutschland. Jüdische Organisationen protestierten gegen die Instrumentalisierung der Opfer: Warum wurden die polnischen Katholiken so in den Vordergrund gestellt? Waren in Auschwitz nicht vor allem polnische und europäische Juden ermordet worden? Die Frage wurde immer wieder gestellt, doch nie beantwortet. Erst 30 Jahre später war die polnische Regierung bereit, im Auschwitz-Museum eine weitere Abteilung einzurichten, in der auch an das Leiden und den „Kampf der Juden" erinnert wurde.

1979 folgte die nächste Kontroverse. Der Papst kam nach Auschwitz und ließ eine Kirche erbauen, die dem katholischen Mönch *Maximilian Kolbe* gewidmet war. Dieser war in der Vorkriegszeit durch seine antisemitischen Veröffentlichungen bekannt geworden. 1982 wurde er vom Papst heilig gesprochen, da er in Auschwitz angeboten hatte, für einen Mitgefangenen in den Tod zu gehen. So kreisten die Konflikte stets um das gleiche Grundmuster: Das katholische Polen wollte Auschwitz für sich reklamieren, wogegen jüdische Organisationen daran erinnerten, dass sich die Ermordung der europäischen Juden unter den Augen der Christen ereignet habe. Die Polen hatten offenbar Sorge, sie könnten durch eine „Judaisierung" von Auschwitz mit auf die Täterseite gestellt werden.

Nach der Wende von 1989 verstärkten Kirchenkreise ihre Bemühungen, Auschwitz in einen **polnisch-katholischen Wallfahrtsort** zu verwandeln. So erwählten Nonnen des Karmeliterordens einen Kiesplatz am Rande des Lagers, auf dem 1941 etwa 150 Polen erschossen worden waren, zum Standort für ein Kloster. Als die Regierung das von ihnen aufgestellte große katholische Holzkreuz entfernen wollte, ließ der Kattowitzer Nationalist *Kazimierz Switon* in Museumsnähe einen ganzen Wald von Kreuzen errichten – im Andenken an alle getöteten, nichtjüdischen Polen. Über den Sender „Radio Maryja" verteidigte Priester *Rydzyk* die Aktion mit glühenden Worten und das „Komitee zur Verteidigung des Kreuzes" zog mit antisemitischen Parolen vor das Warschauer Parlament. Die Heiligsprechung der „Märtyrerin" *Edith Stein* heizte das Klima zusätzlich an. Weshalb, fragte man im Ausland, war sie ermordet worden: wegen ihres katholischen Glaubens oder ihrer Herkunft aus einer jüdischen Familie?

Heftig umstritten war auch der Plan eines polnischen Unternehmers, gegenüber dem Eingangstor zum Konzentrationslager einen **Supermarkt zu bauen.** Nach internationalen Protesten wurde die bewilligte Baugenehmigung zurückgezogen, das Gebiet rund ums Lager sollte nach dem Willen der polnischen Regierung nie wieder für kommerzielle Zwecke missbraucht werden. Doch es vergingen nur wenige Wochen, da sorgten lokale Gruppen in Oświęcim abermals für Streit. Knapp außerhalb der gesetzlich vorgeschriebenen Ruhezone wurde für polnische Jugendliche eine **Disko eingerichtet.** Und diesen, so wurde schnell deutlich, war es vollkommen egal, in welchem wie auch immer vorbelasteten Haus sie zu fetzigen Rhythmen tanzen durften – Hauptsache, es gab überhaupt mal etwas zu feiern in diesem „armseligen Kaff". Die umstrittene Disko befand sich im Gebäude der früheren Lederfabrik, wo KZ-Häftlinge 1943 die Haare ermordeter Juden sortierten – und die Feuilletons in aller Welt hatten endlich wieder einen Grund, über Polen zu schreiben.

Warschau

Zu Beginn des Zweiten Weltkriegs lebten in der polnischen Hauptstadt über 390.000 **Juden,** mehr als ein Drittel der Gesamtbevölkerung. Allein sieben Tageszeitungen erschienen in jiddischer Sprache, es gab ein jüdisches Theater, mehr als zwei Dutzend Synagogen und unzählige Bethäuser. Heute erinnert nur noch wenig an früher: ein „Denkmal der Gettohelden" und der makabre „Umschlagplatz", ins Nichts führende Straßenbahnschienen und hier und da eine Plakette.

Im Herbst 1940 riegelten deutsche Soldaten das Hauptwohngebiet der Warschauer Juden von der Außenwelt ab und pferchten seine Bürger in einem **Getto** zusammen. Die Juden, schrieb Generalgouverneur *Hirsche,* „diese Parasiten unersättlicher Raffgier", haben „schon die ganze Stadt infiziert und Warschau geradezu zur Judenmetropole gemacht". Bald wurden auch aus anderen Landesteilen Juden ins Getto gekarrt, auf nur fünf Quadratkilometern drängten sich 500.000 Menschen. Die Lebensmittelversorgung war desolat, Tausende starben an Hunger und Krankheiten. Bewaffnete deutsche Soldaten bewachten die Zugänge und hielten die Bewohner in Schach. Am 20. Januar 1942 wurde auf der Wannseekonferenz die „Endlösung der Judenfrage" beschlossen, ab Juli fuhren täglich Züge mit 5000 Juden von Warschau nach Treblinka. Allein bis zum 1. Oktober erreichten 400.000 Menschen den „Umschlagplatz", wo die Güterwagen auf sie warteten.

Den Getto-Bewohnern war bewusst, dass ihr Tod beschlossene Sache war. Da von außen keine Hilfe zu erwarten war, wurde der **bewaffnete Aufstand vorbereitet.** Es gab Untergrundkontakte zwischen der linkszionistischen Kampforganisation ŻOB und der polnischen Heimatarmee (AK, Armia Krajowa), doch diese kam der Bitte um Waffenhilfe nur zögerlich nach. Im Dezember 1942 gestattete *Stefan Rowecki,* der Kommandeur der AK, die Lieferung von sage und schreibe zehn alten Pistolen. Der Londoner Exilregierung teilte er am 2. Januar 1943 mit: „Da es nun zu spät ist, wenden sich die Juden verschiedener kleiner kommunistischer Gruppen um Waffen an uns, als hätten wir volle Lagerhäuser davon." Durch Dokumente ist belegt, dass die AK mit Waffen und Munition gut versorgt war. Im Zeitraum von April 1941 bis April 1943 hatten britische Flugzeuge 241 Container mit Maschinengewehren und Granaten, Pistolen und Gewehren für die Heimatarmee abgeworfen. Ein zweiter jüdischer Verband, der ŻZW, verließ sich nicht auf die Hilfe der Polen, sondern versorgte sich mit Gewehren auf dem Schwarzmarkt und begann damit, in der Okopowa-, Gęsia- und Leszno-Straße Tunnel zu bauen.

Am 19. April 1943 **erhoben sich** ca. 700 vorwiegend jüngere Männer und Frauen, Mitglieder der ŻOB und des ŻZW gegen die deutschen Besatzer. Sie verfügten über Pistolen und Gewehre, die Deutschen über Panzer und Flakgeschütze. Die jüdischen Kämpfer wussten: Sie hatten nichts zu verlieren. „Es ging darum, sich nicht abschlachten zu lassen, wenn die Reihe an uns kam. Es ging nur darum, die Art des Sterbens zu wählen." So äußerte sich *Marek Edelman,* der stellvertretende Kommandant. Er war 22 Jahre alt, als der Aufstand ausbrach und gehörte zu den wenigen, de-

012po Foto: sg

nen die Flucht durch das Kanalsystem der Hauptstadt gelang. Viele Juden ertranken, andere starben bei der Sprengung von Häusern. Das **Getto wurde dem Erdboden gleichgemacht.** Der Warschauer SS- und Polizeiführer, Kommandeur *Stroop,* verfasste nach vierwöchigem Kampf die Siegesmeldung: „Das ehemalige jüdische Wohnviertel besteht nicht mehr. Mit der Sprengung der Warschauer Synagoge wurde die Großaktion am 16. Mai um 20.15 Uhr beendet."

Als die deutschen Truppen in Stalingrad geschlagen wurden, begann sich das Blatt an der militärischen Front zu wenden. Auf der **Konferenz von Teheran** im November 1943 unterstrich die sowjetische Regierung ihren Anspruch auf die 1939 annektierten polnischen Territorien: Der anvisierte Grenzverlauf war identisch mit der 1920 von den Alliierten vorgeschlagenen, von den Polen aber nicht akzeptierten Curzon-Linie.

Um zu verhindern, dass ihr Land dem sowjetischen Einflussbereich zugeschlagen werde, setzte die polnische Exilregierung auf eine abenteuerliche Strategie. Auf ihren Befehl und ohne Absprache mit den westlichen Alliierten begann am 1. August 1944 der 63 Tage währende **Aufstand der polnischen Untergrundarmee Armia Krajowa** (Heimatarmee). Es ging darum, die Stadt aus eigener Kraft zu befreien, um sich der vorrückenden Roten Armee als legitimer Hausherr präsentieren zu können. Damit verknüpft war das Ziel, das moskautreue „Polnische Komitee der Nationalen

013po Foto: sg

Befreiung", das fünf Tage zuvor die provisorische Regierungsgewalt im befreiten Lublin übernommen hatte, zu entmachten.

Für diesen Plan mussten die Warschauer bitter bezahlen. Trotz beachtlicher Anfangserfolge zeigten sich die Aufständischen außerstande, die strategisch wichtigen Brücken und Bahnhöfe zu erobern. Die von den westlichen Alliierten erhoffte militärische Hilfe traf nicht ein – sie hatten diesen Aufstand nie befürwortet. Später versuchte die Heimatarmee, die Verantwortung für die Folgen ihres Tuns der Sowjetunion aufzubürden. Am 13. September hatten erste Einheiten der Roten Armee das östliche Flussufer erreicht, derweil deutsche Truppen das Westufer als Frontlinie ausbauten. Doch selbst in dieser Situation weigerte sich die polnische Aufstandsführung, eine Verbindung zu den Sowjets herzustellen. Bald darauf gelang es den Deutschen, die Aufstandsarmee in zwei Teile zu spalten und schrittweise einzukreisen.

Nach 63-tägigem Kampf erfolgte am 2. Oktober 1944 die **Kapitulation.** Warschaus historischer Kern wurde dem Erdboden gleichgemacht, Haus um Haus in die Luft gesprengt. Etwa 200.000 polnische Soldaten und Zivilisten wurden während des Aufstands getötet, eine noch größere Zahl wurde vertrieben. Als die sowjetischen Truppen am 17. Januar 1945 über die Weichsel setzten, betraten sie eine Trümmerlandschaft – 80 % aller Gebäude waren zerstört.

Wolfsschanze

Das ehemalige Führerhauptquartier in Masuren ist ein gespenstischer Ort: Reste einer Bunkerstadt im düsteren Wald, Touristenlärm und Imbissbuden, ein Freizeitpark des Grauens. Die Wolfsschanze befindet sich acht Kilometer nordöstlich von Kętrzyn (Rastenburg) und war von Juni 1941 bis November 1944 **Hitlers Kommandositz,** die am besten bewachte und gesicherte Anlage der NS-Zeit. Sie lag abseits der großen Verkehrsachsen und war von Sümpfen und Seen umgeben. In dem aus drei Zonen bestehenden „Sperrkreis", wo sich die Macht zunehmend verdichtete, lebten außer *Hitler* auch *Goebbels* und *Ribbentrop, Bormann* und *Speer,* die Verbindungsstäbe von Heer, Marine, Luftwaffe und SS, Dienst- und Wachpersonal. An diesem Ort wurden alle wichtigen Entscheidungen getroffen: vom Angriff auf Stalingrad bis zur Zerstörung Warschaus und der Bildung des „Volkssturms".

Die polnischen Reiseleiter dürfen sich freuen, für den heutigen Tag haben sich gleich mehrere Busse aus Deutschland und Österreich angekündigt. „Besuch für Herrn Hitler", das belebt das Geschäft. Und schon hören wir einen gar nicht mehr so jungen Polen, wie er Mussolini, den italienischen Duce, imitiert. „Es gibt hier so schrecklich viele Mücken, Adolf, tu doch da was gegen!" Ach, ist das lustig hier ... Wir ersparen uns die Fortsetzung seiner Performance und gehen hinüber zum nächsten Reiseleiter. Der sieht etwas seriöser aus und lädt uns zu einem einstündigen Rundgang ein. Schon seit fünf Jahren, sagt er, arbeite er in diesem Beruf und ermögliche den Deutschen die Begegnung mit ihrer Vergangenheit. Wenn sie vor den Bunkern stehen und ihm zuhören, seien sie oft zu Tränen gerührt. „So freundliche Menschen, doch wie leicht verführbar!", murmelt er und zwinkert uns zu. Doch ja, wir wollen uns anschauen, wie er das macht, 40 Złoty ist uns das wert. Von Anfang an versteht er es, die Besucher zu fesseln. Vor allem Privates wolle er verraten, sagt er, Privates über den Führer. Und so erfährt man, dass schon Hitler ein begeisterter Müsli-Esser war, sich gleich nach dem Frühstück über die neuesten Ereignisse an der Front informieren ließ und dann mit Blondie, seiner geliebten Schäferhündin, ein paar Runden durch die Anlagen drehte. Das Sonnenlicht habe er übrigens gescheut, darum habe er stets einen großen Mützenschirm getragen. Um 12 und 18 Uhr gab es jeweils eine ausführliche

Lagebesprechung, abends wurden, solange es aufwärts ging, Schallplatten von Beethoven und Wagner aufgelegt. Nach Stalingrad habe Hitler freilich keine Lust mehr auf Musik gehabt, da habe sich sein Gemütszustand verdunkelt. Stundenlang hielt er nun Monologe, räsonierte über „die Geschichte der Menschheit", den „Makro- und Mikrokosmos". Das wisse er, sagt der Reiseleiter, von Christa Schroeder, Hitlers Sekretärin. Immer mehr habe sich der Führer von der Wirklichkeit abgeschottet. Wenn dann doch schlechte Nachrichten von der Front an sein Ohr drangen, habe er seine Offiziere verflucht und sie beschuldigt, nicht sauber genug zu planen.

Warum das Ganze denn „Wolfsschanze" heiße, möchte ein Besucher wissen. „Wolf", so lautet die Antwort, war der Kosename Hitlers. Der Fragesteller kenne doch bestimmt Wolfsburg, die Arbeiterstadt rund ums gewaltige Automobilwerk, 1938 von Hitler persönlich gegründet. Nach dem Endsieg sollte die „Stadt des KdF-Wagens" nach „Wolf" umbenannt werden, doch wie der Zufall es so wollte, habe sie den Namen auch ohne Endsieg bekommen ...

Der Führer durfte sich in seiner Wolfsschanze sicher fühlen, so lange ihm kein Widerstand aus den eigenen Reihen erwuchs. Am 20. Juli 1944, als russisches Militär nur noch 140 Kilometer von der Wolfsschanze entfernt und die deutsche Niederlage bereits unabwendbar war, unternahm eine Offiziersgruppe unter Leitung des **Generals Claus Graf Schenk von Stauffenberg** den Versuch, sich des Führers zu entledigen.

Der polnische Reiseleiter bleibt vor dem Denkmal nur wenige Sekunden stehen. „Die Firma war zum Zeitpunkt des Anschlags doch schon längst pleite", meint er, die Herren Offiziere hätten nur ihre Haut retten wollen. Churchill sollten wir mal lesen, der hätte im britischen Unterhaus von Anfang an die These vertreten, bei den Vorgängen des 20. Juli handle es sich um nichts anderes als „Ausrottungskämpfe unter den Würdenträgern des Dritten Reichs".

Das Attentat auf den Führer schlug fehl, worauf die aufständischen Militärs in Berlin-Plötzensee hingerichtet wurden. „Es lebe das heilige Deutschland" – so lauteten *Stauffenbergs* letzte Worte. Am 20. November des gleichen Jahres verließ *Hitler* die Wolfsschanze und fuhr in die Berliner Reichskanzlei zurück.

Zwei Monate später, kurz vor Eintreffen der russischen Truppen, wurde die aus 30 Bunkern bestehende Anlage gesprengt. Die Erderschütterung war so stark, dass das Eis noch in kilometerweit entfernten Seen zersplit-

terte. Aber der Stahl an den Trümmerresten, der Reiseleiter deutet nach rechts, sei bis zum heutigen Tag nicht gerostet. „Deutsche Qualitätsarbeit", meint er, „heute würden die Deutschen das wohl nicht mehr fertig bringen." Nun lachen die Zuhörer, ja, da hat der Pole recht, mit der deutschen Wirtschaft geht's bergab. „Aber das liegt auch am Osten", meint einer aus der Gruppe, „weil ihr alle was abhaben wollt vom Kuchen."

In der Nachkriegszeit wurden auf dem Gelände des Führerhauptquartiers mehr als 54.000 Sprengkörper gefunden und entschärft. Die **Entminung** kostete drei polnische Pioniere das Leben. 1958 wurde beschlossen, Teile der Anlage für Besuchergruppen zu öffnen. Seitdem sind mehrere Millionen Menschen durch die Ruinenlandschaft spaziert, die **größte Touristenattraktion Polens.**

Jalta

Gäbe es einen Band über „polnische Erinnerungsorte", so hätte Jalta darin seinen Platz. In dem Seebad auf der Halbinsel Krim fand im Februar 1945 eine **Konferenz** statt, auf der die **Vertreter der Anti-Hitler-Koalition** (*Churchill, Roosevelt* und *Stalin*) die wichtigsten Vereinbarungen für die Neugestaltung Europas trafen – Vereinbarungen, die für Polen bitter waren. Auf Jalta wurde das Land dem sowjetischen Einflussbereich zugeschlagen; es erhielt seine bis heute gültige **territoriale Gestalt,** auch wurde über seine ethnische Zusammensetzung entschieden.

Die erste Absprache betraf die Ostgebiete der Zweiten Polnischen Republik. *Piłsudski* hatte sie 1920/21 durch seinen Einmarsch in Kiew und Wilna für Polen erobert, 1939 holte sie sich die Sowjetunion im Zuge des Hitler-Stalin-Pakts zurück. *Roosevelt* und *Churchill* bescheinigten *Stalin,* er könne die Gebiete behalten, im Gegenzug sollte Polen durch territorialen Zugewinn im Norden und Westen entschädigt werden. Es bekam große, ehemals deutsche Gebiete zugesprochen: das südliche Ostpreußen (mit Ermland und Masuren) sowie alles Land östlich von Oder und Lausitzer Neiße (Schlesien, Warthegau mit Posen, Pommern mit Danzig, Westpreußen). Durch die Neuordnung verlor Polen im Osten 180.000 Quadratkilometer und erhielt im Norden und Westen als Kompensation 103.000 Quadratkilometer.

Ferner wurde festgelegt, wer bis zu den ersten freien Wahlen die **Staatsgeschäfte übernehmen** sollte. Diese Aufgabe kam nicht der 1939 aus Warschau nach London emigrierten Exilregierung zu, sondern der 1944 im befreiten Lublin konstituierten moskautreuen provisorischen Regierung der Nationalen Einheit. Aufgrund der Verhaftung wichtiger Vertreter der im Dienst der Exilregierung stehenden Heimatarmee konnte bei den Wahlen von einer „freien" Entscheidung keine Rede mehr sein.

Nach dem Prinzip „ein Staat, ein Volk" wurde in Jalta die **ethnische Säuberung** auf die Tagesordnung gesetzt: Alle zwölf Millionen Deutschen, die in den Polen zugesprochenen ehemals deutschen Gebieten lebten, sollten ausgewiesen werden. Was mit den Polen in den ehemals polnischen Ostgebieten geschehen sollte, wurde nicht näher erläutert, war gleichwohl allen Beteiligten klar: 1,2 Millionen Ostpolen (nach anderen Quellen mehr als drei Millionen) wurden nach Westen zwangsversetzt, was in der offiziellen Sprachregelung beschönigend „Repatriierung" hieß.

Bis zum heutigen Tag assoziieren Polen das Wort „Jalta" mit **„Verrat":** In der Stunde Null, der Befreiung von der Hitlerherrschaft, seien sie von den westlichen Verbündeten im Stich gelassen worden. Während Westeuropa unter dem amerikanischen Schutzschirm in Sicherheit leben durfte, wurde Polen dem sowjetrussischen Diktat unterworfen. Und es habe dafür einen hohen Preis zahlen müssen: habe nicht nur reiches Kulturland im Osten verloren, sondern sei zivilisatorisch um Jahrzehnte zurückgeworfen worden. Was sagte uns ein Mitglied des Breslauer Stadtrats? „Ihr habt den Krieg verloren und es ging aufwärts mit euch – wir dagegen gehörten zu den Gewinnern und hatten gar nichts davon."

Sozialistisches Zwischenspiel

Nach dem Zweiten Weltkrieg wurde durch die Alliierten das von *Adam Krzemiński* so genannte **„Zwischeneuropa" neu sortiert.** Grenzen wurden neu gezogen, die Bevölkerungen ganzer Regionen ausgewechselt. Auch in Polen standen die Beseitigung von „Konfliktherden" und die Bestrafung von „unzuverlässigen Staatsbürgern" auf dem Programm. Ethnische Säuberung erwies sich als das geeignete Mittel, einen labilen Staat zu stabilisieren.

Die **Polnische Arbeiterpartei** (ab 1948: Polnische Vereinigte Arbeiterpartei) übernahm die führende Rolle in Staat und Gesellschaft. Sie organisierte den Wiederaufbau des Landes, nationalisierte Banken und Schlüsselindustrien. Ein Skeptiker meinte schon damals, der Kommunismus passe zu Polen „wie der Sattel auf eine Kuh". Entgegen dieser durchaus realis-

„Die Arbeiterpartei ist die Kraft des Volkes" (Banner)
„Wir sind sowjetische Agenten. Sag's weiter" (Spechblase)
Karikatur von Andrzej Mleczko

014po Foto: am

tischen Einschätzung *Josef Stalins* wurden planwirtschaftliche Maßnahmen ergriffen und die Landwirtschaft kollektiviert. Nach sowjetischem Vorbild förderte man die Großindustrie, vor allem den Bergbau und die Stahlindustrie. 1949 trat Polen dem Rat für gegenseitige Wirtschaftshilfe bei, sechs Jahre später dem östlichen Militärbündnis (Warschauer Pakt).

Nach *Stalins* Tod 1953 verebbten die Schauprozesse gegen politische Abweichler und man begann in der Partei über **Mängel in der Umsetzung des Wirtschaftsprogramms** zu debattieren. Viele staatliche Betriebe arbeiteten unproduktiv und zielten an den Bedürfnissen der Bevölkerung vorbei. Deren Protest richtete sich lange Zeit nicht gegen das bestehende sozialistische System, sondern nur gegen bestimmte, in Führungspositionen aufgerückte Parteivertreter. Ihnen warf man korruptes Verhalten und Inkompetenz vor und versprach sich von deren Absetzung eine Besserung der eigenen Lebenssituation – so geschehen 1956 in Posen, als nach Massendemonstrationen der zuvor mehrere Jahre eingekerkerte *Gomułka* Generalsekretär der Partei wurde. Er war „Nationalkommunist" und propagierte einen „polnischen Weg zum Sozialismus". Die Kollektivierung der Landwirtschaft nahm er umgehend zurück und versprach den Arbeitern eine bessere, an die Leistung gekoppelte Entlohnung. Tatsächlich ging es jetzt mehrere Jahre aufwärts. In den Küstenstädten Danzig und Stettin boomte der Schiffbau, im ganzen Land verbesserten sich die Transportwege. Außenpolitisch ging die Regierung kein Risiko ein und unternahm nichts, was einen Konflikt mit der sowjetischen Regierung hätte heraufbeschwören können. Innenpolitisch gestand sie der Kirche mehr Raum zu, es gab in Polen – und dies war einzigartig im sowjetischen Machtbereich – katholische Klubs, Kultur- und Wissenschaftsvereine, die legalisiert waren und relativ unabhängig agierten.

Ab 1962 kam die Reformbewegung ins Stocken, Partei und Volk begannen sich erneut zu entfremden. Im innerparteilichen Streit erstarkte die Front um Innenminister *Moczar,* der Miliz und Geheimpolizei ausbaute und die Medienfreiheit beschnitt. Unter den Intellektuellen wuchs der **Widerstand gegen die Bevormundung durch die Partei.** *Jacek Kuroń* und *Karel Madzelewski,* zwei an *Marx* geschulte Universitätsdozenten, verfassten 1965 einen „Offenen Brief an die Polnische Vereinigte Arbeiterpartei", worin sie die bürokratischen Verkrustungen der Arbeiterpartei anprangerten. Wegen „Anfertigung und Verbreitung von Materialien, die den Interessen des polnischen Staates schädlich sind", wurden sie zu je dreieinhalb Jahren Gefängnis verurteilt. Im Sommer 1967 wurden sie vorzeitig entlassen, doch schon im März 1968 erneut inhaftiert. Diesmal beschuldigte man sie, an den in Warschau ausgebrochenen, von „zionistischen Kreisen" gesteuerten Studentenunruhen an führender Stelle mitgewirkt zu haben.

Arbeiterproteste gab es erst wieder 1970, als von der sozialistischen Regierung eine Erhöhung der Lebensmittelpreise verfügt worden war. Die Unruhen breiteten sich von Danzig über das gesamte Land aus; *Gomułka* ließ auf streikende Arbeiter schießen und verlor seinen Posten als Parteichef. *Gierek,* sein Nachfolger, nahm die Preiserhöhungen zurück und leitete mithilfe westlicher Kredite einen ökonomischen Aufschwung ein. Dieser war freilich nur einer auf Pump und so begann schon wenige Jahre später, auch bedingt durch die Ölkrise und die anschließende weltweite Rezession, die Hoffnung auf die Reformierbarkeit des Systems zu schwinden. Neue Kredite mussten aufgenommen werden, um die alten zu zahlen, das Land saß in der **Schuldenfalle.** Wieder musste sich ein Regierungschef dazu durchringen, die Lebensmittelpreise zu erhöhen und wieder gingen Arbeiter dagegen auf die Straße. Und viele Polen fragten sich: Soll das immer so weitergehen? Man wirft uns einen schönen Brocken zu, um ihn uns anschließend zu rauben. Dann wird protestiert und die Polizei schlägt die „Unruhestifter" zusammen. Gibt es Tote, wird der Regierungschef ersetzt, und die Geschichte kann von vorne anfangen – alles bleibt beim Alten ...

„Solidarność = Erfolg. Heute und morgen" (Graffiti an der Danziger Werft) Viele Kampfgenossen von einst sehen das heute anders.

Solidarität und ihre Folgen

„Historiker sind oft genug Märchenerzähler.“
(Aleksander Świętochowski)

Wyspiańskis „Hochzeit“, Polens berühmtestes und in Krakau 1901 uraufgeführtes Drama, endet mit einem Tanz. Bei einer Hochzeit auf dem Land wiegen sich die Gäste wie hypnotisiert zu einer schwermütigen Melodie, die ihnen ein Gespenst vorspielt. Kurz zuvor noch hatten sie von Freiheit und Glück geträumt, hatten geflirtet und gelacht, im Geist den Aufstand gegen die Besatzer geprobt. Nun tanzen sie im Gleichschritt und hören nicht, wie ein junger Bauer zum Kampf ruft, weil die Situation so günstig sei wie nie zuvor.

In Polen ist die Botschaft des Dramas bis heute vernehmbar: Pole, sei wachsam, der Zug könnte ohne dich abfahren, einer für alle, alle für einen! Als bei den Danziger Streikaktionen 1970 drei Arbeiter starben, war das Signal zum gemeinsamen Aufbruch wieder einmal überhört worden. Der **Funke der Revolte** war nicht auf die Intellektuellen übergesprungen – diese hatten zuvor ihren eigenen Aufstand geprobt.

1980 standen die Zeichen abermals auf Sturm, doch zwischenzeitlich hatte sich etwas getan. Zwei Jahre zuvor – ein göttlicher Wink? – war der polnische Kardinal **Karol Wojtyła zum Oberhaupt der katholischen Kir-**

015po Foto: sg

che gewählt worden. Schon kurze Zeit später reiste er als Papst *Johannes Paul II.* in seine polnische Heimat und zelebrierte Messen vor einem Millionenpublikum. Der Papst ermahnte seine Landsleute zum **passiven Widerstand** und warnte sie davor, ins offene Messer zu laufen. Das Volk der Helden und Märtyrer, prophezeite er, werde Kraft zum Neubeginn finden und eines nicht mehr fernen Tages als freie Nation wieder auferstehen. Solche Worte versetzten das Land in einen Begeisterungstaumel. Das hörte man gern, das befreite von Angst.

Als die Fleischpreise 1980 nach altbekannter Manier wieder erhöht wurden, staunte alle Welt. Da gab es in Polen plötzlich eine breite, machtvolle **Protestbewegung,** die keine Zersplitterung kannte: Arbeiter waren nicht isoliert, sondern agierten im Bündnis mit Kirchenvertretern und Intellektuellen. Die Revolte begann in Danzig, wo sich unter Führung des Elektrikers *Lech Wałęsa* ein Streikkomitee bildete. Man wollte sich nicht mehr mit Brosamen abspeisen lassen, sondern stellte politische Forderungen, die im Wunsch nach Zulassung freier Gewerkschaften gipfelten.

Nachdem sich die Streiks von den Werften im Norden aufs oberschlesische Industrierevier ausgedehnt hatte, lenkte die Staatsmacht überraschend ein. Erstmals in einem kommunistischen Land wurde die **Gründung einer unabhängigen Gewerkschaft** ermöglicht, die über Streikrecht und Zugang zu den Massenmedien verfügte. Die am 31. August gegründete **Solidarność** („Solidarität") vereinte eine Opposition, die von Reformlinken bis zu reaktionären Klerikern reichte. Die Zahl ihrer Mitglieder stieg innerhalb weniger Wochen auf zehn Millionen an.

Mit der Gewerkschaftsgründung verlor die Partei das über vier Jahrzehnte ausgeübte Organisationsmonopol über die „Werktätigen" und musste zugeben, dass sie von denen, die sie zu vertreten vorgab, nicht anerkannt wurde. Da nutzte es auch nichts, dass General *Jaruzelski,* Ministerpräsident und Verteidigungsminister des Landes, versuchte die Uhren noch einmal zurückzustellen. Am 13. Dezember 1981 verhängte er das **Kriegsrecht,** verbot die Solidarność und setzte ihre Führer fest. Zugleich wurde die Zensur eingeführt und es gab eine nächtliche Ausgangssperre. Der Grund für den laut *Adam Michnik* „mildesten Umsturz im 20. Jahrhundert" ist bis heute nicht eindeutig geklärt. Doch geht man allgemein davon aus, *Jaruzelski* habe eine militärische Intervention durch Truppen des Warschauer Paktes verhindern, ein „Kissen zwischen den sowjetischen Schlagstock und das polnische Hinterteil" schieben wollen. Am 22. Juli 1983 wurde der Kriegszustand wieder aufgehoben und drei Jahre später eine Amnestie erlassen.

Bald brauchte man auch keine Angst mehr vor dem „sowjetischen Schlagstock" zu haben – **Glasnost und Perestroika** hießen die neuen

Katzenjammer

Und was ist aus der „Solidarität", dieser einst so gerühmten Bewegung geworden? Nach 1989 hat sie sich in Parteien und Fraktionen aufgesplittert, die sich meist am rechten Rand des politischen Spektrums bewegen. Solidarisches Handeln wurde durch kleinkarierten Konkurrenzkampf ersetzt und wenn es noch etwas Gemeinsames gab, so bestand es darin, die Interessen derer, die vom Wandel profitierten, höher zu bewerten als die der deklassierten „Underdogs". Ans Volk erging der Aufruf: Freunde, geht an die Arbeit! Seid glücklich, denn ihr schuftet nun nicht mehr für einen uns von außen aufgepfropften Kommunismus, sondern für eine urpolnische Obrigkeit – und dies im Namen des Papstes und der Jungfrau Maria! 1990 wurde Lech Wałęsa zum polnischen Staatspräsidenten gewählt. Im Ausland wurde er mit Ehrungen überschüttet. Als er 1999 noch einmal kandidierte, kam er auf weniger als 1 % der abgegebenen Stimmen – man will in Polen nichts mehr wissen von ihm. „Millionen Menschen, von denen die Wende des Jahres 1989 als Sieg betrachtet wurde, aber die Seinsfolgen dieser Wende als eigene Niederlage empfinden, sehen keine Rechtfertigung für die dargebrachten Opfer. Die Solidarność, das Symbol der größten Hoffnung ihres Lebens, wurde für sie die größte Enttäuschung ihres Lebens" (Karol Modzelewski, erster Pressesprecher der Solidarność).

Zauberformeln aus Moskau. Sie schufen die Voraussetzungen für Gespräche am „Runden Tisch" zwischen Regierung und Opposition und den gewaltfreien Übergang **vom realen Sozialismus zur marktwirtschaftlichen Demokratie.** 1989 wurde mit *Tadeusz Mazowiecki* erstmals in der Nachkriegsgeschichte ein Nichtkommunist Chef der Regierung. Die Polen jubelten: Aus eigener Kraft, so die Selbsteinschätzung, hatten sie sich von der sowjetischen Hegemonie befreit und damit das „System von Jalta", wie sie es nennen, auf den Müllhaufen der Geschichte befördert. Die nach ihrem Verständnis 60-jährige Phase der Fremdherrschaft (1939–1989) war vorüber, der Weg nun frei für eine **„Dritte Republik"** *(Trzecia Rzeczpospolita).*

Transformation

Powrót do Europy („Rückkehr nach Europa") – für die Polen hieß das: „Die Abgrenzung vom Westen ist vorbei, wir gehören jetzt zu euch!" Von der Formel erhofften sie Wunder. Es werde nicht lange dauern, so meinten sie, dann werde es ihnen genauso gut gehen wie den privilegierten Nachbarvölkern. *Adam Michnik, Leszek Kołakowski* und andere einflussreiche Intellektuelle träumten in den Feuilletons von der Heimkehr ins gelobte Land abendländischer Werte, der unbegrenzten Freiheit des Denkens und Handelns. Mit der Überwindung der „kommunistischen Diktatur" schien der Weg frei zur großen Vereinigung in einer Familie gleichberechtigter Völker. Doch ganz so einfach, wie sich dies die meisten Polen vorstellten, lief es nicht ab. Der Karikaturist *Andrzej Mleczko* zeichnete 1990 eine wild entschlossene „Polonia", wie sie mit offener Bluse und wehendem Haar einen Fuß über die Grenze nach Deutschland setzt. „Freunde, hier bin ich, dies ist die Fahne, die ich trage, die Fahne der Solidarität!" Doch der deutsche Grenzbeamte kann mit ihrem Gefühlsüberschwang nichts anfangen – was für ihn zählt, sind einzig Gesetze und Paragraphen, und so stellt er sich Polonia entgegen, verwehrt ihr den Zutritt ins europäische Haus.

Schocktherapie

Die Ernüchterung im Land der Freiheitskämpfer war groß. Es wurde ihnen klargemacht, dass sie zwar mit dem Sturz des Kommunismus etwas ganz Tolles vollbracht hätten, sich aber auf eine mehrjährige Warteschleife einstellen müssten, bevor sie die Früchte ihres Kampfes ernten dürften. Pariser Club, Weltbank und IWF (Internationaler Währungsfonds) zeigten sich kulant: Damit ihr überhaupt zahlungsfähig seid, so die Devise, erlassen wir euch einen Teil der Auslandsschulden, doch dafür nehmen wir uns fortan das Recht, euch eng an der Leine unserer Interessen zu halten. Die Zeit des Übergangs, so wurde den Polen bedeutet, werde um so kürzer ausfallen, je entschlossener sie sich daran machten, die Hausaufgaben im neuen **Pflichtfach „Marktwirtschaft"** zur Zufriedenheit ihrer westlichen Rat- und Geldgeber zu erledigen.

Seitens des IWF wurde *Jeffrey Sachs* vorstellig, der zuvor den Neoliberalismus in Bolivien schulmeisterlich eingeführt hatte. Die Regierung des Ministerpräsidenten *Mazowiecki* und seines Finanzministers *Balcerowicz* erwies sich als sehr gelehrig. Anders als etwa in Slowenien vergeudete sie keine Zeit mit der Suche nach einem „dritten Weg", sondern verordnete dem Land eine **radikale Schocktherapie.** Der Staat, der bis dahin fast alle gesellschaftlichen Bereiche organisiert und finanziert hatte, zog sich aus seinen Verpflichtungen zurück, „kurierte" das Sozialsystem, schloss marode Staatsunternehmen und fror in den noch funktionierenden Betrieben die Löhne ein. Hatte der Staat ein Jahr vor der Wende noch 42 % seines Budgets für Subventionen verwendet, so waren es ein Jahr nach der Wende nur noch 14 %. Die Preise überließ er dem freien Markt, was zeitweise zu einer **Inflation** von 600 % führte. Er öffnete den bis dahin vom Westen abgeschotteten Binnenmarkt, damit die polnischen Unternehmer aufgrund der Konkurrenz mit ausländischen, qualitativ höherwertigen Waren zur Modernisierung gezwungen würden.

Die Zeit des Übergangs war für die Bevölkerung bitter – ihr Lebensstandard wurde teilweise drastisch gesenkt. Innerhalb kurzer Zeit stieg die Arbeitslosenzahl von 0 auf 16 %, die Reallöhne sanken um durchschnittlich ein Drittel. Doch da sich der Erfolg einer Wirtschaft, in der sich jeder selbst der nächste ist, nicht an der Kaufkraft seiner Bürger bemisst, galt Polen als **Erfolgsmodell. „Polnische Wirtschaft“,** einst ein Synonym für Mangel und Chaos, stand in den späten 1990er Jahren für Fortschritt und Effizienz. Es gelang der Regierung, die galoppierende Inflation in den Griff zu bekommen und den Złoty zu stabilisieren. Großes Lob zollten ihr IWF und Weltbank, als sie sich daran machte, im Stahl- und Metallsektor wichtige Kombinate zu verkaufen und zentrale Staatsunternehmen wie die Fluglinie LOT, Telekommunikation und Geldhäuser zu privatisieren. Oft wurde staatliches Eigentum unter Zeitdruck für lächerlich geringe Summen an ausländische Unternehmen verkauft. Zugleich schuf der polnische Staat industrielle **Sonderzonen für ausländische Anleger:** Diese brauchten für die Dauer von bis zu zehn Jahren keine Körperschaftssteuer zu entrichten und waren von Importzöllen befreit. Ausländer investierten insbesondere im Lebensmittel-, Konsum-, Banken- und Versicherungssektor. Bald befanden sich mehr als drei Viertel des polnischen Bankenkapitals in ausländischem Besitz. Die Citibank übernahm die Bank Handlowy, die Deutsche Bank kaufte sich in die Danziger BIG Bank ein, die Bayerische Hypo- und Vereinsbank übernahm die BPH, und die italienische UniCredito schluckte PEKAO, die größte polnische Bank.

Auf den Wirtschaftsseiten der FAZ pries man die **„erfolgreichste Reform der Neuzeit“** und mit einem vier Jahre lang jeweils um mehr als 5 % steigenden Bruttosozialprodukt das „dynamischste Wachstum in Europa“. Kurzzeitig gelang es sogar, die Arbeitslosenzahl auf unter 10 % zu senken. Finanzkrisen blieben dem „Tigerstaat“ vorerst erspart, in den Großstädten begann sich eine kleine, aber konsumstarke Mittelschicht zu entwickeln. Die Aufschwungsphase dauerte bis zum Jahr 2001, dann kam der Wachstumsmotor ins Stottern. Gründe sah man zum einen in der wirtschaftlichen Verflechtung mit dem vor sich hin kränkelnden Deutschland, zum anderen in der nur schleppend vorangetriebenen Bergbaureform, den nicht gelösten Agrarproblemen und der nicht ausreichend verbesserten Infrastruktur.

NATO und EU

„Fast einig“ waren sich die Regierungsparteien in Fragen der EU, „hundertprozentig“ unterstützten sie das Militärbündnis NATO. *Adam Michnik* sprach es in aller Klarheit aus: „Polen braucht die USA für seine Sicherheit und die EU für seinen Wohlstand." Wo immer seit 1990 Militär gebraucht wird, ist Polen dabei und setzt auf die amerikanische Karte. 1994 kämpften **polnische Elitetruppen an der Seite der Amerikaner** in Hawaii, zwischen 1996 und 1998 jagten sie Kriegsverbrecher auf dem Balkan. 1999 übernahmen sie die Bewachung *William Walkers,* des Chefs der OSZE-Mission im Kosovo. Dies war auch das Jahr, da das geopolitische Gewicht ihres Landes mit dessen **Aufnahme in die NATO** gewürdigt wurde.

Die Mehrzahl der Polen glaubte, mit dem Beitritt wirksam gegen den „wilden Osten" geschützt zu sein und klatschte Beifall. Erst mit Verspätung setzte sich die Erkenntnis durch, dass sie fortan auch **Teil einer Weltpolizei** würden, die sich in blutige Konflikte in allen Teilen der Welt einmischte. Polen beteiligten sich 2001 an den Kämpfen gegen die afghanischen Taliban und bald darauf am Überfall auf den Irak. In Paris und Berlin blickte man skeptisch auf Polen, sah in dem Land ein „trojanisches Pferd der USA" oder auch einen „Vasallen Washingtons", der die geplante gemeinsame europäische Sicherheitspolitik untergrub. In deutschen Regierungskreisen fragte man sich: Werden wir instrumentalisiert? Nutzt vielleicht Polen die bilaterale Interessensgemeinschaft nur, um hohe Finanzforderungen gegenüber der EU durchzusetzen?

Kriegsgegnern im eigenen Land erwiderte die Regierung: Wir bleiben unserer historischen Aufgabe treu und kämpfen gegen Tyrannen überall auf der Welt. Und wenn wir gute Arbeit leisten, wird unser **militärisches Engagement** gewiss mit **wirtschaftlichen Vorteilen** belohnt. Tatsächlich erhielt Polen von den Vereinigten Staaten 48 Kampfflugzeuge des Typs F-16 zu extrem günstigen Zinskonditionen; volle acht Jahre brauchte Warschau keine Tilgungszahlungen zu leisten. Zusätzlich versprachen die USA Investitionen in die polnische Wirtschaft in Höhe von mehr als sechs Milliarden Dollar.

Mochten auch ein paar Polen geglaubt haben, die militärische Freundschaft mit den USA eröffne eine Alternative zum europäischen Weg, so blieben sie doch in der Minderheit – die Zustimmung zum EU-Beitritt beim Referendum von 2003 fiel mit 77,5 % deutlicher aus als erwartet, wobei freilich die Beteiligung trotz päpstlicher Intervention bei nur 58,8 % lag. Sie war in den ehemals deutschen Gebieten überdurchschnittlich hoch, niedrig dagegen in den Woiwodschaften Ostpolens.

„Die Polen sind arm, weil sie zu einem fremden Gott beten und ihm Geld zahlen. Polen! Wählen wir die Partei des weißen Menschen in Polen und in Europa."
(Politische Losung in einem Wohnungsfenster)

Europäische Union

„Die Vereinigung bedeutet nichts als den sicheren Konsum in einem geschlossenen und gut bewachten geographischen Raum."
(*Andrzej Stasiuk*, Schriftsteller)

Am 1. Mai 2004 wurde die Europäische Union um zehn Staaten erweitert. Einer von ihnen, mit über 38 Millionen der bevölkerungsreichste, war Polen. Die Kommentare und Festreden, die am Tag des **EU-Beitritts Polens** über die polnischen Medien verbreitet wurden, waren voll der schönsten und erhabensten Worte. Dies sei ein „großartiger Tag", hieß es, endlich sei die Trennung, die der Sowjetkommunismus nach 1945 über den alten Kontinent verhängt habe, aufgehoben. Die Sehnsüchte mehrerer Generationen nach einer gesicherten Entwicklung hätten sich erfüllt, Polen komme in den Genuss eines Modernisierungsschubs, der es wirtschaftlich und politisch nach oben bringen und seine Rolle als gleichberechtigtes Mitglied der europäischen Staatengemeinschaft festigen werde.

Solche Worte kamen den Polen vertraut vor, denn schon einmal hatte man ihnen gesagt, die Türen nach Westen seien nun offen. Das war 1989. Seitdem waren 15 Jahre vergangen, die Bürger hatten fleißig die Schulbank gedrückt, waren anfangs als „Musterschüler" gepriesen worden, hatten dann wiederholt blaue Briefe bekommen, „in einigen Fächern schwere

016po Foto: sg

Mängel", „Versetzung gefährdet". Nun aber war die **Durststrecke** vorüber und Brüssel beschied: Ihr habt die Prüfung bestanden und dürft feiern, wir heißen euch willkommen in der EU, im Kreis der freien Nationen.

Und die sich 15 Jahre lang abgestrampelt hatten verglichen die Worte der Politiker mit den Fakten und verstanden nicht, weshalb sie jubeln sollten. Da hatten sie gedacht, sie würden gleichberechtigt mit den westlichen Nachbarn werden, könnten problemlos die Grenze passieren und sich im Westen eine gut bezahlte Arbeit suchen. Doch wie sieht die Wirklichkeit aus?

Die Grenze ist nicht weggefallen, weiterhin werden – wenigstens für eine mehrjährige **Übergangsperiode** – Pass- und Personenkontrollen durchgeführt. Auch die Jobsuche ist kaum leichter geworden: Deutschland und Österreich schützen sich vor östlichen Billiglohnarbeitern und behalten sich vor, die Arbeitserlaubnis bis zum Jahr 2011 zu verweigern. Arbeiten darf nur, wer eine selbstständige Dienstleistung anbietet oder sich als Unternehmer mit seiner Firma in Deutschland selbstständig machen will. Doch selbst dann gibt es Hindernisse, denn eingestellt werden dürfen nur Deutsche, es sei denn, es handelte sich um eine zeitlich und örtlich begrenzte „Auftragsarbeit". Im Gegenzug schottet zwar auch die polnische Regierung ihren Arbeitsmarkt ab, doch ist dies eher eine symbolische Maßnahme, steht doch nicht zu erwarten, dass sich westliche Jobsucher um östliche Billiglöhne balgen.

Der angekündigte „Geldregen" aus Brüssel ist wenig ergiebig. Die **Transferzahlungen** an die neuen Beitrittsländer betragen maximal 4 % von deren Bruttoinlandsprodukt, womit klargestellt ist, dass diese Länder nur einen Bruchteil jenes Geldes empfangen werden, das zuvor für Spanien, Portugal, Griechenland und Irland ausgegeben worden ist. Erschwerend kommt hinzu, dass Polen nur Geld von der EU erhält, wenn es gut durchdachte, langfristig geplante Projekte vorweisen und den nötigen finanziellen Eigenanteil aufbringen kann. Dies aber übersteigt die Kraft vieler Kommunen. Viele Polen fragten sich: Warum sollen wir überhaupt Geld an die EU überweisen? Warum bekommen wir nicht gleich den EU-Anteil bar auf die Hand? Als sie die Antwort erfuhren, waren sie erst recht sauer, denn ganz offenbar bringt Brüssel der polnischen Regierung kein Vertrauen entgegen. Das Geld, das die EU an Polen zu zahlen bereit ist, wandert an der polnischen Staatskasse vorbei direkt in die von Brüssel als „förderwürdig" eingeschätzten Projekte. Einer Zweckentfremdung des Geldes wird so vorgebeugt, es kann nicht in der Warschauer Bürokratie versickern ...

Als **Startkapital** erhielten die zehn neuen EU-Staaten zusammen magere 10,4 Milliarden Euro. Vor allem die polnischen Bauern waren über die ihnen angebotenen Subventionen empört. Diese beliefen sich auf gerade mal 25 % jener Summe, die ihre Berufsgenossen aus Griechenland und Spanien bekommen hatten. Vertröstet wurden sie mit dem Hinweis auf das Jahr 2013, wenn die polnischen den westlichen Bauern gleichgestellt und dann ebenso viel Geld erhalten würden wie diese, nämlich eine bis dahin stark reduzierte Summe.

Freuen darf sich nur, wer schon Geld hat. Das Land gehört jetzt zum europäischen Binnenmarkt, was für den **Kapital- und Warenverkehr** den Wegfall aller Schranken bedeutet. In Polen bzw. Deutschland erwirtschaftetes Geld darf ohne Abzüge von einem EU-Land ins nächste wandern. Gleiches gilt für (fast) alle Waren: Wer etwas nach Polen verkaufen will, stößt auf keine Zollhemmnisse mehr, umgekehrt haben polnische Gänse, Daunen und Heringe freien Zutritt in die Supermärkte des Westens. Viele Waren im Land haben sich seit 2004 verteuert. Weil die polnische Regierung Abnahmegarantien für in „Alt-Europa" produzierte Güter und Lebensmittel geben musste, haben die Bürger nicht selten ein Mehrfaches vom früheren Preis zu zahlen. Das betrifft etwa Milchprodukte, Baumaterialien und Bücher. Vorbei ist es auch mit der kolumbianischen Billig-Banane, denn der Importzoll stieg von Null auf 161,9 Prozent, beim thailändischen Reis gar auf über 190 Prozent. Einige Waren wurden freilich auch billiger, da die Importzölle auf Erzeugnisse aus EU-Ländern weggefallen sind.

Der Euro lässt indes auf sich warten. Man hat den Polen gesagt: Erst wenn das Land mindestens zwei Jahre einen festen Wechselkurs zum Euro hält, ist die Grundbedingung für die Einführung der neuen Währung erfüllt. Darf man also auf das Jahr 2006 hoffen? Offenbar nicht. Denn, wie das Auswärtige Amt betonte, selbst für die „am weitesten fortgeschrittenen Länder" werde der Euro „Endpunkt eines mehrstufigen Konvergenzprozesses" sein. In Polen rechnet man inzwischen nicht mehr damit, dass die Währung vor 2011 eingeführt wird.

Angesichts der vielen Hindernisse, die man ihnen in den Weg legte, empfinden es die Polen als gerecht, dass sich ihr Land vor dem **„Ausverkauf" von Immobilien** an zahlungskräftige Privatleute aus Deutschland durch eine rigide Sperrklausel schützt: Bis 2016 dürfen diese kein Agrar- oder Forstland erwerben. Lediglich für Investitionszwecke ist der Erwerb von Grund und Boden möglich, für den Kauf von Häusern und Wohnungen benötigt man die explizite Erlaubnis des Innenministeriums.

Polens Parteien werben um eine Bevölkerung, die heute mehr denn je entsolidarisiert und desorientiert wirkt. Bei den **jüngsten Wahlen** hat sich gezeigt, dass die einstige EU-Offenheit einer tiefsitzenden Furcht, von der Gemeinschaft aufgesogen zu werden, gewichen ist. Die einzige verlässli-

Polen, ade!

Viele Polen spüren, dass ein Sturmlauf gegen Politiker in der marktwirtschaftlichen Demokratie wenig bewirkt. Die Regierenden verstecken sich hinter real existierendem Sachzwang. Anders als im Sozialismus herrscht nicht mehr das Primat der Politik, sondern das Primat der Ökonomie. Die Regierung kann nur noch wenig ausrichten. Sie „will" vielleicht nicht die Globalisierung, doch da die Würfel gefallen sind, „muss" sie wollen. Brüssel als verlängerter Arm der europäischen Wirtschaft empfiehlt den Polen Maßnahmen zur Privatisierung öffentlicher Dienstleistungen, zur Ausrichtung des Bildungswesen an den Interessen der Wirtschaft und zur Flexibilisierung der Arbeitsmärkte: Seid vorsichtig mit der Anhebung eurer Löhne, denn warum sollten westeuropäische Unternehmer bei euch produzieren wollen, wenn der Stundenarbeitslohn in Warschau drei Euro, in China oder Thailand aber nur zehn Cents beträgt? Eure Chance besteht darin, ein Niedriglohnstandort zu sein, dann sind euch Direktinvestitionen gewiss!

Professor *Zbigniew Madej* von der Hochschule für Wirtschaft und Soziales in Warschau hat seinen Landsleuten vorgerechnet, dass Polen mit einem Bruttoinlandsprodukt von 40 Prozent des alten EU-Durchschnitts (2004) sich nur auf 55 Prozent im

che pro-europäische Partei, das Bündnis der Demokratischen Linken (SLD), verlor dramatisch an Stimmen, die liberale Union der Freiheit (UW) war schon zuvor abgerutscht. Stattdessen wurden Parteien nach oben gespült, die der politischen Rechten zuzurechnen sind. Von diesen hat die Bürgerplattform (PO) das noch positivste Verhältnis zur EU, was irritieren mag, da es doch ihr Vorsitzender war, der bei der Debatte um die europäische Verfassung den Slogan „Nizza oder der Tod" geprägt hatte. Als Retter des bedrohten Vaterlands präsentieren sich u. a. die Liga Polnischer Familien (LPR) mit ihren nationalistischen Bündnispartnern von „Radio Maryja", die Gerechtigkeitspartei (PiS), die Bauernpartei (PSL) und die um Lepper formierte Selbstverteidigungs-Liga (Samoobrona). Sie alle streben an die Regierung, um Polens Identität im bürokratischen Superstaat Europa zu schützen.

Ganz oben auf der **sozialen Stufenleiter** stehen die Eliten aus Wirtschaft und Politik, eine kleine Schicht von Wohlhabenden, die die Transformation propagiert und von ihr profitiert haben. Sie machen sich stark für die EU und bekommen Unterstützung von Ärzten und Juristen, Händlern und Ladenbesitzern, um nur einige jener Berufsgruppen zu nennen, deren Los sich nach Einführung der marktwirtschaftlichen Demokratie verbessert hat. Sie meinen, die Mitgliedschaft in der Union sei einziger Garant für zukünftigen Wohlstand. Die Auslandsinvestitionen würden wachsen, die heimischen Unternehmen (die wenigen, die es noch gibt) bessere Absatzmöglichkeiten haben. Außerdem erhoffen sie von der EU finanziel-

Jahr 2014 wird steigern können – freilich auch dies nur unter der Bedingung, dass die jährliche Zuwachsrate bei 5–6 Prozent liegt und die Weltpolitik sich nicht unvorhergesehen entwickelt. Bei optimistischer Schätzung könnten im Jahr 2040 möglicherweise 80 Prozent des EU-Entwicklungsstandes von 2000 erreicht sein. Die britische Zeitschrift „Economist" kommt zu einem ähnlichen Ergebnis. Polen, schreibt sie, werde von allen Neulingen am längsten brauchen, um den Wohlstand der alten EU-Länder zu erreichen, nämlich 59 Jahre, sprich bis 2063.

Tolle Aussichten, sagen die Polen, zumal ihnen die Zerstörung der alten landwirtschaftlichen Strukturen und des oberschlesischen Industriereviers vor Augen steht und die Arbeitslosigkeit auf 20–25 Prozent steigt. Schon jetzt wissen viele, was die Stunde geschlagen hat und schnüren die Schuhe. Wieder einmal, wie so oft in der Geschichte, werden sie zu Lieferanten von Arbeitskraft auf dem westeuropäischen und nordamerikanischen Markt. Doch es sind nicht allein Arbeitslose, die ihrem Land den Rücken kehren. Bei Umfragen unter Studenten erklärte eine große Mehrheit, dass sie nach Abschluss des Studiums nicht in Polen bleiben wolle. Um Spezialisten für Computer- und Telekommunikationstechnologie sind die deutsche und amerikanische Wirtschaft schon lange bemüht und auch viele gut ausgebildete Ärzte und Ingenieure wollen Polen verlassen.

le Hilfe beim Ausbau des Straßennetzes sowie dem Strukturwandel in der Landwirtschaft und der Montanindustrie.

In der liberalen Tageszeitung „Gazeta Wyborcza" wurde ein weiteres Argument zugunsten der EU genannt: Wir brauchen sie, heißt es, sonst kehren im Land „russische" Verhältnisse ein. Die Polen kämen mit ihren Schwierigkeiten allein nicht mehr zurecht, Brüssel verkörpere die Hoffnung auf Rettung. Über die Institutionen der EU könnten Ordnung und Rechtsbewusstsein vermittelt werden, in der Verfassung verankerte Rechte würden endlich überprüfbar. Die europäische Identität sei von Vorteil, denn sie erlaube die **Herauslösung aus enger Nationalstaatlichkeit.** Und vielleicht würde dann auch die nationale Mythologie ein wenig entschleiert.

Das freilich ist genau das, wovor die Liga der Polnischen Familie und mit ihr viele andere sich sorgen. Sie klammern sich ans Altbewährte, finden **Sicherheit in den traditionellen Wertvorstellungen** und fürchten nichts so sehr, als dass westliche Dekadenz, worunter sie ein Gebräu von freier Liebe, Homosexuellen-Ehe und Sterbehilfe fassen, Einkehr in Polen hält. Mit ihrer Agitation gehen sie erfolgreich auf Stimmenfang, bekommen Zulauf nicht nur von radikalen Katholiken, sondern auch von sozialen Randgruppen. Zu den Habenichtsen auf den unteren Sprossen der sozialen Leiter zählen nicht allein die fünf Millionen Arbeitslosen, sondern auch die Mehrzahl der noch Beschäftigten – sie verdienen monatlich im Schnitt weniger als 350 Euro netto.

017po Foto: sg

KULTUR UND KIRCHE

Wer bist du, Pole?

„‚La Pologne? La Pologne? Schrecklich kalt dort, nicht wahr?' fragte sie mich …
‚Pas du tout', antwortete ich eisig."
(Wisława Szymborska)

Auf den ersten Blick wirken die Polen nicht gerade freundlich, sie lächeln kaum und wirken desinteressiert. „Ihre Stimmung", so die Schriftstellerin *Olga Tokarczuk*, „balanciert zwischen Selbstverliebtheit und melancholischem Minderwertigkeitskomplex." Doch was dazwischen liegt – welch ein Reichtum an Bildern! Sie sind Meister der Schwarzmalerei, mal sauertöpfisch und stumm, mal zuversichtlich und heiter: Ewige **Stehaufmänn-**

Der Papst ist immer dabei: zum Erntedank im Muschelkleid

chen, die sich nicht unterkriegen lassen, mit dem Mut zum Risiko meistern sie jede noch so schwierige Lage.

Das Improvisationsgenie

Den Polen wird **Talent im Improvisieren** *(improwizować)* nachgesagt – zurecht gelten sie als „die Italiener des Ostens", finden sich auch in schwierigsten Situationen zurecht. Man mag sich darüber streiten, wann sie diese Fähigkeit entwickelt haben. Die einen sagen: „Das haben wir mit der Muttermilch aufgesogen." Die anderen meinen: „Das war eine Reaktion auf den Sozialismus." Auf jeden Fall lässt sich dieses Geschick noch heute bestens verwerten, besonders wenn man es mit der Kunst zu kombinieren *(kombinować)* verknüpft: Kommt man nicht auf dem vorgeschriebenen Weg ans Ziel, muss man eben alle verfügbare Fantasie auf die Erkundung von Schleichwegen lenken. In erster Linie heißt das, sämtliche **Kontakte auszuschöpfen.** Das geschieht nicht eigennützig, sondern stets mit dem Hintergedanken: „Klar will ich einen Vorteil, doch wie kann ich meinerseits helfen? Welche Gegenleistung könnte den Partner interessieren?" Von hier ist es kein weiter Weg zum **Auffinden von Gesetzeslücken:** Geschickt verstehen es die Polen, „noch jedes System aufzuweichen" *(Czesław Miłosz).*

Geht mal ein Versuch daneben, so ist das nicht weiter schlimm. Ein Pole lässt sich nicht entmutigen, sondern berappelt sich so schnell er kann, um alsbald einen neuen, besser durchdachten Versuch zu starten. *Jakoś to będzie* (Irgendwie wird's schon gehen) – so lautet die optimistische Devise, mit der er auf die eigene **Fähigkeit des Durchwurstelns** vertraut. Mit den Worten einer altpolnischen Spruchweisheit: „Noch nie war es so, dass es nicht irgendwie geworden wäre."

Lebenskunst

„Was du heute kannst besorgen, das verschiebe nicht auf morgen" – so heißt es in Deutschland. In Polen sieht man das anders. Da fängt man zwar auch gern heute schon an, doch wenn sich die Arbeit als lästig erweist, verschiebt man sie auf morgen, sofern kein Termindruck besteht. Der Pole ist kein Prinzipienreiter, er jongliert mit dem Zwang. Gern verwandelt er, was ihn bedroht, in etwas, über das gelacht werden kann.

Die Polen beherrschen die Kunst der Improvisation
(„Der Nager", Karikatur von Andrzej Mleczko)

Steckbrief anno 1626

„Tapfere Polen,
Gott anempfohlen,
Als Christen strenger,
Oft Müßiggänger.
Die meisten halten
Heilig am Alten,
Und jeder schmachtet,
Dass man ihn achtet.
Sie reden offen,
Weinen betroffen,
Sind ausgelassen
Und groß im Prassen:
Zechen und essen
Ohne Ermessen
an vollen Tischen,
Verschwenderischen,
Und alles Morgen
Macht sie nicht sorgen.
Wo sie verweilen,
Kommt's leicht zu Keilen.
Sie schimpfen später
Einen Verräter,
Wer ihrem Zeuge
Sich nicht gleich beuge.
Doch sie verachten
Gefangenschaften,
Sind rechtbeflissen,
Treu dem Gewissen,
Lieben das Wahre,
Fürchten die Pfarre,
Sind unbegierig,
Dafür nicht rührig.
So ist das, bitte,
In Polen Sitte."

(Maciej Kazimierz Sarbiewski)

019po Foto: am

Steckbrief anno 1984

„Ich sage es immer, die Polen sind begabt.
Sind zu begabt, wozu begabt,
begabt mit Händen, küssen mit dem Mund,
begabt auch darin: Schwermut, Kavallerie;
kam Don Quichotte, ein hochbegabter Pole,
der stand bei Kutno auf einem Hügel
hielt hinter sich das Abendrot
und senkte die weißrotbegabte Lanze
und ritt den unbegabten Tieren
die auf Motore angewiesen
direkt ins Feldgrau, in die Flanke ...
mir fällt kein Wort ein – Polen sind begabt."

(Günter Grass)

Arbeitsdisziplin

„Die polnische Ehre war die Ehre der heroischen Geste, des Schlachtfelds, der Redoute und Schanze, aber nicht der Arbeit an der Werkbank für höhere Produktion" *(Kapuściński)*. So kam es dazu, dass im Sozialismus schlechte Arbeit eine Form der Opposition gegen das bestehende Regime war – jeder Pfusch wurde ethisch geadelt. Doch auch heute werden Ausdauer und Disziplin nicht sonderlich geschätzt. Daraus zu schließen, er sei faul, wäre falsch. Der von der Frankfurter Industrie- und Handelskammer herausgegebene „Unternehmer-Knigge" ermutigt deutsche Manager, die Fähigkeiten des Polen aufzugreifen, denn er sei ein **wahrer „Krisenmanager".** Zwar neige er wie Spanier dazu, so viel wie möglich auf den nächsten Tag zu verschieben. Doch wenn es nichts mehr zu verschieben gibt und es mit dem Termin brenzlig wird, bäume er sich auf. Wenn auch „auf den letzten Drücker", sei er doch gut bei der Sache und schaffe sein Pensum in der vorgeschriebenen Zeit. Danach freilich könnte er rückfällig werden. Ziel geschafft – dahingerafft: Erneut setzt sich der Schlendrian durch, er verfällt in Passivität, bis er laut Knigge „durch einen äußeren Impuls" neu geweckt wird.

Freund Jurek meint, an dieser Stelle sollte etwas hinzugefügt werden. Die Polen, sagt er, sind hervorragende Arbeiter, doch wirklich gut arbeiten sie nur, wenn ihnen das, was sie tun, auch Spaß macht. Sie hassen es, unter Druck zu arbeiten; das Wort „Konkurrenz" hat für sie einen negativen Klang. Der Kapitalismus ist gut, weil man sich mit dem wohl verdienten Lohn schöne Sachen kaufen kann, aber er droht auch – und darüber ist man sich in Polen einig – das Schöne im Leben, die zwischenmenschlichen Beziehungen zu zerstören.

Mitteilungsbedürfnis

Polen reden gern und geizen nicht mit Kommentaren. Man stelle sich eine Schlange im Supermarkt vor. „Ach", meint eine wildfremde ältere Frau, „was haben Sie doch für einen schönen Rock! Wo haben Sie den denn gekauft? Ja, da möchte ich auch mal wieder hin. Aber dass Sie so dünn geraten sind, das ist wirklich schade ..." Was tun in solcher Lage? Da es als unhöflich gilt zu schweigen, es aber ebenso unpassend wäre, es der Frau mit gleicher Münze, sprich mit einer Rede über ihre Leibesfülle heimzuzahlen, wechselt man besser das Thema und sagt etwas Belangloses.

Obgleich sie weniger Zeit als früher haben, verstehen sie es, den **Alltag mit Worten auszuschmücken.** Sie plauschen mit der Nachbarin im Treppenhaus und unterhalten sich stundenlang mit fremden Menschen im Park. Es bereitet ihnen höllischen Spaß, einmal begonnene Gespräche durch Tricks in die Länge zu ziehen. Schon die Nennung des Namens kann zu ausschweifenden Erörterungen führen: „Sie heißen Grzimek? Das klingt aber polnisch! Woher kommen denn ihre Vorfahren? Ach, wissen Sie, ich habe auch viel Verwandtschaft in der Bundesrepublik. Meine

Tochter lebt in Stuttgart ..." Von da ist es nicht weit zur Erörterung der politischen Lage in Ost und West, den gegenwärtigen Schwierigkeiten und Aussichten für die Zukunft.

Mit Geschwätzigkeit hat dies alles wenig zu tun, eher spricht daraus eine **Lust am Miteinander.** Das Gespräch ist ein Spiel und öffnet Raum für aufblitzende Ideen, Witze und Anekdoten. Oft formen sich die Gedanken erst beim Sprechen, was ihnen Originalität und Frische verleiht. Die Rede ist schnell, wird von ausdrucksstarker Gestik und Mimik begleitet.

Jenseits der Mitte

Himmelhoch jauchzend, zu Tode betrübt – die Polen verstehen sich aufs **Ausloten der Extreme.** Nur dass es ihnen leider an der Fähigkeit mangelt, auch Zwischentöne zum Klingen zu bringen: Sie sind entweder negativ oder positiv eingestellt, todtraurig oder total begeistert. Eine Vermittlung zwischen den Gegensätzen findet nicht statt, den Spielern fehlt Lockerheit. So erklärt sich auch die auffällig verbohrte Haltung zu vielen Dingen, die westliche Kultur betreffen. Sollen sie blindlings übernehmen, was ihnen der Westen vorgibt? Oder die Lanze der traditionellen Werte gegen alles hochhalten, was neu ist? Nur den wenigsten Polen, so sehr sie sich mühen, will der Spagat glücken: den westlichen Lebensstil übernehmen und dabei doch „ganz Pole bleiben".

Flexibilität

Wer rastet, der rostet. Die Polen kamen nicht dazu zu rasten: Ein umhergetriebenes Volk, das sich auf der Suche nach einem besseren Leben in vielen Teilen der Welt umschaute und Erfahrungen im Überlebenskampf sammelte. „Go west", lautete die Devise, denn im Osten lauerte angeblich der Todfeind. Heute ist der **Horizont der Polen stärker internationalisiert** als der anderer Völker, und man darf gespannt sein, welche Vorteile ihnen die so erworbene Flexibilität bringen wird.

Angst vor „Fremden"

Millionen hören täglich das ultrakatholische „Radio Maryja", jugendliche Skins verprügeln Zigeuner, an Häuserwänden steht die Parole „Jude raus". Alle Jahre wieder werden die Polen befragt, ob die Juden nach ihrer Meinung einen zu großen Einfluss im Lande haben. Mehr als 20 Prozent der Befragten antworten „ja", obwohl doch real nicht einmal 15.000 Juden in Polen leben.

023po Foto: sg

Lust am Nörgeln

Polen haben Grund, über vieles zu jammern. Aber selbst wenn alle Gründe verbraucht sind, jammern sie weiter. „Ein so teures Geschenk, das ist doch nicht nötig und meinen Sie nicht auch, dass es in diesem Jahr viel zu warm ist?“ „Die Suppe hätte auf jeden Fall mehr Salz vertragen können und überhaupt geht es mir ja so schlecht ...“ Die Klagegesänge lassen sich endlos verlängern, über die Behörden kann man stundenlang herziehen und natürlich auch über die Politiker, die Nachbarn und die eigenen Kinder, die teuren Kredite und die verdorbenen Sitten.

Kritik „ja, aber“

Die Polen lassen an sich kein gutes Haar: kein Charakterfehler, den sie sich nicht zuschrieben, keine Schwäche, derer sie sich nicht verdächtigen. Mit fast masochistischer Lust setzen sie das Skalpell zur **Selbstanalyse** an. Doch wenn es darum geht, aus der Selbstkritik Konsequenzen zu ziehen, halten sie sich merklich zurück. Und regelrecht böse werden sie, wenn die Kritik von einem ausländischen Gast kommt: „Das verstehst du nicht, das ist ein typisch polnisches Problem“, heißt es dann. Da ist man leicht verstimmt und fragt sich, wozu ein Gespräch gut sein soll, wenn **nur der Pole**

Klartext reden darf, der Gast dagegen schweigen soll. Sei's drum, die Kröte ist zu schlucken ...

Auch wenn ein Pole die übelriechenden öffentlichen Toiletten beklagt, wäre es falsch, ihm beizupflichten. So manch einer reagiert dann nämlich empört und argwöhnt, hinter der Zustimmung verberge sich eine Kritik am polnischen Nationalcharakter: „Du meinst wohl, wir Polen seien rückständig und dreckig ...?" Was also soll der Fremde tun? Am besten trinkt man erst mal ein paar Wodka und bringt dann die Kritik an – „Beim morgendlichen Katzenjammer wird sich der Pole an absolut nichts mehr erinnern" *(Ewa Lipniacka).*

Stabile Krise

Die stabile Krise ist „der natürliche gesellschaftspolitische Zustand, den die Polen seit Generationen gewohnt sind und mit dem sie ausgezeichnet zurechtkommen. Es ist zu befürchten, dass jede Normalisierung der Verhältnisse gesellschaftliche Unruhen hervorrufen könnte" *(Olga Tokarczuk).*

Skepsis gegenüber dem Staat

Polen halten nicht viel von Gesetzen und haben **wenig Respekt vor Staat und Behörden.** Seit dem 19. Jahrhundert stehen „die da oben" im Zwielicht. Wer für sie arbeitet, kann leicht als Verräter beschimpft werden. Obwohl es heute keine Fremden mehr sind, denen man sich andient, haftet der Staatsmacht noch immer etwas Anrüchiges an; Karriere in ihr zu machen ist wenig erstrebenswert.

Bürgerliche Tugenden

„Wir sind ein verqueres Volk", meint auch Jurek und schmunzelt. „Es gibt etwas in unserer Geschichte, das ist irgendwie schlecht gelaufen. Unsere ach so geliebte Adelsdemokratie, dieser korrupte Verein, hat die Entwicklung in den Städten kaputtgemacht und ein Bürgertum gar nicht erst entstehen lassen. Wie heißt's so schön in eurem ‚Faust'? ‚Nur der verdient sich Freiheit wie das Leben, der täglich sie erobern muss'. Das Credo des Bürgertums ist bei uns Fehlanzeige. Praktizierte Ehrlichkeit, Pünktlichkeit und Sparsamkeit - ja, darauf lässt sich etwas bauen, doch was gab's bei uns? Der Adel war nur an der Bewahrung seiner Privilegien interessiert."

Spiegeleien

Der Schriftsteller Andrzej Stasiuk zieht alle Register: „In den bauernschlauen Hirnen der Regierenden kann man alle polnischen Komplexe und Unarten wie in einem Spiegel betrachten: das ständige Bedürfnis, die Wirklichkeit zu überlisten, das ‚Kombinieren', dass es schon irgendwie klappen, dass man es irgendwie hinkriegen wird, das Verwechseln der eigenen Vorstellungen mit dem wirklichen Bild von der Welt, das ewige Misstrauen des Schwächeren, dass er betrogen wird und sich absichern muss, die Angst, sich lächerlich zu machen, die verhindert, die eigene Dummheit wahrzunehmen, der fiese Glaube, man könne ein gutes Geschäft machen, indem man selbst rein gar nichts investiert und als Zugabe noch den Partner übers Ohr haut."

Arme Polen

„Wir haben immer zwischen Hammer und Amboss gelebt." Dieser Satz gehört zum Grundvokabular eines jeden gebildeten Polen. Mit „Hammer und Amboss" sind die Russen und Deutschen gemeint, die beiden starken Nachbarn, die ihre Imperien auf Kosten Polens errichteten.

Nationalhelden

„Unglücklich das Land, das Helden nötig hat."
(Bertolt Brecht)

Geht es mit der Wirtschaft bergab, haben Polen sie ebenso nötig wie Deutsche. Als das ZDF eine **Heldenshow** zur Ermittlung der „besten Deutschen" ausrief, waren historische Figuren wie *Hitler* von vornherein ausgeschlossen – wahrscheinlich aus Sorge, er könnte einen der vorderen Plätze erlangen. Bei einer vergleichbaren Sendung im polnischen Fernsehen zwecks Ermittlung der dortigen „Besten" ist eine solche Zensur kaum vorstellbar. „Bei uns", meint Jurek, „würden Führer wie *Piłsudski* nicht ausgegrenzt. Aber ihr Deutsche seid eben bis über die Ohren politically correct!"

Bei den Wahlen in Deutschland siegte *Adenauer* vor *Bismarck, Marx und Luther* – vier Persönlichkeiten, deren Namen in Polen sämtlich einen schlechten Klang haben. Wie sollten sie auch Bundeskanzler *Konrad Adenauer* gut finden können, der auf der Nichtanerkennung der polnischen Westgrenze beharrte und sich stolz im weißen Ordensmantel mit schwarzem Kreuz präsentierte? Oder Reichskanzler *Bismarck,* der die schlimmsten Eigenschaften des deutschen Nationalcharakters verkörpert?

„Haut doch die Polen, dass sie am Leben verzagen." – diesen Spruch verzeihen ihm die Polen nie. Und *Karl Marx*? Der, glauben viele, hat doch etwas mit *Stalin* zu tun, und der Augustinermönch *Martin Luther*, ja, den hätte der damalige Papst doch am liebsten als Ketzer verbrannt ...

Die Polen haben andere Vorbilder. Zu den bedeutendsten zählen der Dichter **Adam Mickiewicz,** der Heerführer **Tadeusz Kościuszko** und Marschall **Józef Piłsudski** – sie alle fanden ihr persönliches Glück in der Aufopferung für die Nation. Im ganzen Land sind Straßen und Plätze nach ihnen benannt. Sie werden als Nationalhelden verehrt und ruhen in der königlichen Gruft im Krakauer Wawel.

Fryderyk Chopin, der Schöpfer wunderbarer Mazurken und Polonaisen, war auf dem Pariser Friedhof Père Lachaise beigesetzt, doch dabei durfte es nicht bleiben: Seine Leiche wurde 31 Jahre später exhumiert und das Herz des Künstlers nach Polen überführt. In der Warschauer Heiligkreuzkirche darf man vor dem Grabmal niederknien: „Wo dein Schatz ist, dort ist auch dein Herz." Damit sich der Besuch der Kirche für die Heldenverehrer lohnt, wurde auch das Herz des Schriftstellers *Władysław Reymont* dort deponiert. Ein weiterer Preisträger, *Henryk Sienkiewicz,* ruht an der Seite Kardinal *Wyszyńskis* in der Johanniskathedrale.

Größenwahn

Jurek hält uns ein Buch mit Versen des Aphorismenkünstlers Aleksander Świętochowski entgegen und meint, von ihm können wir wunderbar lernen, was die Polen vor anderen Menschen auszeichnet. Der Autor schrieb seine Verse am Ende des 19. Jahrhunderts, als Polen noch von den Teilungsmächten besetzt war. „Ein Genie, das eine neue Welt schafft, kann sich nicht von den Fesseln der alten Welt aufhalten lassen; ein Riese lässt sich nicht in die Zwänge eines Zwerges pressen; er braucht den größeren Radius der Freiheit, um seine Kraft entfalten zu können." Und vom selben Autor: „Dummkopf das Volk, das nicht davon träumt, an der Spitze der Menschheit zu schreiten." Am gleichen Tag zitiert das Hamburger Abendblatt eine polnische Germanistikstudentin: „Geistig sind wir schon heute eine Supermacht ..."

Alles oder nichts

Polen haben Sehnsucht nach dem Leben, aber sie fürchten, dass ihnen das Glück davonläuft. Kommt einer und rät ihnen zur „Politik der kleinen Schritte", winken sie ab. Das dauere zu lange und führe auf Abwege, meinen sie. Wir brauchen doch nur zuzugreifen – oder täuschen wir uns?

Drei polnische Volksvertreter

Der Patriot

Das Schicksal unseres Volkes zeigt deutliche Parallelen zur Leidensgeschichte Christi. Wir sind das Bollwerk der christlichen Welt und haben die Pflicht, die westliche Zivilisation vor Angriffen zu schützen. Wo immer unsere Hilfe gebraucht wird, sind wir zur Stelle, setzen dafür sogar unser Leben aufs Spiel. Weil wir Polen sind, sind wir gläubig, die Muttergottes ist unsere Königin. Sie gibt uns Kraft, historische Katastrophen zu überdauern. Als wir geteilt waren, war sie uns das Licht am Ausgang des Tunnels. Als die übermächtigen Truppen *Hitlers* und *Stalins* unser Land besetzten, leisteten wir Widerstand. Und als uns die Russen zu Volksdemokraten erziehen wollten, wurde einer der Unsrigen zum Papst gewählt. Aus eigener Kraft haben wir uns von der sowjetischen Herrschaft befreit. Doch nun liegen neue schwere Aufgaben vor uns: Es gilt, unseren Grund und Boden zu verteidigen; wir geben ihn nicht her, und schon gar nicht jenen, die unser Land einmal mit Krieg überzogen haben! „Gott, Ehre, Vaterland" – wir stehen bereit, neue Order zu empfangen. Die Nation ist für uns ein heiliges Gut, wir sind bereit, sie mit allen Mitteln zu schützen.

Der liberale Intellektuelle

Seit 1989 ist die Opferidentität überholt. Wir sollten uns jetzt für die multikulturelle Tradition unseres Landes öffnen und unsere Schuld gegenüber unseren Nachbarn eingestehen: Litauer, Weißrussen und Ukrainer – sie alle haben von uns nicht nur profitiert, sie haben unter uns auch gelitten. Öffnen wir unsere Augen für das, was an fremden Kulturen bei uns noch lebendig ist! Prüfen wir die lokalen Traditionen, die Feste und Bräuche! Wo haben die eingeflossenen Kulturen im Hier und Heute Spuren hinterlassen?

Und denken wir nach über unser Verhältnis zu den Juden! „Jedwabne" steht stellvertretend für viele Orte, an denen Polen zu Tätern oder wenigstens zu Mittätern wurden. Wir müssen die Pogrome der Nachkriegszeit an uns heranlassen und prüfen, warum die antisemitische Kampagne von 1968 im Volk so viel Widerhall fand.

Ja, da ist noch viel zu tun in diesem Land. Und schlecht war auch der Start in die EU. Aus einer schwachen Position heraus haben wir maximalistische Forderungen gestellt. Statt unseren Beitrag zur europäischen Integration zu leisten, zogen wir in den Irak und spielten Großmacht von Amerikas Gnaden. Wir wollten zu dem vom amerikanischen Präsidenten ausgelobten „neuen" Europa gehören und distanzierten uns vom „alten" Europa – können wir uns da wundern, dass man uns als „trojanischen Esel Amerikas" bezeichnete?

Der Euroskeptiker

Liebe Europäer, ihr solltet euch glücklich schätzen, dass wir, die Polen, beschlossen haben, eurem Club beizutreten. Denn wir sind mutig und haben uns seit dem Mittelalter um Europa verdient gemacht. Was haben wir nicht alles für euch getan! Im Jahr 1241 versperrten unsere Ritter den Mongolen bei Liegnitz den Weg zum christlichen Westen. 1683 besiegte König *Sobieski* die Türken auf dem Kahlen Berg, 1797 kämpften polnische Legionen an der Seite *Napoleons*. 1920 rettete euch *Józef Piłsudski* vor

„Ein Fremder spricht durch meinen Mund" (Karikatur von Andrzej Mleczko)

021po Foto: am

den Bolschewisten. 1944 haben unsere Freiheitskämpfer den Monte Cassino erobert. Und 1980 haben wir mit der Gründung der Solidarność den ersten Schritt zur Zerschlagung des Kommunismus getan. Sie alle haben von uns profitiert – die Montagsdemonstranten in Leipzig ebenso wie die Protestler auf dem Prager Wenzelplatz: Wir waren die Vorreiter, die anderen brauchten nur unserem Beispiel zu folgen.

Ja, es gefällt euch nicht, was ich sage. Die Wahrheit sei komplexer, meint ihr, wir seien weltfremd und hätten einen romantischen Spleen, aber was, bitte sehr, ist falsch an dem, was ich sage? Manchmal habe ich den Verdacht, ihr freut euch gar nicht darüber, dass wir zu euch gehören. Als wir die Revolution machten, habt ihr uns zugejubelt, aber nur ganz kurze Zeit. Ja, ich weiß, was sich in euren Köpfen abgespielt hat. Ihr bekamt plötzlich das große Flattern, hattet Angst, die Massen aus dem Armenhaus könnten sich zu euch aufmachen und ein großer Exodus gen Westen würde beginnen!

Immer habt ihr uns dafür gelobt, dass wir uns nichts gefallen lassen und lautstark demonstrieren. Doch jetzt, heißt es, sei alles ganz anders, nun sollen wir brav sein und den Kopf in den Sand stecken. Wir leben in einer Demokratie, sagt ihr, da darf man doch nicht so aufsässig sein – wozu gebe es denn das Parlament, das uns erlaube, unseren Willen zu bekunden? Worauf es jetzt ankomme, sei die „konstruktive" Mitarbeit am „gemeinsamen europäischen Haus"! Ja, „gemeinsam", das klingt gut – doch heißt das auch, wir seien „gleichberechtigt"? Ihr tut so, als wäret allein ihr der geistige Motor, wir dagegen sollen uns „bewähren", sollen unter Beweis stellen, dass wir brav und unterwürfig, eurer Freundschaft würdig sind. Ihr kritisiert uns im Stil autoritärer Oberlehrer und überzieht uns mit Regeln und Paragraphen. Ihr wollt unsere Fantasie erdrücken, alles in den Griff bekommen und regulieren.

Nein, so kann man keine Solidargemeinschaft begründen. *Andrzej Stasiuk* hat gesagt: „Wenn ich mich richtig an meine Schulzeit erinnere, war die Grundlage des Europas, das ich kenne, das Christentum, das die Hungrigen zu Tisch bat (oder bitten sollte), nicht die, die gelernt haben, mit Messer und Gabel zu essen und das richtige Rasierwasser zu benutzen." So wehren wir uns denn gegen alle Versuche, die Europäische Gemeinschaft in „first class"- und „second class"-Mitglieder aufzuspalten. Mit der Rolle eines Bittstellers oder „Juniorpartners" geben wir uns nicht zufrieden. Und macht euch keine Illusionen: Die Haltung, die wir zur EU einnehmen, ist nicht abhängig von der Regierung, die gerade am Drücker ist. Ganz gleich ob das Land von einer rechten oder linken Partei regiert wird, stets werden wir unsere nationalen Interessen verteidigen und für unsere europäischen Freunde ein unbequemer Partner sein.

Resümee

Wo finden wir Polen einen Platz, an dem wir uns wohl fühlen? Die eigene Regierung bietet uns gewiss keinen Schutz, der politischen Klasse war stets zu misstrauen. Und in Brüssel? Da läuft doch alles viel zu kompliziert und bürokratisch ab. Oder in Washington? Das ist leider so weit weg und der Ami haut manchmal etwas stark auf die Pauke. Also vielleicht auf dem Petersplatz in Rom? Nein, auch dort bitte nicht, Karol alias Johannes lebt nicht mehr lang, und wer weiß, ob wir Polen dann dort noch was zu sagen haben. Bleibt nur der Weg in die Vergangenheit, irgendwo in die Provinz, wo man warten kann, wenn man nur wüsste worauf ...

Exil und Emigration

Suche nach Arbeit

„Emigranten" ist der Titel eines Theaterstücks von *Sławomir Mrożek,* für einen polnischen Autor ein naheliegendes Thema, denn Exil und Emigration sind mit der Geschichte Polens im 19. und 20. Jahrhundert aufs engste verknüpft. Die größte **Auswanderungswelle** war wirtschaftlich begründet und hing mit der Aufhebung der Leibeigenschaft zusammen: 1815 in Preußisch-Polen, 1846 in Österreichisch-Polen und 1861 in Russisch-Polen. Die „freigesetzten" Bauern bekamen vom Adel keinen Lohn und machten sich auf in die Städte. Dort aber war Arbeit Mangelware. So viele Habenichtse gab es, dass sie in den wenigen bestehenden Industriezentren leicht gegeneinander ausgespielt werden konnten und die Bezahlung niedrig blieb. Bald suchten Hunderttausende ihr Heil in der Fremde. Die einen schufteten in den Bergwerken des Ruhrgebiets, woran noch heute Namen wie Borowski und Grabowski erinnern, andere zogen nach Übersee, wo sie ganz unten anfangen mussten. Die „Pollacken", wie man sie geringschätzig nannte, akzeptierten jede noch so schlecht bezahlte Arbeit und träumten von der großen Zukunft, dem Aufstieg „vom Tellerwäscher zum Millionär".

Die einen schickten Briefe nach Haus, die anderen Päckchen – kaum einen Polen gab es, der nicht mindestens einen Verwandten im „goldenen" Westen hatte. Hin und wieder gab es eine Wiedersehensfeier: Geburt, Hochzeit und Todesfälle brachten die Familien zusammen. Überall in der Welt, in Australien, Nordamerika und Europa bildeten sich **polnische Viertel.** Chicago wurde „zweitgrößte polnische Stadt". Allein 27 mal taucht in den USA der Ortsname „Warsaw" auf, in einem Fall ist es die Hauptstadt des „Kosciuszko County" im Bundesstaat Indiana. Wo immer mehr als tausend Polen zusammenkommen, entsteht eine gut funktionierende Infrastruktur – alles selbstverständlich in polnisch: eine katholische Mission, die Job- und Wohnbörse, Lebensmittelläden, Ärzte und Friseure, manchmal sogar eine *gazetka* (kleine Zeitung). Über zehn Millionen Polen leben heute außerhalb der Landesgrenzen.

Paris: Hauptstadt des Exils

Die Niederlage im Aufstand von 1830 führte zur „Großen Emigration" gen Westen. In deutschen Landen wurden die mehr als 6000 Freiheitskämpfer in „Polenliedern" besungen, doch ihre zweite Heimat suchten sie lieber in Frankreich und dort vor allem in Paris. Die meisten von ihnen waren **Angehörige und Sympathisanten des Adels, Offiziere und Intellektuelle.** Ihr wichtigster Sprecher, der beim Zar in Ungnade gefallene Außenminister Fürst *Adam Czartoryski,* residierte in einem Palast auf der Ile Saint-Louis und wurde nicht müde, die polnische Frage aufs diplomatische Parkett zu bringen. Er focht politisch, aber auch mit den Waffen der Kunst und stiftete die **Bibliothèque Polonaise** mit der größten Sammlung polnischer Druck- und Handschriften. Sie hielt die Erinnerung an die ferne Heimat aufrecht, beschwor eine glanzvolle Vergangenheit und mobilisierte alle verfügbaren Energien für die Zukunft. Zu den eifrigsten Besuchern des Lesesaals zählten die Dichter *Adam Mickiewicz, Juliusz Słowacki* und *Zygmunt Krasiński.* In künstlerischen Salons brillierte *Fryderyk Chopin* mit seinen Klavierstücken, masowische Volkslieder verwob er mit romantischem Pathos. Sie alle begriffen sich als Apostel der Freiheit, **Helden- und Märtyrerkult** wurden gepflegt. Auch nach den Niederlagen von 1846 und 1848 widmeten sie sich der nationalen Sache mit unverminderter Kraft. 1849 kämpfte Polen an der Seite Ungarns gegen russische Truppen. *Adam Mickiewicz* formierte polnische Legionen für den Krimkrieg und starb in Konstantinopel an Pest (1855).

Die positiven Erinnerungen an Paris überdauerten den Ersten und Zweiten Weltkrieg. Für Intellektuelle, die sich mit dem sozialistischen Regime nicht anfreunden wollten, wurde die von Fürst *Jerzy Giedroyc* gegründete Zeitschrift **„Kultura"** zum wichtigsten Anlaufpunkt. „Unser Credo ist die Beseitigung des Kommunismus", schrieb der führende Publizist *Mieroszewski.* Gedruckt wurden sämtliche in Polen verbotene Autoren, dazu jene, die in den mehrheitlich national-katholisch gesonnenen Emigrantenzirkeln keine Leser fanden, z. B. *Witold Gombrowicz, Marek Hłasko* und *Czesław Miłosz.* Die „Kultura" wurde als Miniaturausgabe in Lebensmittelpakete versteckt und nach Polen geschmuggelt.

Auch nach der Wende: Go west!

Seit in der Heimat die „Freiheit" regiert, treibt es die Polen abermals hinaus – freilich nicht als Abenteurer und Touristen, sondern immer noch der Not gehorchend. In Westeuropa sind sie als billige Arbeitskraft gefragt, sie helfen bei der Weinlese in Südspanien und an der Mosel, beim Spargelstechen in Brandenburg und beim Preiselbeerpflücken in Schweden. Mit den Euros, die sie dort verdienen, kehren sie zu ihrer Familie zurück, um dann aufs Neue zu starten: **Globetrotter des wirtschaftlichen Zwangs.** Sie hoffen, eines Tages sagen zu können: Ich muss nicht mehr unterwegs sein, ich werde auch im eigenen Land gebraucht, hier gibt es Arbeit für mich und meine Kinder. Der Kulturwissenschaftler *Karl Schlögel* schätzt die kommende Entwicklung positiv ein: Aus den **Pendelbewegungen der Osteuropäer,** schreibt er, „geht das neue Europa hervor. Ihr Lohn ist die Entwicklungshilfe, die aus dem Westen nach Osten fließt, und ihre Arbeit sichert den Wohlstand, auf den man im Westen partout nicht verzichten kann. Sie sind Anfänger und machen daher die Karrieren, von denen man anderswo nur träumt. Sie erfüllen sich die Träume, die anderswo schon längst Wirklichkeit geworden sind."

Am Beispiel Siematycze

Im armen, abgehängten Osten des Landes entsteht eine Wohlstandsoase: Einfamilienhäuser mit Terrassen und Ziergärten, Carports und davor postierten Mittelklassewagen. Woher kommt das Geld? Zbigniew Radomski, Bürgermeister der Kleinstadt Siematycze, gibt gegenüber einem Zeit-Journalisten die Antwort: Über ein Viertel der 16.000 Ortsbewohner sind „shuttle migrants". Mehrmals im Jahr pendeln sie zwischen Siematycze und den großen Städten Westeuropas, wo sie als Schwarzarbeiter ihr Geld verdienen. Als Putzfrauen, Altenpflegerinnen, Bauarbeiter und Maler erhalten sie bedeutend weniger als die nationalen Arbeitskollegen vor Ort, doch ein Vielfaches von dem, was ein festangestellter Lehrer oder Beamter in Polen verdient.

Das kann freilich nicht darüber hinwegtäuschen, dass sie an ihrem Arbeitsort ein ziemlich trauriges Leben führen. Die oberste Devise heißt „sparen". Sie leben dicht gedrängt in Billigwohnungen, um möglichst wenig Geld auszugeben. Groß ist die Angst, von der Fremdenpolizei aufgegriffen und zurückgeschickt zu werden. Bis 2011 ist Bürgern aus den neuen EU-Ländern der freie Zugang zum Arbeitsmarkt verwehrt. Nur in Irland wird er ihnen von Anfang gewährt – man braucht sie, um sie für die boomende Wirtschaft „abschöpfen" zu können.

In Siematycze ist die Arbeitslosenzahl derweil drastisch gesunken und die von außen einfließenden Devisen beleben das Geschäft. Außerdem bringen Pendler neue Ideen und Technologien mit und tragen so zur Modernisierung des Ortes bei. Da wird großzügig darüber hinweg gesehen, dass so manch eine Ehe zerbricht und viele Kinder ohne einen Elternteil aufwachsen.

„Polen kehrt nach Europa zurück" (Karikatur von Andrzej Mleczko)

Der polnische Katholizismus

„Religion ist Opium für das Volk, Genosse. - Einverstanden.
Und welches Rauschgift nimmst du, Genosse?“
(Stanisław Jerzy Lec)

Polak to katolik („Pole = Katholik“). Mehr als 90 % aller Polen bezeichnen sich als gläubige Katholiken und 60 % gehen jeden Sonntag zur Messe. Etwa **15.000 Kirchen, Kathedralen und Klöster** zählt das Land – und während in Deutschland jede dritte Kirche von Schließung, Verkauf oder Abriss bedroht ist, denkt man in Polen daran, immer neue zu bauen.

Es hat etwas Beruhigendes, in einer polnischen Kirche zu sein. Der dunkle Raum ist noch vom Weihrauch der letzten Messe erfüllt. Menschen strömen herein, benetzen die Stirn mit Weihwasser, bekreuzigen sich und gehen tief in die Knie. Sie streben den Beichtstühlen zu, wo sich bereits lange Schlangen gebildet haben. Junge Leute sind darunter, Frauen, die man eher auf dem Laufsteg als in einer Kirche vermuten würde und *biznesmeni* mit dunklem Anzug. Sie befreien sich von der Last der Sünde, um im Anschluss frisch geläutert Gottes Wort zu hören.

„An manchem Sonntag besuche ich drei Messen.“ Das sagt nicht etwa ein erzfrommer Christ, sondern die Chefin des Warschauer ARD-Studios.

„Wer wissen will, was los ist, muss hier in die Kirche gehen." **In der Messe wird alles verhandelt,** was privat und persönlich ist: dass Abtreibung Mord und die Pille ein Werk des Teufels ist, dass Konsum den Menschen nicht glücklich macht und man sich vor Aids durch Enthaltsamkeit schützt. Um das zu verstehen, muss man freilich des Polnischen mächtig sein. Wer das nicht ist, erfreut sich am Gesang: Herrscht in Deutschland ein leises, fast verschämtes Summen vor, erlebt man in Polen einen kraftvoll-mitreißenden Chor. Deutsche Katholiken staunen über die inbrünstige **Frömmigkeit der Polen** und fragen sich, ob ihnen selbst vielleicht ihr Verstand im Verhältnis zu Gott im Wege steht. Sie wollen Gott verstehen, um ihm vertrauen zu können. Die Polen stellen derlei Bedingungen nicht: Sie bringen Gott ein Urvertrauen entgegen, das über jeden Zweifel erhaben ist.

Ein Blick zurück

Passionen und pompöse Prozessionen, eine dem Papst ergriffen lauschende Menge - man sieht diese Bilder und fragt: Warum ist der Katholizismus in Polen so stark? Warum hat er sich unbeschadet über alle Zeiten retten können?

Von Primas *Józef Glemp* stammt der Ausspruch: „Die Kirche hat die Entwicklung des polnischen Staates von Anfang an begleitet, von Mieszko I. bis zu Johannes Paul II." Lange Zeit blieb allerdings die Christianisierung auf die Fürstenhöfe und deren Gefolge beschränkt. Zwar wurden mit der Taufe des Herrschers auch die Untertanen zu Christen (cuio res cuio religio), doch damit waren diese noch lange nicht „gläubig". Erst mit der Ankunft westlicher Mönchsorden im späten 12. und 13. Jahrhundert kam die **Missionierung** voran. Mit Spaten und Kreuz machten sich Zisterzienser, Benediktiner und Dominikaner daran, den „wilden Osten" zu zivilisieren.

Da sich Polen ab dem 14. Jahrhundert nach Osten ausdehnte, gehörten bald große Gebiete mit orthodoxer Bevölkerung dazu. Die Kiewer Rus war 986 der Ostkirche beigetreten, außerdem gab es viele Juden, deren Rechte im Statut von Kalisz verbürgt waren. Polen war ein **multikonfessioneller Staat,** in dem die römisch-katholischen Christen nur etwa die Hälfte der Bevölkerung stellten. Die Reformation brachte im 16. Jahrhundert zusätzliche Bewegung, außer Lutheranern und Calvinisten fanden Böhmische Brüder und Antitrinitarier viele Anhänger. Die polnischen Bauern ließen sich von Luthers Ideen nicht anstecken, wohl aber die städti-

Bei einer Prozession ist Jung wie Alt selbstverständlich dabei schen Bürger (vorwiegend Deutsche) sowie zahlreiche Adlige. Bei letzteren spielten pragmatische Überlegungen eine Rolle: Der konfessionelle Wechsel erlaubte ihnen, sich von der Bevormundung durch die alte Geistlichkeit – und damit auch von der Kirchensteuer – zu befreien.

Während die absolutistischen Herrscher Westeuropas eine Staatsreligion durchsetzten, verabschiedete die polnische Adelsrepublik – gegen den Trend ihrer Zeit – ein **Toleranzedikt** (1572), das allen Konfessionen volle Glaubensfreiheit gewährte.

Das änderte sich schlagartig mit dem Machtantritt der schwedisch-katholischen Wasa-Dynastie. *Zygmunt III.* (1587–1632) machte sich zum Anwalt der **Gegenreformation** und verfolgte „Ketzer" mithilfe der Jesuiten, die mit päpstlicher Unterstützung vielerorts Klerikerschulen gründeten. Bei der Rückgewinnung der verlorenen Seelen setzten die Jesuiten nicht auf trockene theologische Diskussion, sondern auf starke Gefühle. *Piotr Skarga,* der Hofprediger des Königs, führte die Krise der Adelsrepublik auf die zu lange praktizierte Toleranz zurück und schleuderte den Gläubigen von der Kanzel visionäre Drohungen entgegen: „Die Mauern der Republik zeigen immer tiefere Risse und ihr sagt: Es tut nichts – Polens Verstand ist die Anarchie! Aber kaum, dass ihr zur Besinnung gelangt, wird das Königreich fallen und euch unter seinen Trümmern begraben ... Und ihr, die ihr über andere Völker geherrscht habt, werdet sein wie eine verwaiste Witwe und werdet euren Feinden zum Hohngelächter und verächtlichen Ärgernis werden ..."

Die **Jesuiten** waren durchaus geschickt: Theatralisch inszenierte Passionsspiele machten Bauern, die weder lesen noch schreiben konnten, mit dem Leben und Sterben Christi vertraut, dabei präsentierte sich der Teufel in deutscher Tracht, der Kleidung des protestantischen Glaubensfeindes. Farbenprächtige Prozessionen verbanden weltliches Vergnügen mit religiösem Kult. Messen wurden jetzt in Polnisch gelesen, für die Alltagsprobleme half die Anrufung der bereitstehenden Heerschar von Heiligen.

Je mehr sich das Land in Kriege verstrickte, desto stärker war die **Agitation für den „wahren" katholischen Glauben** mit der Idee des Vaterlands verknüpft. Gegner waren im 17. Jahrhundert neben dem protestantischen Schweden das orthodoxe Zarenreich und die islamische Türkei, was es leicht machte, in Schwarz-Weiß-Manier religiöse Feindbilder zu entwerfen. Der Katholizismus wurde als die „nationale" Konfession begriffen, Adlige kehrten bußfertig in die Arme der katholischen Kirche zurück. **Pole = Katholik;** jetzt erst kam die Formel zum Tragen, die Religion war „polonisiert". Erheblichen Einfluss daran hatte die „dank Maria" geglückte Verteidigung des Klosters von Tschenstochau gegen die Schweden (1655). Mit ihrer Krönung zur „Königin Polens" wurde ein Mythos geboren: Katholizismus und nationale Freiheit, tönte es von allen Kanzeln, seien untrennbar miteinander verknüpft.

Andersgläubige wurden als Fremde stigmatisiert, die Antitrinitarier sogar des Landes verwiesen. Ab 1718 war es **Nicht-Katholiken** verwehrt, öffentliche Ämter zu bekleiden; ab 1733 durften weder Orthodoxe noch Unierte, Juden und Lutheraner als Abgeordnete im Sejm sitzen. Als 1768 dem polnischen Adelsparlament von außen ein „Toleranztraktat" aufgenötigt wurde, führte dies zu militärischen Auseinandersetzungen, in deren Folge das polnische Staatsgebiet erstmals verkleinert wurde.

In der Teilungszeit garantierte die **Kirche den Zusammenhalt der Polen als Nation,** war das einigende Band zwischen den von Preußen, Österreich und Russland besetzten Landesteilen. Sie kontrollierte das Bildungswesen, hielt die Erinnerung an Polens verflossene Größe wach und agitierte für nationale Wiedergeburt. Mit romantischem Nationalismus und Messianismus verschmolz sie im Laufe des 19. Jahrhunderts zu einer „Staatsreligion". Bismarcks Germanisierungspolitik und die Repression Russlands sorgten dafür, dass der katholische Nationalismus auch die Bauern erfasste. Antiklerikales Denken gab es nur in Teilen der Arbeiterschaft, doch auch sie zeigte sich nicht immun gegen nationalreligiöse Parolen.

Zwischen den beiden Weltkriegen, zur Zeit der Zweiten Republik, verschaffte sich die katholische Kirche, der 64 % aller Polen angehörten, im Verein mit nationalistischer Politik Vorrechte gegenüber anderen Glaubensrichtungen (10 % der Bevölkerung waren Unierte, 12 % Orthodoxe, 10 % Juden und 2,5 % Protestanten).

Mit der neuerlichen Teilung des Landes 1939 wurde die katholische Kirche in den Untergrund gedrängt. Zu ihrer Ehre muss gesagt werden, dass sich kaum ein Geistlicher zur Kollaboration mit den deutschen Besatzern bereit fand. Kirchenvertreter wurden von den Nazis ausgewiesen und verhaftet, schätzungsweise 20 % starben in Konzentrationslagern.

Nach dem Zweiten Weltkrieg war Polen ein **ethnisch fast homogener Staat,** in dem sich etwa 97 % der Bewohner zum römisch-katholischen Glauben bekannten. Ab 1949 versuchte die sozialistische Führung, den **Einfluss des Klerus zu beschneiden** – die Kirche sollte sich auf Glaubens- und Sittenlehre beschränken und in Staatsangelegenheiten nicht mitreden dürfen. Als die Disziplinierung misslang, nahm der Kirchenkampf an Schärfe zu. Kirchliche Güter (mit Ausnahme der Gotteshäuser) wurden konfisziert, Primas *Wyszyński* wurde für fast drei Jahre in einem Kloster interniert. Doch erwies sich die Repression als kein durchschlagendes Mittel, die Bindung der Polen an „ihre" katholische Kirche zu kappen.

Ab 1956 durfte sie wieder als **legale Gegenmacht** im Land agieren und stritt mit der Regierung um den Anspruch, „wahre" Vertreterin des Volkes zu sein. Sie konnte sich weitgehend autonom entfalten und erfuhr starken Auftrieb mit der Wahl eines Polen zum Papst (1978). In den Folgejahren erlebte sie ihr „Goldenes Zeitalter“: Sie organisierte den Widerstand gegen die sozialistische Regierung und war die einzige Institution, die während des Kriegsrechts unangetastet blieb. In ihren Klöstern gewährte sie Führern der Solidarność Unterschlupf.

Nach der politischen Wende von **1989 vergrößerte sie ihre Macht.** Sie setzte alles durch, wofür sie in den Jahren zuvor gekämpft hatte; so das Verbot der Abtreibung, eine Erschwerung des Scheidungsverfahrens und die Verankerung des Religionsunterrichts als schulisches Pflichtfach. Staatlich finanzierte katholische Seelsorger agierten bei der Polizei und in der Armee, in Gefängnissen und Krankenhäusern. Die Kirche erhielt die vom Staat konfiszierten Güter zurück und rückte zum größten Grundbesitzer Polens auf, baute neue Kirchen, eigene Rundfunk- und Fernsehstationen. Forsch griff sie ein in parlamentarische Debatten, übte Druck auf Regierende aus, wo immer sie konnte. Sie nutzte ihre institutionelle Macht, und fast mochte man glauben, sie wolle den polnischen in einen Kirchenstaat umwandeln.

Missmut über klerikalen Herrschaftsanspruch machte sich vor allem bei Liberalen und Linken breit. Sie wollten sich von der Kirche nicht vorschreiben lassen, was gut und was böse sei. In den Buchläden großer Städte sah man plötzlich nicht mehr nur Bücher des Papstes, sondern auch Werke von Kirchenkritikern, allen voran *Karlheinz Deschner.* Sein Kampf gegen die Bataillone des Papstes stieß auf Sympathie und ermutigte zum Kirchenaustritt – aber so weit wollte man in Polen natürlich nicht gehen, da war die Angst vor beruflichem Nachteil zu groß.

Der Glaube und die Moderne

In der liberalen Tageszeitung „Gazeta Wyborcza“ war zu lesen, die Kirche sei auf das „unglückselige Geschenk der Freiheit“, wie geistliche Interpreten die Demokratie nennen, nicht gut vorbereitet. Die **polnische Bischofskonferenz** machte sich deshalb an die Aufgabe, ihr Selbstverständnis in der polnischen Gesellschaft neu zu definieren und **Anschluss an den Zeitgeist** zu gewinnen. Dazu gehörte zuallererst ein neues Verhältnis zum technologischen Fortschritt. Seit der Jahrtausendwende werden die Menschen in aller Welt via Internet darüber belehrt, was die Geschichte,

025po Foto: sg

die wir durchlaufen, aus päpstlicher Sicht bedeutet. Und sie erfahren, dass die Mitgliedschaft in der EU Polen eine Chance biete. Das Land könne sich als christliches Bollwerk und „spiritueller Rückhalt" Europas bewähren. Den Polen falle die Aufgabe zu, den **heidnisch-hedonistischen Westen zu missionieren** und den alten Kontinent für das Christentum „zurückzugewinnen". Auch Bischof *Tadeusz Pieronek,* Rektor der Päpstlichen Theologischen Akademie, ist für diesen Gedanken Feuer und Flamme: Die Integration, schreibt er, sei „eine wunderbare Chance, schwer zu meisternde Herausforderung und große apostolische Aufgabe".

Am polnischen Wesen soll die (christliche) Welt genesen. Doch daraus zu folgern, schwarz gewandete Männer würden auf europaweite Missionsreisen geschickt, wäre falsch. Längst hat die katholische Kirche erkannt, dass ihr Erweckungseifer im Westen nicht immer freundliche Reaktionen hervorruft. Es gilt also, kleine Brötchen zu backen. In aller Bescheidenheit will man den gottlosen Brüdern und Schwestern im Westen beweisen, dass Modernisierung und Glaube nicht in Widerspruch stehen. „Polonia semper fidelis": Polen bleibt seiner Religion treu – auch als kapitalistisches, in die EU integriertes Land.

Marienkult auf dem Hellen Berg

In Gefahr und größter Not bringt Madonna schnellen Trost. Hunderte von Wallfahrtsorten hat man ihr gestiftet, damit der Weg zu ihr nie weit sei und das flehentliche Gebet erhört werde. Am berühmtesten ist Częstochowa (Tschenstochau), der Ort, wo „das Herz des wahren Polens schlägt", **eines der größten Mariensanktuarien der Welt.** Vier Millionen Menschen pilgern jedes Jahr hierher, um den Beistand der **Schwarzen Madonna** zu erbitten. Über die schnurgerade „Allee der Allerheiligsten Jungfrau" ziehen sie zum Kloster auf dem Hellen Berg hinauf, einer Trutzburg mit himmelstürmendem Kirchturm. Alte Frauen haben die letzte Strecke auf den Knien rutschend zurückgelegt, nun werfen sie sich – die wundgescheuerte Haut missachtend – der Länge nach auf den Boden und bilden mit den Armen ein Kreuz. Andere, das Kopftuch fest ums Kinn geschnürt und die gichtigen Hände gefaltet, verharren kniend. In ihren Gesichtern zeichnen sich Leid und Schmerz ab, ähnlich den Zügen des Gekreuzigten, zu dem sie so inbrünstig beten. Hundert Meter weiter herrscht der Kommerz: Devotionalienhändler verkaufen Tassen und Teller mit dem Konterfei Marias, Heiligenfiguren aus Wachs, Plastik und Porzellan, mit lächelndem Antlitz, die Hand leicht erhoben zum segnenden Gruß. Christus mit kirschrot blutendem Herz ist ein Renner, den Papst gibt es in allen Preislagen, Farben und Größen. Daneben verkaufen Händler Zuckerwatte und Wunderkerzen, Bibeln mit Golddruck und Videos mit Titeln wie „Schöpfung der Welt". Eine Drehorgel plärrt unentwegt „Ave Maria".

Hat man die vier Eingangstore passiert, wird man im Tross der Menge in die Kapelle der Wundertätigen geschoben. Dort hängt das wohl **begehrteste Bildnis der christlichen Welt:** Wie es heißt, hat es der Evangelist Lukas höchstpersönlich auf ein Stück Zypressenholz gemalt, das vom Tisch der Heiligen Familie aus Nazareth stammt. Über verschlungene Wege kam die Ikone 1382 nach Tschenstochau. Skeptisch blickt die dunkelhäutige Maria auf den Betrachter, kein Lächeln umspielt ihren Mund. Die beiden auffälligen Narben in ihrem Gesicht haben ihr wütende Ketzer beigebracht. Viel hat Maria schon gesehen und durchlitten: Sie schritt Schlachten voran und segnete große Geschäfte, machte Blinde sehend und ließ Menschen vom Totenbett auferstehen.

Doch ihre größte Tat vollbrachte sie 1655, als schwedische Truppen den „Hellen Berg" (Jasna Góra) belagerten. Sechs Wochen lang trotzten 250 Mönche den auf 4000 Mann geschätzten schwedischen Einheiten, bis diese nach polnischen Entlastungsangriffen unverrichteter Dinge wieder abzogen. Seit diesem Tag spricht man vom „glorreichen Sieg" polnischer Truppen über das feindliche Heer. Die Paulinermönche versäumten es nicht, diese Tat stilgerecht zum **„Wunder von Tschenstochau"** umzudeuten: Maria habe interveniert, die Geschosse ins feindliche Lager zurückgelenkt. Im Bemühen, patriotische Gefühle zu mobilisieren, erhob sie König *Jan Kazimierz* im Jahr darauf zur **„Königin Polens".** Die „Krönungsfeierlichkeiten" in Anwesenheit von Papst *Clemens IX.* fanden 1717 statt, in der Teilungszeit avancierte sie zur Repräsentantin der „Exilregierung".

Frömmigkeit und Patriotismus sind in Polen nicht voneinander zu trennen. Darum war die Schwarze Madonna auch beim Sturz des Kommunismus in erster Frontlinie dabei. *Stefan Wyszyński,* der Primas von Polen, legte ihr die Nation 1956 feierlich zu Füßen. Bis zur Jahrtausendfeier des polnischen Staates zehn Jahre später zelebrierte er jeden Sommer die Großen Novenen, neuntägige Marienandachten. Im Anschluss wurde die Madonna auf eine lange Tournee durch fast alle polnischen Städte und Gemeinden geschickt. Mal mehr, mal weniger verschlüsselt verkündete sie den „Untergang des gottlosen Reiches" und den baldigen „Anbruch der Freiheit".

Nachdem sie Kardinal *Karol Wojtyła* zum Einzug in den Vatikan verholfen hatte, kehrte sie 1979 an ihren angestammten Platz für immer zurück. „Die Wahl eines Polen zum Papst", verkündeten damals die Bischöfe, „ist nach allgemeiner Überzeugung das Werk der Allerheiligsten Mutter, der Jungfrau von Tschenstochau und Königin Polens." Die durch solch göttliches Walten angespornten Kleriker spürten den Zeitgeist auf ihrer Seite: Ab sofort verwandelten sich die Wallfahrten zum Kloster Jasna Góra in machtvolle **Demonstrationen gegen den sozialistischen Staat.** Als die Arbeiter der Lenin-Werft im Sommer 1980 in Streik traten, befestigten sie eine Kopie der Schwarzen Madonna an ihrem Werkstor und beteten täglich zu ihr. Ihr Führer, der Elektriker *Lech Wałęsa,* wusste, wem er seinen Aufstieg zu verdanken hatte. Als ihm 1983 der Friedensnobelpreis zuerkannt wurde, stiftete er ihn sogleich seiner „Königin". Die Urkunde darf im Tschenstochauer 600-Jahr-Museum nebst einer anderen Attraktion bestaunt werden: der Schärpe von *Johannes Paul II.,* die der aus Bulgarien stammende *Ali Agca* bei seinem Attentat auf den Papst durchschoss.

Eine **Wallfahrt** darf man sich nicht als todernste Angelegenheit vorstellen. Für die Polen ist sie eine Art Ausstieg aus dem Alltag, ein Urlaubstrip zum Nulltarif. Bei der größten Wallfahrt, dem Sternmarsch zu Mariä Himmelfahrt nach Tschenstochau sind Zehntausende tagelang unterwegs: Von Warschau brauchen sie neun, von Świnoujście an der Ostsee und dem ermländischen Olsztyn gar vierzehn Tage, um zum Ziel zu kommen. Da laufen Jugendliche in Hippie-Kleidung neben kurzgeschorener Zivilpolizei, masurische Bauern neben schlesischen Bergarbeitern, Nonnen neben Soldaten, Großfamilien neben Singles. Und weil es gut fürs Image ist, sind auch bekannte Sportler, Schauspieler und Politiker dabei – und sei es nur für eine Tagesetappe. Eskortiert werden die Pilger vom Roten Kreuz und mobilen Ärzteteams. Wer seinen Rucksack nicht mehr tragen kann, deponiert ihn auf einem Begleitfahrzeug. Unterwegs verkaufen Bauern preiswert Proviant, übernachtet wird in Pfarreien, Schulen und Sporthallen. Man singt „We shall overcome" und „Ich habe für meinen Herren gebetet", am abendlichen Lagerfeuer greift bestimmt einer der jungen Männer zur Gitarre. Der Weg ist das Ziel: Wenn die Pilger erschöpft in Tschenstochau eintreffen, haben sie viel erzählt und noch mehr erfahren, vielleicht sogar Freundschaften geschlossen. Wen interessiert da schon die Geschichte Marias? Man hört sich den Gottesdienst an, ja, weil er so schön mystisch und die Schwarze Madonna das Gegenbild zur ewig lächelnden Pop-Königin ist, vielleicht auch, weil der Kirchengesang so inbrünstig klingt und die Soutanen der Priester so wunderbar glänzen.

Messianismus und Märtyrertum

„Es gab aber und gibt noch bis heute die tiefe Überzeugung, dass die Polen die Märtyrer der ganzen Welt seien."
(Jacek Kuroń)

In Polen wimmelt es von Attentätern, Verschwörern und wahnsinnigen Selbstmördern. Die Rede ist nicht von Terroristen, sondern von romantischen Patrioten. Die bekanntesten heißen *Rejtan, Kościuszko* und *Poniatowski,* ihre Haltung prägt das Weltbild vieler Landsleute bis heute. Sie geben den erhabenen Ton politischer Statements vor, etwa im Satz „Nizza oder der Tod", der verdutzten Abgeordneten beim Streit um die europäische Verfassung entgegengeschleudert wurde.

Galerie der Helden

Mit dem Tod ist man immer dann schnell zur Hand, wenn es ums Vaterland geht. „Tötet mich, doch lasset Polen leben!" ruft der Adelige **Tadeusz Rejtan,** als im Sejm die erste Teilungsurkunde zur Unterschrift vorgelegt wird (1773). Er wirft sich zu Boden, reißt sich das Hemd über der Brust entzwei und hält sie zum Dolchstoß hin. Niemand sticht zu, weshalb sich *Rejtan* schließlich selber aus der Welt schafft und Glasscherben schluckt. Seit diesem Tag wird er als Nationalheld verehrt. Die Polen fragen nicht: Was nützte es der Sache, dass er starb? Hätte er ihr als Lebender nicht besser dienen können? Derartige Fragen sind tabu, denn *Rejtan* gab alles, was er besaß. Das von ihm erbrachte Menschenopfer ist der Beweis, wie sehr ihm Polen am Herzen lag.

Maler und Dichter wirkten am Heldenmythos fort: *Jan Matejko* verewigte *Rejtan* in einem monumentalen Porträt, *Adam Mickiewicz* pries den „vor Tollkühnheit Vernünftigen" als den wahren Realisten. In seinem Poem „An die Mutter Polin" gibt der Dichter konkrete Ratschläge, wie aus einem normalen Kind ein polnischer Held zu machen sei. Er empfiehlt der Mutter, „den Sohn beizeiten an die Kette zu legen, damit er vor dem Galgen nicht erröte/Und nicht erbleiche vor des Henkers Beil". Und so sieht das für den Sohn prognostizierte Ende aus: „Dürres Galgenholz den Gebeinen/Eines Weibes kurzes Weinen/Und lange Nachtgespräche um sein Los."

Die Lage mag noch so düster und ausweglos sein: Wo der Wille ist, wird das Gesetz der Wahrscheinlichkeit außer Kraft gesetzt und Freiheit wird möglich. *Rejtans* Widerstand beschränkt sich auf eine Geste, **Tadeusz Kościuszko** schreitet zur Tat. Tollkühn wirft er sich in die Schlacht (1794), um die endgültige Aufteilung des Landes zu verhindern. Krakaus Bürger stehen an seiner Seite und leisten einen Schwur: „Es ist unsere unerschütterliche Absicht, die Heimaterde von schändlicher Unterdrückung und fremdem Joch zu befreien oder zu sterben und unter den Trümmern des eigenen Landes begraben zu werden." *Kościuszko* wird in der Schlacht verwundet und stürzt vom Pferd. *Finis Poloniae,* ruft er aus, „Polen ist am Ende!"

Ein Pole, der sein Vaterland liebt, ist bereit, bis zum letzten Blutstropfen zu kämpfen. So auch Fürst **Józef Poniatowski,** ein Ritter „ohne Furcht und Tadel" ganz wie *Kościuszko.* Er kämpft an der Seite Napoleons und fällt in der Völkerschlacht bei Leipzig 1813. *Klemens Kałaczkowski* hat die ent-

Geflügelte Worte

„Wir gehen in Lumpen, aber dafür sind wir die Auserwählten des Schicksals."
(Ryszard Kapuściński)

„Sobald der Pole glaubt, er habe das Recht zu wählen, wählt er das Heldentum."
(Stanisław Brzozowski)

„Jeder, der unzufrieden oder unglücklich ist, wartet auf einen Messias."
(Aleksander Świętochowski)

„Wenn wir nicht endlich aufhören, alle für Polen sterben zu wollen, wird es bald keinen Polen mehr geben, der es bewohnt."
(Anonymus, zit. nach *Todorov)*

scheidende Phase des Kampfes bezeugt: „Man beschwor ihn, das Kommando einem anderen General zu übergeben und sich für das Vaterland zu bewahren. ‚Nein, nein', rief er, ‚Gott hat mir die Ehre der Polen anvertraut, nur Gott gebe ich sie zurück!' Er wendet das Pferd und stürzt in die Elster ... und verschwindet in den Strudeln des verräterischen Flusses. So starb der polnische Held, der große Anführer, der den Tod der schändlichen Gefangenschaft vorzog."

Christus der Nationen

Die polnischen Aufstände des 19. Jahrhunderts verliefen nach stets gleichem Muster: Auf die hoffnungsfrohe Revolte folgte das Scheitern und dann eine neue, noch schärfere Unterdrückung. Doch haben die Polen eine bewundernswerte Fähigkeit: Sie können in ihrer Imagination noch die schlimmsten Niederlagen in Siege verwandeln und verleihen den Opfern der fehlgeschlagenen Aufstände einen höheren, fast religiösen Sinn. Der in der Pariser Emigration geborene Mythos feierte Polen als „Christus der Nationen" und „Messias der Völker". Die Landsleute starben nicht allein für Polen, sondern für die ganze Welt. „Und das polnische Volk wurde zu Tode gequält und zu Grabe getragen ... Aber am dritten Tage wird die Seele in den Leib zurückfahren, und das Volk wird auferstehen, und es wird alle Völker Europas aus der Knechtschaft befreien" *(Mickiewicz)*. Polen ist **Vorreiter einer universellen moralischen Erneuerung,** von Gott ausersehen, den Kampf um die Errettung der Welt anzuführen. Auf dem Weg ins „Neue Jerusalem" müssen alle Nationen die Erfahrungswelt des polnischen Volkes durchlaufen. Leiden läutert und befreit, die Niederlage ebnet den Weg zu einer neuen, Erlösung verheißenden Schlacht.

Glorreiches Leiden

So entstand in Polen ein **pompöser Kult der Märtyrer** und Heroen – die Bedeutung des Menschen wurde einzig daran gemessen, wie opferbereit er war. Auf die absurde Spitze getrieben hieß das: „Wenn ein Attentäter, dann jener, der vor dem Schlafgemach des Zaren ohnmächtig niedersinkt, wenn Gefangene, dann unschuldige, wenn Aufständische, dann solche in der Verbannung, wenn ein Soldat, dann jener, der sich mit der letzten Redoute in die Luft sprengt" (*Jerzy Jedlicki,* Historiker). Aller Welt wurde vermittelt, dass ein Pole selbst körperlichem Schmerz etwas Positives abzugewinnen vermag. „Legio sum" (Ich leide, also bin ich): Der Schrei gefolterter polnischer Aufständischer ist in Warschauer Gefängnischroniken aus dem 19. Jahrhundert mehrfach protokolliert.

Die Ausnahme bestätigt die Regel

In den „Federskizzen" erzählt der Schriftsteller *Andrzej Bobkowski* von seinem Vater, dessen Division 1920 im Krieg gegen die Bolschewiki umzingelt wurde. Der General trommelte alle Offiziere zusammen und eröffnete ihnen: „Meine Herren! Es ist so weit! Wir müssen sterben!" Es war mucksmäuschenstill, der heldische Abgang musste zelebriert werden. *Bobkowskis* Vater sah das anders und wagte einen Einwand: „Wenngleich, Herr General, die von Ihnen vorgeschlagene Art der Rettung die einfachste ist, so denke ich doch, es lohnt sich, eine etwas kompliziertere Lösung zu suchen." So kunstvoll war der Einwand formuliert, dass der General ihm in dieser ohnehin hoffnungslosen Situation gestattete, eine Aktion im Alleingang zu wagen. Also kam es zu jenem unverhofften, wenn auch für Polen gar nicht so untypischen, da wundersamen Ausgang: Die Mehrheit der Soldaten harrte aus und starb einen Heldentod, *Bobkowskis* Division aber befreite sich durch Flucht über die Flanke und setzte den Kampf munter fort ...

Im Ersten Weltkrieg starben 450.000 Polen den **„Heldentod".** Sie gehörten zu jenen zwei Millionen polnischer Soldaten, die einander an der Seite verschiedener Kriegsparteien bekämpften – alle mit dem Ziel, den polnischen Staat neu zu begründen. Welch großartiger, bisher ungenutzter Stoff für ein Drama! Die Polen haben 1918 ihren Staat bekommen, freilich nicht, weil sie im Krieg so tapfer mitgemischt hätten, sondern weil der neue Staat ins Kalkül der Siegermächte passte. Nach der „Wiedergeburt" wollte Marschall *Piłsudski,* vom messianischen Eifer erfasst, sogleich die von den Alliierten festgelegten Staatsgrenzen erweitern. Der Krieg gegen die Sowjetunion, die Aufstände in Posen und Schlesien endeten siegreich – womit der Mythos bestätigt war, dass es sich lohne, fürs Vaterland zu sterben. „Gott, Ehre, Vaterland": Das waren und sind die entscheidenden Werte im Leben der Polen – der Wert des Friedens ist sekundär.

Das Unschuldslamm

„In der Geschichte Europas gibt es wohl kein Land, das so wenig gegen über der Welt schuldig wäre. Dicht an uns grenzen zwei Völker mit der allerdüstersten Geschichte: Deutschland und Russland. Polen bildete in der Mitte ein Gebiet von Gesetz und Leben. Zwischen der schizophrenen Kraft Deutschlands und der irrsinnigen Leere Russlands versuchte eine Nation zu leben, die lange Zeit hindurch die höchsten Prinzipien der Menschheit – das Christentum, den Humanismus, die Demokratie, die Freiheit der menschlichen Person und des Glaubens – ernst nahm, nach acht Jahrhunderten für ihre Phantasmagorien mit der Gefangenschaft und

026po Foto: sg

für die Freiheit mit dem Tode bezahlte. Wir hatten weder die praktische Vernunft der Engländer noch die Leidenschaftlichkeit der Franzosen bei der Errichtung von absolutistischen oder republikanischen sozialstaatlichen Konstruktionen. Doch wir ließen die anderen Nationen neben oder mitten unter uns leben. Das reicht schon aus, sich weder erniedrigt noch schuldig zu fühlen." (*Kazimierz Brandys,* Schriftsteller, 1980)

Oh du reines, jungfräuliches Polen ... Ja, du hast allen Grund, dich über andere zu stellen, denn dein Verhalten war immer vorbildlich, nie hast du andere Völker attackiert, hast immer nur die Freiheit verteidigt. In Polen ist ein Verhaltenstypus stark verbreitet, der sich die Wirklichkeit so zurechtbiegt, dass er glaubt, **immer nur Opfer** zu sein. Nehmen wir als Beispiel die Ukrainer. „Sie sind zu uns gekommen und haben uns aufgeschlitzt." Die Aussage ist schon richtig, meint der Bürgerrechtler *Jacek Kuroń,* doch Gleiches könnten die **Ukrainer** von den Polen sagen: „Die Polen sind zu uns gekommen und haben uns aufgeschlitzt; sie haben uns geschlagen und alles in Brand gesteckt." Das menschliche Gedächtnis selektiert mit Erfolg: Man erinnert sich immer nur an das Leid, das einem von der Gegenseite angetan wurde. Doch in Polen treibt die Selektion besonders seltsame Blüten: Viele meinen, das ihren Landsleuten im Zweiten Weltkrieg von den Ukrainern zugefügte Leid sei durchaus vergleichbar mit dem von Deutschen zugefügten Leid, ja, es sei sogar größer, denn immerhin hätte es deutsche Besatzer gegeben, die die Polen gegen die Ukrainer verteidigten ...

Die Ukrainer beharren darauf, dass im **Verhältnis der beiden Nachbarländer** vieles aufzuarbeiten sei. Die Älteren erinnern sich noch an die Zeit nach dem Ersten Weltkrieg, als das gerade souverän gewordene Polen bis

Warschaus Wahrzeichen: Sirene mit Schild und Schwert ...
In der Heldenbetrachtung bleiben die Polen sich treu,
egal ob bürgerliche (links) oder sozialistische (rechts) Sicht

Kiew vorrückte und die Westukraine annektierte. Und was nach dem Zweiten Weltkrieg geschah, lässt sich mit dem Völkerrecht gleichfalls nur schwer vereinbaren. Nahezu alle ukrainischsprachigen, auf polnischem Boden lebenden Bürger wurden 1947 in einer Nacht- und Nebelaktion zwangsumgesiedelt und polonisiert – man verdächtigte sie der Sympathien für die UPA-Rebellen, die für einen freien ukrainischen Staat kämpften.

027po Foto: sg

Die Ukrainer denken nicht gerne an das Leben mit und unter den Polen zurück. Gleiches gilt für die Litauer und Weißrussen. Die **Überhöhung der eigenen Nation** hat Polen wiederholt in Konflikte mit seinen Nachbarn, aber auch mit den Minderheiten im eigenen Land gestürzt – in einem späteren Kapitel wird davon ausführlich die Rede sein. (s. Kap. „Die Polen und ihre Minderheiten: Bojken, Lemken und Ukrainer“)

Mit Schwertern gegen Panzer

Messianismus ist ein schlechter Ratgeber, wenn es darum geht, Kräfteverhältnisse nüchtern und realistisch zu beurteilen. Genau das aber scheuen die Polen, laufen lieber blind ins offene Messer. Suspekt ist ihnen eine auf Pragmatismus beruhende Realpolitik – das Handeln soll aufs Ganze gerichtet sein, das nie zu erreichende Paradies.

Wahres Polentum bekundet sich in **Leidensfähigkeit und Todesmut.** Darum werden bis heute die Ulanen glorifiziert, die sich 1939 auf dem Rücken ihrer Pferde den deutschen Panzern entgegenstellten. Und man hält die Kämpfer des Warschauer Aufstands in Ehren, die 1944 zu den Waffen griffen, um nicht die Russen als Befreier ihrer Stadt loben zu müssen. Ihren Einsatz bezahlten sie mit dem Leben und der völligen Zerstörung der Hauptstadt. „‚Polen war für uns ein echter Kultgegenstand‘, bezeugt ein militärischer Führer. ‚Wir liebten es nicht als ein einfaches Land, sondern wie eine Mutter, eine Königin oder die Heilige Jungfrau‘. Das Land wurde vergöttert und feminisiert, und dazu mussten etliche wirkliche Gegebenheiten ausgeblendet werden“ *(Todorov).*

Grab eines Helden

Mythen des 19. Jahrhunderts bestimmen bis heute das Weltbild vieler Polen. Das musste auch der französische Kulturwissenschaftler *Tzvetan Todorov* erleben, als er 1987 nach Warschau kam. Bekannte führten ihn zum Grab von Pater **Popiełuszko,** einem von vielen Märtyrern, auf die man in Polen stolz ist. Der Pater hatte für die Solidarność gearbeitet und war von Geheimdienstleuten ermordet worden. *Todorov* geht in den Kirchhof und erlebt eine „Intensität der Gefühle", die ihm die Kehle zuschnürt. Er findet sich wieder inmitten von Spruchbändern und Plakaten, Schaukästen offenbaren die Stationen eines Leidenswegs. Auf einer Generalstabskarte ist die letzte Fahrt des Paters markiert, ein Foto zeigt die „Todesbrücke". An Stelle von Christus steht ein Kruzifix mit *Popiełuszko,* um den Grabstein ist das Vaterland in den Grenzen Großpolens eingekerbt – mit Ketten, die an Steine geschmiedet sind. *Todorov* fühlt sich unbehaglich, ist aber zugleich ergriffen von der Inbrunst, mit der hier das Angedenken an einen Helden zelebriert wird.

Der Papst – ein Held der Neuzeit

„Droht Gefahr, dann hebt der allmächtige Gott
Mit einem gewaltigen Glockenton
Als seinen neuen Papst
Einen Slawen auf seinen Thron."
(*Juliusz Słowacki,* 1848)

„Es lebe der Papst" und „Wir lieben dich" rufen die Menschenmassen, als der greise und gebrechliche *Johannes Paul II.* auf der Bühne erscheint. An diesem Mann scheiden sich die Geister. Doch nicht in Polen – dort werden sogar die „kritischen Deutschen" vom **Papstfieber** erfasst. *Stephan Wackwitz,* Leiter des Deutschen Goethe-Instituts in Krakau, war, wie er der FAZ gestand, sichtlich gerührt. Während er noch das Ende der Papstmesse am Fernseher verfolgte, rief ihn eine Freundin an und sagte, wie toll sie es gefunden habe, dass der Papst die deutschen Pilger in seiner schönen deutschen Sprache begrüßt habe. Ob er das denn auch gehört habe, wollte sie wissen – und seine Augen wurden feucht. Kurz darauf erklang aus dem Fernsehen die polnische Nationalhymne: „Noch ist Polen nicht verloren". Man konnte sehen, wie sich der Papst erhob und am Pult festhielt. Dazu *Stephan Wackwitz:* „Man muss die Polen beneiden, dachte ich, um diese Hymne, darum, dass sie sich in ihrer langen Geschichte nie etwas haben gefallen lassen, und um diesen Politiker, der mit dem glücklichen Ausgang dieser Geschichte für immer verknüpft sein wird." In die Annalen wird der polnische **Papst als Triumphator über den Kommunismus** eingehen - ein Mann, der seinen Landsleuten Kraft und Hoffnung gab und den selbst ein großer Teil der polnischen Jugend schätzte.

Geboren wurde der Papst am 18. Mai 1920 in Wadowice, einem kleinen Städtchen 14 km westlich von Krakau. Damals hieß er noch *Karol Wojtyła,* das Haus, in dem er wohnte, befand sich in der ul. Kościelna und dient heute als Museum. In seiner **Jugend** verbrachte er so viel Zeit wie möglich in den Bergen. Er trieb viel Sport, lief Ski und durchwanderte mit seinem Vater die Hohe Tatra. 1938 zog er nach Krakau und begann an der Universität das Studium der Polonistik, das er aber ein Jahr später nach dem Einmarsch der Deutschen abbrechen musste. Fortan suchte er Halt in Kunst und Religion. Er verfasste Theaterstücke und religiöse Gedichte, 1942 wechselte er ganz zur Theologie und schrieb sich im konspirativen Erztumsseminar ein. Was danach folgte, war eine geistliche **Bilderbuchkarriere.** 1946 promovierte er und hielt Vorlesungen an der Lubliner Katholischen Universität. Schon seine erste Messe zelebrierte er in der Krakauer Wawelkathedrale, in der er 1958 zum Bischof und 1967 zum Kardinal ernannt wurde.

Am 16. Oktober 1978 stand er ganz oben: Mit *Karol Wojtyła* alias *Johannes Paul II.* wurde zum ersten Mal in der Geschichte ein Pole zum Papst gewählt. Bei seinem **Amtsantritt** rief er aus: „Reißt die Tore weit auf für Christus! Seiner rettenden Macht öffnet die Grenzen der Staaten, die wirtschaftlichen und politischen Systeme, die weiten Gebiete der Kultur, der Zivilisation und des Fortschritts!" Seine polnischen Landsleute waren begeistert. Mit ihm an der Spitze würde es aufwärts gehen, eines nicht mehr fernen Tages würde Polen in den Kreis freier Nation zurückkehren.

Von Anbeginn war es das Ziel des Papstes, eine politische Wende einzuleiten und die in Jalta festgelegte Teilung Europas aufzuheben. Die von den Vorgängern betriebene Koexistenz mit dem Kommunismus wurde aufgekündigt. Im Rahmen der **neuen vatikanischen „Ostpolitik"** suchte er schon früh Gespräche mit den Vertretern der polnischen Protestbewegung. Ein enger Kontakt bildete sich zu *Lech Wałęsa* heraus, der 1980 Führer der Gewerkschaft Solidarność wurde. „Ohne die Kirche", bekannte er, „könnte nichts geschehen, mich selbst würde es nicht geben, und ich wäre nicht, was ich bin."

Der Papst hatte auch **Freunde unter den Hardlinern der US-Regierung.** Voll des Lobes für ihn war Außenminister *Haig,* da seine Informationen „in jeder Hinsicht besser und aktueller" seien als die des Geheimdienstes. Mit dem Präsidenten *Ronald Reagan* stimmte er in der Einschät-

028po Foto: sg

zung der weltpolitischen Lage überein. Militärisch war die Vernichtung des Kommunismus nur um den Preis der atomaren Selbstauslöschung zu haben, da galt es – parallel zu verstärkten Rüstungsanstrengungen – sensiblere Strategien zu entwickeln, die tauglich waren, der Sowjetunion den Todesstoß zu versetzen.

Der US-Präsident war begeistert von der Kraft der polnischen Gewerkschaft, die „gegen alles war, was die Sowjets oder die Kommunisten wollten". Als am 13. Dezember 1981 das Kriegsrecht in Polen ausgerufen wurde, rief der US-Präsident sogleich den Papst an, um seinen Rat einzuholen. Dieser bestärkte ihn im **Verzicht auf offene Konfrontation**, vielmehr sollte der Kampf der Solidarność subversiv unterstützt werden. In der Gewerkschaft sahen beide das geeignete Instrument, Polen aus dem kommunistischen Staatenverbund herauszuhebeln: Tausende von Telex- und Faxgeräten, Druckmaschinen und Fotokopierern wurden über kirchliche Kanäle ins Land geschleust, die Propagandasendungen von „Radio Free Europe", „Voice of America" und „Radio Liberty" vervielfacht. Von seiner Kanzel im Vatikan kommentierte der Papst allwöchentlich die Vorgänge in seiner Heimat. Zugleich wies er Primas *Glemp* an, die Botschaft des passiven Widerstandes von allen Altären Polens zu verkünden.

Papst und Präsidenten waren sich einig: Wenn es gelang, ein Kettenglied aus der Reihe der Sowjetstaaten herauszuschlagen, würden früher oder später die anderen osteuropäischen Staaten folgen. *Reagan* wird mit dem Ausspruch zitiert: „Uns beiden war klar, dass in Jalta ein großer Fehler begangen worden war und dass heute etwas getan werden müsse." Die **Zusammenarbeit zwischen dem Vatikan und den USA** setzte sich nach Aufhebung des Kriegsrechts fort. So sandte der Papst den Erzbischof *Pio Laghi* 1984 nach Santa Barbara, um den Präsidenten von der Nutzlosigkeit der gegen Polen verhängten Wirtschaftssanktionen zu überzeugen: Sie ermöglichten es der polnischen Regierung, Punkte zu sammeln, indem sie die Versorgungsschwierigkeiten und Missstände dem westlichen Ausland anlastete. Schon einen Tag später wurde die Handelsblockade gelockert, die polnische Regierung geriet in Legitimationszwang.

Bis zur offiziellen Wiederzulassung 1989 erhielt Solidarność verdeckte Hilfe vom CIA und vom National Endowment for Democracy, aber auch vom Vatikan und von westlichen Gewerkschaften. Die Zeitschrift „Time" veröffentlichte einen Special Report zum Thema „The Holy Alliance", worin sie die Geheimkontakte zwischen dem Papst und dem amerikanischen Präsidenten in aller Offenheit enthüllte. Der Papst, so das Fazit des achtseitigen Berichts, habe durch seine tatkräftige Unterstützung entscheidend **zum Sturz des Sozialismus beigetragen** – in Polen und ganz Osteuropa. Der einstige sowjetische Staatschef *Gorbatschow* nahm kurz nach der Wende eine ähnliche Einschätzung vor: „Was in Osteuropa in den letzten Jahren geschehen ist, wäre nicht möglich gewesen ohne diesen Papst, ohne die große, auch politische Rolle, die er im Weltgeschehen gespielt hat."

Johannes Paul II. besuchte bei seinen Reisen bisher über 130 Länder und legte 1,2 Millionen Kilometer zurück, was einer dreißigmaligen Erdumkreisung entspricht. Er ist ein **Meister des modernen Marketing** und weiß das Fernsehen für seine Masseninszenierungen zu nutzen. In seinem Heimatland bleibt seine Autorität auch im hohen Alter unerschüttert. Er hält die sich zersplitternde polnische Gesellschaft zusammen und sucht sie auf dem rechten, gottesfürchtigen Weg zu halten. In seinen Ansprachen überrascht er mit kritischen Appellen, die Polen sollten sich mit allen Nachbarn und den Angehörigen anderer Religionsgemeinschaften aussöhnen. Er verurteilt die negativen Auswirkungen des Neoliberalismus und den zügellosen Konsum, nimmt Stellung gegen den Irak-Krieg und die Pauschalverurteilung des Islam. Außerhalb Polens macht er sich mit seinen ultrakonservativen Moralvorstellungen, seiner Einstellung zur Rolle der Frau und zur Geburtenkontrolle nicht nur Freunde.

An einer polnischen Kirche: „Wir danken dafür, dass es dich gibt."

Der Glaube an das Wort

Polen sind immer für Überraschungen gut: mal aufgekratzt, mal depressiv, auf der Suche nach irdischem Glück, dann demütig betend im Antlitz der Madonna. Was verboten ist, das macht sie gerade scharf. Jugendliche kaufen sich eine CD mit Kirchenmusik und gehen am selben Abend zur Rave Party. Im Wallfahrtsort Częstochowa (Tschenstochau) wohnt der Gotteslästerer *Duda Gracz,* seine ketzerischen Gemälde sind im ganzen Lande begehrt. Da hüte sich einer vor Verallgemeinerungen! Man sage nichts über die Polen, ohne das Gegenteil für möglich zu halten. Romantik und Realismus sind oft nur Minuten voneinander entfernt ...

Frisierte und unfrisierte Gedanken

„Ich hatte den Glauben an das Wort verloren.
Die Zensur gab ihn mir wieder.“
(Stanisław Jerzy Lec)

Die „Unfrisierten Gedanken“ von **Stanisław Jerzy Lec** gehören zu den wenigen Werken polnischer Literatur, die in Deutschland ein großes Lesepublikum fanden. *Lec* ist ein **Meister des Aphorismus,** doch nur einer von vielen im östlichen Nachbarland, die das Handwerk würziger Verkürzung perfekt beherrschen. Wo Westeuropäer ganze Romane zur Übermittlung ihrer Botschaft benötigen, brauchen die Aphorismus-Künstler nur wenige Worte: Der Gedanke wird nicht ausgewalzt, sondern gefiltert und konzentriert, dazu kommt eine Prise Witz und Esprit – und fertig ist das Kunstwerk in Gestalt eines Bonmot. „Je mehr Inhalt“, meint *Brudziński,* „desto leichter lässt er sich komprimieren.“ Oder *Lec:* „Ein Wort genügt, der Rest ist Geschwätz.“ Der Leser darf sich je nach Belieben die Haare raufen oder den Kopf zerbrechen: Wo soll das hin – wo bin da ich? *Lec* macht die Suche nach der Antwort spannend: „Ich reiche Ihnen bittere Pillen im süßen Zuckerguss. Die Pillen sind unschädlich. Das Gift steckt in der Süße.“

Dass der Pole den Aphorismus so liebt, mag mit seiner spezifischen Geschichte zu tun haben, gewiss auch mit der daraus erwachsenden **Freude am Widerstand, der Skepsis und der Ironie.** Ein Traum von Freiheit hat sich in ihn eingebohrt und dieser Traum will gelebt sein, heute und nicht morgen. Das macht ihn kühn und leichtsinnig, ein Ketzer ohne Furcht und Tadel. Vielleicht wird er ins Straucheln geraten, über die von ihm selbst produzierten Holpersteine stürzen. Doch sei es drum – er hat die Zeit, die ihm gegeben war, genutzt, er hat gelebt und gelitten. „Wäre ich ein Sandkorn am Fuß der Pyramide und hätte ich das Bewusstsein, ich sei ein besonderes Wesen, gäbe ich dieses nie auf, nur weil die Pyramide größer ist als ich" *(Aleksander Świętochowski).*

„Schwierige" Literatur?

Aphorismen sind bei deutschen Lesern beliebt, doch ansonsten findet polnische Literatur hier nur wenige Leser. Dabei hat man es gut: Dank vieler hervorragender Übersetzungen kann man sich ein umfassendes Bild vom literarischen Reichtum im Nachbarland machen. Polen hat bereits **vier Literaturnobelpreisträger** hervorgebracht: *Henryk Sienkiewicz, Władysław Reymont, Czesław Miłosz* und *Wisława Szymborska.* Und wenn man liest, dass die Zahl der Gedichteschreiber auf 100.000 geschätzt wird, darf man hoffen, dass sich bald noch ein fünfter hinzugesellt. Allein nach 1945 sind mehr als 2000 Bücher polnischer Autoren in den deutschsprachigen Ländern erschienen. Großartig ist die 50-bändige, bestens kommentierte **„Polnische Bibliothek"**, die *Karl Dedecius,* der ehemalige Direktor des Deutschen Polen-Instituts vorgelegt hat. Von ihm stammt auch das 5000 Seiten umfassende „Panorama der polnischen Literatur des 20. Jahrhunderts".

Woran also liegt es, dass das **Interesse an polnischer Literatur** bei uns so gering ist und ausgerechnet die Lieblingsautoren der Polen so wenig Anklang finden? Man denke etwa an den „Nationaldichter" *Adam Mickiewicz,* an *Juliusz Słowacki* und *Stanisław Wyspiański.* Oder an *Bruno Schulz, Gombrowicz* und *Różewicz,* um ein paar weitere zu nennen. Häufig wird vermutet, die polnischen Autoren könnten „zu schwierig" sein, ihre Schreibweise sei „verrätselt" und die benutzten Namen „schwer aussprechbar". Teilweise ist das richtig – doch verweigert sich nicht jede gute Literatur der raschen Entschlüsselung? Ist es vielleicht doch etwas anderes, womöglich die inhaltliche Ausrichtung, die deutsche Leser auf Abstand hält?

Romantik kontra Realismus

Ryszard Kapuściński weist darauf hin, dass die polnische Sprache in der völkisch-romantischen Tradition verwurzelt ist und sich gut eigne „für Beschreibungen der Natur und von ‚Seelenzuständen'", aber „ungemein arm" sei, wenn es um einen philosophischen Diskurs oder um wissenschaftliche Analysen geht. Er macht das daran fest, dass die polnische Literatur schwer am **Ballast patriotischer Gefühle** trägt. Seit dem späten 18. Jahrhundert waren der **Befreiung des Vaterlands** alle sonstigen Themen untergeordnet. Das literarische Wort verband sich mit einer Philosophie der Tat, war eher emotional denn rational. So bildete sich ein romantischer, schwärmerischer Geist aus, an die Stelle der realen trat eine „Seelen-Regierung“. Da sie aus der Emigration agierte, war sie vom lebendigen Fundus der Volkssprache abgeschnitten, hatte aber auch keinen Kontakt zu den sich in dieser Zeit herausbildenden Humanwissenschaften. Stattdessen machten sich die polnischen Literaten daran, die Zukunft mit den Waffen der Vergangenheit zu meistern. In *Adam Mickiewicz'* (1798–1855) „Pan Tadeusz“ wurden alte Adelstraditionen nostalgisch beschworen, die Literatur nahm visionären Charakter an und stilisierte Polen zum „Christus unter den Völkern“.

Die Niederschlagung des **Aufstands von 1863** führte für kurze Zeit zu einer Versachlichung der Debatte: „Organische Aufbauarbeit“ (sprich: Pragmatismus) sollte den bewaffneten Aktivismus der Romantiker ersetzen. In der Literatur bildete sich eine **„realistische“ Schreibweise** aus, wobei freilich die Themen an die Landesgeschichte gebunden blieben. Autoren wie *Henryk Sienkiewicz* (1846–1916) trösteten das „Herz der Nation“, indem sie Sternstunden der polnischen Geschichte schilderten – etwa in der Trilogie über die stürmischen Ereignisse des 17. Jahrhunderts. In seinem Hauptwerk „Die Puppe“ thematisierte *Bolesław Prus* (1847–1912) den Kampf „zweier polnischer Seelen“, der rationalen und romantischen. *Stanisław Wyspiański* (1869–1907) beschäftigte der Gegensatz zwischen den adligen Herren *(pany)* und den leibeigenen Bauern *(chamy)* – ein sozialer Konflikt, der in Polen seit dem 16. Jahrhundert ungelöst war. „Die Bauern“ hieß auch der Roman von *Władysław Reymont* (1867–1925), in dem er das Leben der Einwohner eines Dorfes bei Łowicz beschrieb. Einen Polen gibt es, der sich von allen nationalen Beschränkungen löste: **Józef Korzeniowski** (1857–1924) verließ sein Land als 17-jähriger und fuhr zur See, bereiste die Länder des Fernen Ostens und Afrikas. 1886 nahm er die britische Staatsangehörigkeit an und begann, seine Erfahrungen der Fremde zu verarbeiten: Psychologisch einfühlsame Porträts von Menschen am Rand der Gesellschaft, verquickt mit präziser Beobachtung ihrer Umwelt und poetischen Beschreibungen der exotischen Natur. Leider, so bedauern heute die Polen, hat er seine Bücher nicht in ihrer Sprache, sondern auf englisch verfasst: unter dem Pseudonym Joseph Conrad.

Quo Vadis?

„Von der grandiosen Popularität des Schriftstellers *Henryk Sienkiewicz* zeugt allein schon die Tatsache, dass die leichten Mädchen von den Boulevards neuerdings die verspäteten Passanten mit seinen klassischen Worten ansprechen: ‚Quo vadis domine? Vademecum ...‘“ *(Adolf Nowaczyński).*

Junges Polen

Wohin man schaut, kreiste das literarische Schaffen um das (als Staat nicht existente) Polen und die ungewisse Zukunft seiner Bürger. Doch gegen Ende des 19. Jahrhunderts brach in Galizien, dem österreichisch besetzten und seinerzeit liberaleren Teil des Landes etwas ganz Anderes auf. Der morbide Provinzialismus des habsburgisch kontrollierten Krakau provozierte einen **Aufstand der Bohème,** der sich über mehrere Jahre ausdehnte. Literaten und Künstler formierten sich zu einer antiautoritären Bewegung, die sich als *Młoda Polska* (Junges Polen) vorstellte: Eine Palette widerstreitender Richtungen und Tendenzen, die sowohl Neoromantiker als auch Symbolisten, Präexistentialisten und Bilderstürmer in ihren Reihen vereinte. Mit Begeisterung stürzten sich Krakaus Bürgersöhne auf die erstmals ins Polnische übersetzten Texte von *Baudelaire* und *Rimbaud, Nietzsche* und *Stirner.* Groß war die Zahl derer, die nicht nur lasen, sondern selber zur Feder griffen, um sich Leid und Hass von der Seele zu schreiben. Die Zeitschrift, in der sie ihre Manifeste verkündeten, hieß „Życie" – das, wonach sich alle sehnten, „das Leben".

Die **neoromantische Bewegung** postulierte die Rückkehr zur Fantasie: „Thron frei für den Menschen ohne Grundsätze, den Träumer, den Besessenen, den Fatalisten!", hieß es etwa bei *Stanisław Przybyszewski* (1868–1927) und aus dem Ambiente von sozialer Verwesung und Zukunftslosigkeit stiegen die erotisch-dekadenten Verse des *Kazimierz Tetmajer* (1865–1940) auf, in deren selbstverliebter Trauer sich die Zuhörer in den Krakauer Salons lust- und wonnevoll spiegelten.

Einer ungehemmten, von sozialen Fesseln befreiten Lebens- und Kunstauffassung huldigte auch *Adolf Nowaczyński* (1876–1944), Sohn eines kaiserlich-österreichischen Beamten, der verliebt war in Satire und aggressiven Witz. Mit Verachtung strafte er die „braven Bürger" der Stadt sowie jene, die den Kampf gegen die Normalität allein mit künstlerischer Empfindsamkeit aufnehmen wollten. Der Inhalt seiner Satiren und Pamphlete war oft so beißend scharf, dass Zeitungen ihn nicht zu publizieren wagten. 1902 veröffentlichte er seinen „Affenspiegel", worin er Krakau als Stadt der „Karrierekrüppel" denunzierte. Die in diesem Provinznest literarische Berühmtheit erlangten, schimpfte er „Individualisten ohne jede Spur von Originalität".

Die **antiautoritär bewegten jungen Leute** trafen sich am liebsten in Cafés. Dort wurden Konzepte vorgestellt, die dazu ausersehen waren, Spießbürger zu verschrecken und verknöcherte Institutionen aufzuweichen. Es wurde gestritten über die Kunst als Widerschein des Absoluten und der Seele und mit Leidenschaft wurden die neuesten Theateraufführungen von *Schnitzler, Ibsen* und *Strindberg* diskutiert. Zum beliebtesten Dramatiker rückte *Stanisław Wyspiański* (1869–1907) auf, der vor der Verletzung von Tabus nicht zurückschreckte und in seinem Werk den ewigen Mythen des polnischen Patriotismus eine Absage erteilte. Die bunte Gästepalette der „Hochzeit" (1901) spiegelt die unterschiedlichen Interessen, die es im Land gab. Sie alle warten auf ein außergewöhnliches Ereignis, das nie eintritt, weil sie nichts dafür tun – „sie wollen nicht wollen", so der Kommentar eines Bauern. Die Chance wird im ewigen Kreislauf der Sinnlosigkeiten verspielt, es gibt kein Zusammenspiel der Interessen, keinen gemeinsamen Kampf.

Außenseiter

Mit der Wiederherstellung des polnischen Staates (1918) verschwand der Zwang, sich als „Bewahrer des Polentums" in Szene zu setzen. In Warschau und Krakau wuchs der **Einfluss der Avantgarde.** Doch die Jahre der Frei-

029po Foto: sg

heit waren kurz, von innen und außen erwuchsen ihr Feinde. In dieser Zeit reagierten viele Autoren mit Sympathie für die unterdrückten Minderheiten, nahmen Partei für Litauer, Ukrainer und Juden. Ein großer Wortmagier war **Bruno Schulz** (1892–1942), ein polnischer Jude, der von den Polen nur halbherzig zu den ihren gezählt wird. Er machte die Wirklichkeit zum Schein und schuf eine „Republik der Träume". Seine Prosa ist voller Poesie und wenn's ihm Spaß macht, kommt auch Ironie dazu. Man hat ihn oft mit *Kafka* verglichen. 1942 wurde er im Getto von Drohobycz von einem Gestapo-Beamten erschossen. **Stanisław Ignacy Witkiewicz** (1885–1939), ein Multitalent, das sich sowohl auf Literatur als auch auf Malerei und Philosophie verstand, hat schon früh die nahende Katastrophe erspürt und nahm sich das Leben, als die Russen im Osten die Grenze überschritten. *Witold Gombrowicz* (1904–1969) nannte den Künstler „scharfsinnig und frech, von Zynismus inspiriert, degeneriert und verrückt". Er selber befand sich auf einer Schiffsreise nach Argentinien, als der Zweite Weltkrieg begann, und er beschloss, in Buenos Aires zu bleiben.

Nachkriegserwachen

Was ist Poesie, wenn sie weder Völker
noch Menschen rettet?
Eine Komplizenschaft amtlicher Lügen,
ein Singsang von Säufern, denen bald
jemand die Kehle aufschlitzt,
ein Lesestückchen aus Gartenlauben …
(*Czesław Miłosz,* 1945)

Zweiter Weltkrieg, Warschauer Aufstände, Flucht und Vernichtung: die Erfahrungen der Okkupation und der Konzentrationslager waren nach 1945 vorherrschendes literarisches Thema. **Gedichte nach Auschwitz** zu schreiben war schwer – *Tadeusz Różewicz* (geb. 1921) stellte sich dieser Aufgabe mit nackter, schnörkelloser Sprache. *Jerzy Andrzejewski* (1909–1983) analysierte die Umbruchsituation in seinem Roman „Asche und Diamant" (1948), der dank der Filmversion von *Andrzej Wajda* zu Weltruhm gelangte.

1949 wurde der **Sozialistische Realismus** dekretiert: Neues literarisches Vorbild war nun der einfache Mann aus dem Volk, der sich für das, was von der Partei als „historischer Fortschritt" definiert war, mit aller Kraft

Selbst nach dem Tod noch originell: das Grab von Tadeusz Kantor engagierte. Doch diesem Leitbild konnten die polnischen Intellektuellen trotz anfänglicher Sympathien für den Kommunismus nichts abgewinnen; sie stemmten sich gegen das Regelwerk und sangen ein Loblied auf die individuelle Fantasie.

Es gab Autoren wie *Czesław Miłosz* (1911–2004), die sich dem Druck stalinistischer Kulturpolitik nicht beugen wollten und ins Ausland gingen. Über Paris, wo sich ein Teil der Opposition um die von *Jerzy Giedroyc* herausgegebene Exilzeitschrift „Kultura" sammelte, zog er in die Vereinigten Staaten nach Berkeley, um dort eine Professur zu übernehmen. Weitere bedeutende **Dichter der Nachkriegszeit** sind die Poeten *Wisława Szymborska* (geb. 1923) und *Zbigniew Herbert* (1924–1998), der Romancier *Andrzej Szczypiorski* (1924–2000) sowie der Dramatiker *Sławomir Mrożek* (geb. 1930). Hohe Verkaufszahlen errang *Stanisław Lem* (geb. 1921). In seinen Science-Fiction-Romanen verarbeitete er Aspekte aus der Mathematik und Kernphysik, der Soziologie und Mikrobiologie. In viele Sprachen übersetzt wurden die Reportagen über Schicksale polnischer Juden von *Hanna Krall* (geb. 1937) sowie die literarischen Reisecollagen von *Ryszard Kapuściński* (geb. 1932).

Harry-Potter-Bücher

haben in Polen als einzigem Land Europas keine übermäßig großen Verkaufserfolge erzielt. Lag es daran, dass die katholische Kirche sie nicht zur Lektüre empfahl? In den Büchern verstecke sich Magie, konnte man lesen, junge Leser wüssten nach der Lektüre nicht mehr zwischen Gut und Böse zu unterscheiden. Und gern wurde in den Medien der Präfekt der Glaubenskongregation, Joseph Kardinal Ratzinger, zitiert. Er sah in den Büchern „subtile Verführungen, die unmerklich und gerade dadurch tief wirken und das Christentum in der Seele zersetzen ...".

Nach der Zensur

Bis 1989 bestanden mehrere Literaturen nebeneinander: die offiziell genehmigte, die illegal-untergründige und die der Emigranten. Mit der **Wende** flossen sie alle zusammen, doch das Resultat war dünn. „Unglücklicherweise gibt es in Polen keine Zensur mehr", frotzelte *Zbigniew Herbert* 1990 in einem Interview mit „Newsweek". Wie viele andere Autoren hatte er im Sozialismus seinen Stil darauf ausgerichtet, die Zensur auszutricksen; nun, da der Zensor nichts mehr zu sagen hatte, fiel auch ihm nichts mehr ein.

So wie *Herbert* geht es inzwischen vielen. Ihre Schaffenskraft, scheint es, ist mit dem Ende des Sozialismus erlahmt. Sie schreiben Tagebücher und Memoiren, manchmal auch philosophische Lyrik. Von ihnen erfährt das Publikum nichts mehr über den Zustand der Gesellschaft. Und sie wollen auch nichts Wesentliches mehr sagen. Nachdem die finanziellen

Zuschüsse geschrumpft sind, **orientiert sich Qualität ausschließlich am Markt.** Konturlose Beliebigkeit feiert in dieser Gesellschaft Triumphe. Gefragt ist das, was mehrheitsfähig ist und sich gut verkauft. Es soll benutzerfreundlich geschrieben, gemalt und gedacht werden, utopisches Denken wird denunziert. Alles muss lockerer werden, auch wenn die Realität den Menschen den Hals zuschnürt.

Erfolg am Markt, schreibt die „Neue Züricher Zeitung", hat im heutigen Polen „ein an amerikanischen Vorbildern orientiertes neues Erzählen, das die ästhetischen Standards der Moderne ohne schlechtes Gewissen unterbietet." Gut verkaufen lassen sich etwa Texte von **Dorota Masłowska** (geb. 1982), die rotzfrech und frischfrommfröhlich antirussische und antideutsche Klischeevorstellungen bedient. Die junge Autorin ist fasziniert von allem, was wild und kaputt ist, von der Welt der Geisteskranken und Verrückten: „Die sprechen ohne nachzudenken, und was daraus wird, ist die reine Poesie." Ein Leben im Chaos stellt für Dorota keine Bedrohung dar, ganz im Gegenteil, es ist die Voraussetzung für Kreativität. „In sauberen, reichen Gegenden habe ich keinen einzigen Gedanken, einen leeren Kopf."

Individualistisches Denken verdrängt Solidarität – so lautet der Tenor in vielen neueren Artikeln zur polnischen Literatur. Trifft das auch auf die Werke der neuen **„Grenzlandliteratur"** zu? Zeitgenössische Autoren thematisieren die Region, in der sie leben und suchen das Ich im „kleinen Vaterland". Für *Andrzej Stasiuk* (geb. 1960) ist das die Region „jenseits von Dukla", für *Stefan Chwin* (geb. 1949) und *Paweł Huelle* (geb. 1957) Danzig, für *Magdalena Tulli* (geb. 1955) die polnische Hauptstadt, für *Julian Kornhauser* (geb. 1946) Gleiwitz und für *Olga Tokarczuk* (geb. 1962) ein kleines Dorf im Glatzer Bergland. Sie entdecken Spuren der einst in Polen lebenden Juden, der nach dem Krieg zwangsumgesiedelten Ukrainer und

„Der polnisch-russische Krieg unter weiß-roter Fahne" – der Debütroman von Dorota Masłowska, shooting star der polnischen Literaturszene (s. auch S. 178)

natürlich der Deutschen. Und sie fragen: Was ist aus den Leuten geworden, die hier vor uns mit ihren Familien lebten? Wie kann ich an diesem Ort Wurzeln schlagen, ohne zu wissen, was früher geschah? Die Grenzlandliteratur hat sich von der unmittelbaren Politik verabschiedet, befasst sich auch nicht mit der Frage nach Sinn und Inhalt des „Polentums". Ihre Perspektive ist weiter gefasst und bereitet den Boden für eine humane, die Grenzen des Nationalen überschreitende Sichtweise.

Theater und Passion

Sie strömen auf die Straße, sobald sich ein Theatergrüppchen postiert und mit der Realität zu spielen beginnt. Spiel ist der **Gegenpol zur Macht** und ihren bürokratischen Verordnungen, ihrer fortwährenden Anmaßung und Bevormundung. Früher litt man unter fremden, heute unter polnischen „Herren". Macht keinen Unterschied, sagen die Polen, oben ist oben. Und so flüchten sie ins Spiel, Theater ist wichtiger als Politik. „Das gleiche Muster allüberall", meint Jurek. „Um erfolgreich zu sein, man muss gut spielen und sich verstellen können – schließlich hat auch *Karol Wojtyła* so angefangen. Und was ist er heute? Ein Nationalheiliger!"

Kein Land in Europa hat ein so **inniges Verhältnis zur Schauspielkunst** entwickelt wie Polen. Im 19. Jahrhundert war das Theater oft der einzige öffentliche Ort, an dem die polnische Sprache zu hören war. Dort wurden tabuisierte Alltagserfahrungen verhandelt und der Zuschauer erfuhr, dass „sein" Problem ein kollektives war. Theater war Dialog und Therapie, ein Ort, an dem unzeitgemäße Erinnerungen aus der Versenkung auftauchen und Pläne für die Zukunft geschmiedet werden durften.

Theater des Todes

Wo Not empfunden wird, wächst auch der Widerstand. Mit dem **Ende der stalinistischen Zensur** 1956 brach aufgestaute Schaffenskraft hervor. Das polnische Theater rieb sich an den kulturellen Wurzeln der polnischen Nation, an dem, was dieser hoch und heilig erschien. Das am besten geeignete **Stilmittel war groteske Verzerrung,** um den Ekel vor dem Zustand dieser Welt zum Ausdruck zu bringen. Die Botschaft lautete: „So wie es ist, soll es nicht bleiben!" Die Frage, was denn an die Stelle des alten, beklagenswerten Zustandes treten sollte, wurde allerdings nicht beantwortet. Am Zuschauer lag es, die von der Bühne ausstrahlende Unruhe zu ertragen und produktiv im eigenen Alltag umzusetzen: als Stachel, der sich ins Fleisch der herrschenden Kultur einschnitt und sie demaskierte.

Theaterkritiker aus aller Welt begeisterten sich für das Land östlich der Oder. Am liebsten steuerten sie Krakau an, denn im dortigen Cricot 2 kreierte **Tadeusz Kantor** (1915–1990) sein „Theater des Todes", den Versuch, das Leben über die Mechanismen der Gewalt triumphieren zu lassen und mit behutsamen Bildern der zerstörten Welt des Ostjudentums zu gedenken. *Kantor* reduzierte den Handlungsstrang auf ein Minimum, keine dekorative Sprechblase sollte vom Geschehen ablenken. Als Requisiten des Bühnenbilds fungierten ärmliche Gegenstände, zum Beispiel zerbeulte Koffer, zerschlissene Regenschirme und alte Fahrräder. In seinem Stück „Die tote Klasse" (1975) sind es alte, abgewetzte Pultbänke, die im Chejder, einem traditionellen jüdischen Schulzimmer stehen. Erschöpft kehren die Schüler von einst, mittlerweile zu Greisen geworden, an den Ort der Kindheit zurück. In viel zu enge Schuluniformen gepfercht nehmen sie auf den Bänken Platz und rezitieren mit weit aufgerissenen Augen das hebräische Alphabet. Sie erinnern sich der Bibel-Geschichte von „König David und seinen Frauen" und lassen voller Furcht eine „Salomon-Lektion" über sich ergehen. Gespenstische Szene: Sie betreten den Raum ihrer Kindheit, lassen Wünsche aufsteigen, aus denen nichts geworden ist und durchleiden all die Ängste noch mal, die sie auf ihrem langen Weg durchs Leben begleitet haben.

Armes Theater

Der zweite wichtige Theatermann jener Zeit, **Jerzy Grotowski** (1933–1999), verlegte 1965 sein Theaterlabor von Oppeln nach Breslau, wo er die Konzeption des – nichtverbalen – „armen Theaters" entwickelte. Über den polnischen Katholizismus führt der Weg zur indischen Philosophie. „Man zieht das eigene Selbst hinter sich her, mühevoll wie der Ochsen den Karren, das Leben ein Tunnel, man dringt immer tiefer, es wird immer dunkler, man müsste den Ochsen zur Umkehr zwingen, zu sich zurückfinden, zum eigenen Selbst, am Eingang des Tunnels. Dort ist Licht." Diese Sätze des indischen Gurus *Ramana,* so *Grotowski,* haben ihn entscheidend geprägt. Er war neun, als er sie las – seine Mutter hatte ihm eher zufällig das ins Polnische übertragene Buch des Inders aus der Stadtbücherei mitgebracht. Sie hoffte, es würde den Jungen, der an Angstzuständen litt und den seine Mitschüler als Schwächling verspotteten, auf andere Gedanken bringen. Und so geschah es, dass *Jerzy Grotowski* das Buch wieder und wieder las, die erlebten Kriegsgräuel verdrängte und beschloss, dem Beispiel des Inders zu folgen: Die Reise ins Selbst wurde sein Ziel.

Für das „arme Theater" war es nicht schwer, einen festen Platz in einer Kultur zu erobern, die von messianischer Hoffnung geprägt war. *Gro-*

towski forderte vom Schauspieler, er solle in einem **„totalen Akt" körperlicher und psychischer Hingabe** den Zuschauer existentiell herausfordern und ihm helfen, in die psychischen Schichten jenseits seiner Verhaltensmaske vorzudringen. Der Kritiker *Jan Kott* erinnert sich: „Ich weiß nicht, ob die Ensemblemitglieder Mönchsgelübde ablegen mussten; jedenfalls war das Theater wie ein Kloster organisiert. *Grotowski* verlangte von seinen Jüngern ein Leben in Abgeschiedenheit, restlosen Gehorsam und ein körperliches Training, das bis an die Grenzen menschlicher Leistungsfähigkeit ging." Das Theater-Laboratorium zog Schauspieler aus aller Welt in seinen Bann, avantgardistische Theatergruppen in Westeuropa und den USA wurden von der Methodik *Grotowskis* beeinflusst.

Zeitenwende

Die **Theaterzentren Polens** heißen heute Warschau und Krakau, Danzig und Stettin. In Zeiten von „Big Brother" und steigenden Eintrittspreisen ist die Szene nicht mehr ganz so vital, dennoch lohnt der Besuch: Denn das polnische Theater ist visuell, setzt auf die Kraft der Gestik und Mimik, der Bilder und Bewegungsabläufe.

Ein Theatermann, der den Sprung auf die großen Festivalbühnen von Avignon, Edinburgh und Berlin geschafft hat, ist **Krystian Lupa.** Er mag sich nicht mehr herumschlagen mit ritualisierten Formen des Katholizismus, will beim Spiel nicht so tun, als gehöre er einer Generation von Versagern und einem Volk von Leidenden an. *Lupa* kommentiert innere Monologe und entwirft wachtraumartiges Schattenspiel, ist ein Liebhaber des Fragments und hypnotischer Psychodramen. Großen Erfolg hatte er mit Inszenierungen von Texten, die nicht fürs Theater bestimmt waren, etwa von *Bernhard, Musil* und *Dostojewski.* Wie eine Larve nistet er sich im fremden Text ein, pickt den Gedanken heraus, der ihm am meisten gefällt und spinnt ihn weiter.

Grzegorz Jarzyna und **Andrzej Worón** begeistern sich für *Brecht.* Doch bezieht sich ihr Interesse fast ausschließlich auf die frühen Werke des Dramatikers, als dieser noch aufgedreht und lyrisch trunken war, ein „junger Wilder", dessen anarchischer Impetus den rationalen Diskurs überwölbte. So wie Brecht im „Dickicht der Städte" die Beziehungen unter den Menschen beschreibt, erkennen viele Polen ihren Alltag: Das Leben erscheint als ein Kampf ums Überleben, Recht ist das Recht des Stärkeren.

Lupa, Jarzyna und *Worón:* Drei Regisseure, die im westlichen Ausland Erfolge feiern. In Polen jedoch ist das **Theater in der Krise**. Längst vorbei ist der zu Beginn der 1990er Jahre gefeierte Aufschwung freier Theatergruppen, z. B. in Bielsko-Biała, Zakopane und Gardzienice. Sie alle diskutieren, ob es nicht besser wäre, das Handtuch zu werfen. Selbst *Zbigniew Brzoza,* Leiter des renommierten Studio-Theaters in Warschau, wirkt resigniert. Er möchte gern Themen vorstellen, die für das heutige Polen wichtig sind, z. B. das Verschwinden traditioneller Wertvorstellungen und den Abbau von Autorität, doch „die Armut, die über das Theater gekommen ist", so *Brzoza,* „hat diese Träume beiseite gefegt". Die politische Kaste, die heute in Polen das Sagen hat und über die Verteilung der Gelder entscheidet, begreift Kunst als etwas Überflüssiges. „Die Hilfen, die unser Theater heute von Sponsoren erhält, reichen nicht einmal aus, um die Kosten für unsere Existenz abzudecken ... Man muss Kompromisse machen, doch es gibt eine Grenze, jenseits derer ich nicht mehr bereit bin zu arbeiten. Diese Grenze ist überschritten, wenn ich mir gegenüber nicht mehr loyal bin, wenn ich nicht mehr in den Spiegel schauen kann, ohne mich zu schämen. Wenn das eintritt, möchte ich lieber als Angestellter in einer Dorfbücherei arbeiten."

Immer mehr polnische Künstler sind nach dem Beitritt ihres Landes zur EU entschlossen, ihr Glück dort zu suchen, wo man auch Geld verdienen kann. In Berlin wurde ein erstes **deutsch-polnisches Theater** gegründet, das „Teatr Studio am Salzufer": *Janina Szarek* und *Olaf Münzberger* sind mit ein- und zweisprachigen Produktionen bemüht, die polnische und die deutsche Mentalität zusammenzuführen.

Musik zwischen Romantik und Moderne

Polnische Volkslieder und Tänze fanden im 17. Jahrhundert Eingang in die westliche Kunstmusik: erst die Polonaise, dann die Mazurka und der Krakowiak. Die Polonaise war ein in Adelskreisen beliebter Schreittanz und wurde u. a. von *Telemann, Haydn* und *Bach* adaptiert. *Chopin* hat über 20 Polonaisen geschrieben, stark faszinierte ihn auch die von Bauern getanzte Mazurka. In ihr sind der bei Warschau entstandene Mazur, der langsame Kujawiak und der auf schnellen Drehungen basierende Oberek stilistisch miteinander verschmolzen. Die bekannteste Mazurka ist die Hymne „Noch ist Polen nicht verloren".

Chopin

Mit *Fryderyk Chopin* (1810–1849) bekam Polens Musik eine **national-romantische Prägung.** „Ein Gefühl von Trauer und Melancholie, verbunden mit rückwärtiger Erinnerung an Dinge, an denen das Herz hängt und die nicht mehr da sind: eine unerfüllbare, fortwährende, an der Seele nagende

Sehnsucht, ein fortwährendes Sicherinnernmüssen an etwas Unerreichbares, ein hoffnungsloses Träumen von weiter Heimat, die man nicht mehr wiedersehen soll, von Menschen, mit denen man nie wieder zusammenkommen werde, ein Grübeln über versunkene Pracht, entschwundene Schönheit einstiger Lebensfreude und Lebenslust." *Stanisław Przybyszewski* hat *Chopins* Werk trefflich charakterisiert. Diesem Musiker ist es gelungen, Polens „Seele" bis in die tiefsten Spalten auszuleuchten – er gilt bis heute vielen als der größte Künstler, den das Land hervorgebracht hat.

Geboren wurde Fryderyk in Żelazowa Wola, 50 Kilometer südlich von Warschau. Seine Mutter war eine polnische Adelige, sein Vater ein Franzose, der auf dem Gut des Grafen *Skarbek* als Erzieher beschäftigt war. Weil er am Kościusko-Aufstand 1794 teilnahm, sind die Polen gern bereit, ihm seine Herkunft zu verzeihen. Kurz nach der Geburt zog die Familie nach Warschau, wo der Vater eine Stelle als Gymnasiallehrer annahm. Schon früh wurde dem Sohn das Klavierspiel ermöglicht. Mit acht Jahren komponierte er die Polonaise g-moll und wurde als **musikalisches Wunderkind** gefeiert. Doch wann immer sich für ihn die Gelegenheit bot, kehrte er aufs Land, nach Żelazowa Wola zurück. Er liebte die weiten, von Trauerweiden gesäumten Felder und ließ sich vom Klang der masowischen Volksmusik zu Mazurken inspirieren. 1829 hatte er seinen ersten Auftritt in Wien und feierte einen großen Erfolg mit den Konzerten für Klavier und Orchester.

Als er vom Novemberaufstand erfuhr, hielt er sich gerade in Stuttgart auf. Die Erschütterung des 20-jährigen Künstler spiegelte sich in der Etüde c-Moll, der Revolutionsetüde, und in den beiden Präludien in a-Moll und d-Moll. Die meiste Zeit seines restlichen Lebens verbrachte er in Paris, wo er in privaten Salons spielte und Wohltätigkeitskonzerte für polnische Emigranten gab. 1836 lernte er die von Männern umschwärmte Schriftstellerin **George Sand** kennen. Als er mit ihr zwei Jahre später nach Mallorca reiste, litt er schon an einer schweren Lungenkrankheit. Im darauffolgenden Winter entstanden einige seiner schönsten Kompositionen, z. B. die 2. Sonate in B-Moll („Trauermarsch-Sonate"), die Polonaise A-Dur und mehrere Präludien. Fast zehn Jahre lebte er mit *George Sand* zusammen, doch die Liebe verflog und das Lungenleiden wollte nicht weichen. 1847 trennten sich die Lebenswege. *Chopin* versenkte sich in die Noten, schrieb an gegen die Einsamkeit und den drohenden Tod. Am 17. Oktober 1849 starb er in seiner Wohnung am Place Vendôme, zu den Klängen von Mo-

Porträt Fryderyk Chopins von T. Kwiatkowski (nach 1843, Wasserfarben), Museum der Chopin-Gesellschaft, Warschau

031po Foto: to

zarts Requiem wurde er auf dem Friedhof Père Lachaise begraben. Sein Herz wurde 1880 nach Polen gebracht und in der Warschauer Heiligkreuzkirche bestattet.

Robert Schumann hat über seine Stücke gesagt, es seien „in einem Blumenbeet versteckte Kanonen“. Vor allem die heroische As-Dur-Polonaise hat ihn begeistert. Wenn die Besatzer, so vermutete er, um das in dem Stück verborgene feindliche Potenzial wüssten, dürfte es gewiss nicht gespielt werden. Zwar wirkt *Chopins* Musik wie „dahingeplaudert“, doch dies ist nur äußerer Schein. Abgründige Mächte und intensiver Weltschmerz sind am Werk. Die Nationalsozialisten, die das ebenso sahen, haben die Musik des „dekadenten“ Romantikers kurzerhand verboten.

Liebe zur Volksmusik

Chopin war nicht der einzige, der auf den Schatz polnischer Folklore zurückgriff. *Stanisław Moniuszko* (1819–1872) machte die Bergmusik der Goralen zur Grundlage von „Halka", der ersten, 1848 uraufgeführten polnischen Oper. Halka, Koseform des weiblichen Vornamens Halina, ist eine junge Dorfschönheit, die von ihrem adeligen Herrn verführt und nach der Schwängerung sitzen gelassen wird. Als sie sich das Leben nimmt, kommt es zu einer Rebellion aufgebrachter Bauern, die mit ihren Sensen zum Gutshof ziehen. Stark von der Volksmusik geprägt ist auch *Karol Szymanowski* (1882–1937); wunderbar studieren lässt sich das am Ballett „Harnasie", aber auch in seinen „20 Mazurken" und Chorwerken.

Die Polen sind stolz auf ihren *Chopin*. Sein Geburtshaus wurde schon Ende des 19. Jahrhunderts zur Kultstätte, ein Treffpunkt von Musikliebhabern aus ganz Polen. Heute finden hier, ebenso wie im Warschauer Łazienki-Park – jeden Sonntag und den ganzen Sommer über Konzerte statt. In der Hauptstadt gibt es auch ein Chopin-Museum und einen Chopin-Salon, nach ihm benannt sind Kompositionswettbewerbe und Konzertzyklen.

Alliance Française

Französische Einflüsse waren im polnischen Musikleben seit der Pariser Emigrationszeit bestimmend. Selbst in sozialistischer Zeit zogen junge Polen nach Paris und studierten mit Stipendien des französischen Staates bei *Olivier Messiaen* und *Nadia Boulanger*. Die daraus hervorgehende **„Neue polnische Schule"**, die sich ab den späten 1950er Jahren entwickelte, wagte eine Verbindung zwischen modernen Kompositionsprinzipien, spätromantischen Impressionen und katholischer Kirchenmusik. Ihr Siegeszug um die Welt begann mit der „Trauermusik" von *Witold Lutoslawski* (geb. 1913) und den „Vier Essays" von *Tadeusz Baird* (1928–1981). Die Werke erklangen beim **Festival „Warschauer Herbst"**, das seit 1956 alljährlich stattfindet und ausschließlich der Avantgarde-Musik gewidmet ist. Im ersten Jahr durfte darüber in der DDR nicht berichtet werden – es war nicht linientreu, was da beim Nachbarn zur Aufführung gelangte.

Penderecki

1959 gewann *Krzysztof Penderecki* (geb. 1933) sämtliche Preise beim Warschauer Herbst und wurde zur **Leitfigur der polnischen Avantgarde.** Ein Jahr später gelang ihm mit seinen „Treny" („Klageliedern") der Durchbruch auch international. Die „Klagelieder" sind Klänge aus dem Nirgendwo, kreisen statisch und schwingen dann aus, ein elegisches und zugleich stachliges Meisterwerk, das den Opfern von Hiroshima gewidmet ist. Kritiker waren auch voll des Lobes für die „Lukas-Passion" (1965) und die zwei Jahre später entstandene Komposition „Dies irae" zum Gedenken an die Ermordeten in Auschwitz. Doch in den nun folgenden Jahren begann *Penderecki* viele seiner Fans zu enttäuschen: Je älter er wurde, desto stärker neigte er zur Überbetonung harmonischer und kirchlicher Motive, verzichtete auf Sirenenklänge und vokale Schreie. In „Utrenja" („Morgenandachten", 1970–1972) besang er Grablegung und Auferstehung Christi, dem Papst widmete er ein „Te Deum" (1980). Diese Musik tröstete und beschwichtigte, „verzuckerte das Grauen der Welt" (FAZ). Gleichzeitig wurde der Künstler anfällig für gut bezahlte Aufträge aus dem westlichen Ausland. Seine 4. Sinfonie komponierte er für die französische Regierung, die 5. Sinfonie für die Regierung Südkoreas. In der „Frankfurter Allgemeinen Zeitung" resümierte der Musikkritiker *Gerhard R. Koch:* „Aus dem schrillen Saulus wurde ein säuselnder Paulus."

Filmmusik

Im Gefolge der „polnischen Schule" wurden Komponisten populär, deren Werke sich sehr gut als Begleitmusik für zeitgenössische Filme eignete. *Zbigniew Preisner* (geb. 1955) vertonte fast alle Filme *Krzysztof Kieślowskis* und auch *Agnieszka Hollands* „Hitlerjunge Salomon": hypnotische Sequenzen, die bei *Henryk Górecki* (geb. 1933) in vereinfachter Form wiederkehren. Die dritte Sinfonie *Góreckis* nutzte *Maurice Pialat* zur Untermalung des Films „Police". Die an New Age erinnernde Musik besteht aus drei langsamen, liturgisch anmutenden Sätzen, unterlegt sind ihr Texte der Klage. Die Aufnahme mit der „London Sinfonietta" war monatelang die beliebteste Klassikplatte der Welt, als erster symphonischer Aufnahme überhaupt gelang ihr der Sprung in die Top Ten der britischen Pop-Charts.

Der Konzertbesuch: ein heiliger Akt

Wer es wagt, in einem polnischen Konzertsaal mit einem Bonbonpapier zu rascheln, wird mit einem empörten „Pssssst" zur Räson gebracht. Ganz und gar undenkbar, selbst bei größter Hitze, wäre der spanische Fächer. Eine Veranstaltung wie die englischen Proms, bei der man es sich auf dem Boden des Konzertsaals gemütlich macht und am Abschlussabend mitsingt, ist in Polen ein Ding der Unmöglichkeit. Klassik ist eine ernste Angelegenheit, die die ganze Konzentration erfordert.

Jazz und Klezmer

Crossover

Im Kellerlokal herrscht beste Stimmung. Die Gäste sitzen in plüschigen Samtsofas, trinken Cocktails und unterhalten sich angeregt. Sie sind so sehr in ihr Gespräch vertieft, dass sie nicht bemerken, wie ein Mann mit wirrer Frisur den Raum betritt und schnurstracks zur Geige greift. Der Lokalbesitzer scheint nicht überrascht: Er lächelt dem Fremden zu und schenkt ihm ein Glas Wein ein. Kurz darauf verstummen alle Gespräche. Da kommen Töne, wie man sie nur selten vernimmt: schwermütige Jazz-Improvisationen, gefolgt von klassischen Crescendi in schwindelerregendem Tempo. Das dauert etwa 20 Minuten, dann ist der Teufelsspuk vorbei, kein Hut macht die Runde und der fremde Gast verschwindet im Separée. „Wer war denn dieser merkwürdige Schöngeist?“, möchte eine ältere Dame wissen. Der Besitzer des Lokals antwortet ihr: „Wie pani, to był Nigel Kennedy!“ („Werte Dame, das war Nigel Kennedy!“).

Seit **Nigel Kennedy** mit einer Polin verheiratet ist, lebt der britische „Punk-Paganini“ zeitweise in Krakau, für ihn „die beste Stadt, die man sich musikalisch-künstlerisch vorstellen kann“. Er ist künstlerischer Leiter der Philharmonie, spielt aber am liebsten in Kellerbars, mal mit der Band „Kroke“, mal solo improvisierend. „Die hiesige **Jazzszene** ist unglaublich“, sagt er, „bestenfalls übertroffen von der in New York.“ Hier wie dort gibt es ein Crossover von Klezmer und Jazz, christliche und hebräische Tradition kreuzen und vermengen sich. *Nigel Kennedy* sagt auch, warum er nicht mehr fort will aus Krakau: Die Musiker hier „haben große individuelle Träume und verwirklichen sie. Und sie haben einen kollektiven Traum, der viel stärker ist als irgendeine blöde Jobmentalität.“ Wer Nigel sehen möchte, macht am besten abends einen Kneipenbummel oder schaut sich in der ul. Floriańska um – dort nämlich wohnt er in einem der schönsten Häuser ...

Rauschende Lyrik

In einem ZEIT-Artikel stellt *Michael Naura* seine Freundin Olga vor, die ihn fragt: „Mischa, wann wirst du endlich begreifen, dass wir Polen mehr prädestiniert sind für Jazz als die Deutschen?“ Als er wissen möchte, wie sie denn zu diesem Urteil komme, antwortet sie: „Weil polnische Menschen leidensfähiger sind.“ Mischa legt die CD „Suspended Night“ vom Tomasz Stańko Quartett auf und hört in die Musik hinein, erlebt polnische Landschaften mit ihrer „eigenartigen Tristesse", ihrer „großen Ruhe" und „philosophischen Gelassenheit".

Wer **Tomasz Stańko** (Jahrgang 1948) live gesehen hat, vergisst ihn nicht so schnell. Schwarz gekleidet, mit Hut oder Baskenmütze, tritt er auf die Bühne. So schmal wirkt er, dass man ihm die Töne, die er seiner Trompete entlockt, nicht zutraut. Er war einer der ersten, die im Europa der 1960er Jahre **freien Jazz** erprobten, bar jeder Konvention, doch keineswegs ziel- und zügellos, auf eine sehr eigene Art formbewusst. Man hat ihn den „Bluts- und Blues-Brother" von *Miles Davies* genannt, die europäische Entsprechung zum schwarzamerikanischen Jazz. Man sah in seiner Musik den Ausdruck polnischen Lebensgefühls, einer Schwermut, die unvermittelt aufbegehrt und sich zum Stakkato steigert, um dann abrupt abzubrechen und lyrisch auszuklingen. Die Musik schillert exotisch, aufbrausende Rhythmen werden mit elektronischen Zauberklängen vermischt.

Stańko hatte großes Glück, dass er bereits als Zwanzigjähriger die Chance bekam, in der Band von *Krzysztof Komeda* (1931–1969) mitzuspielen. Dieser war eine Kultfigur jener Zeit, hatte die „Prozession" beim Sopoter Festival 1957 mit dem Spruchband *Jazz żyje* („Jazz lebt") angeführt. Ein Jahr später gehörte er zu den Initiatoren des Warschauer „Jazz Jamboree" und wurde auch außerhalb des Landes bekannt. Er komponierte die Leitmotive für alle frühen Filme von *Roman Polański,* darunter das bedrohliche Wiegenlied „Sleep safe and warm" aus „Rosemary's Baby".

Langjährige Partner von *Stańko* waren *Michał Urbaniak, Zbigniew Namysłowski* und *Janusz Muniak* – mit ihm begründeten sie den Ruhm des „Slavic Kind of Jazz". Neue Wege beschreitet seit ein paar Jahren *Andrzej Jagodziński.* Er huldigt der **Improvisationskunst** von *Chopin.* Meist ist es ein einziges Motiv, das aus den Klavierkonzerten aufgegriffen und dann in zahllosen Varianten ausgesponnen wird. Wieder andere suchen sich vom Vorbild der Meister zu lösen und orientieren sich an Techno. Einer von ihnen ist *Ryszard Tymon Tymański,* dessen Stücke von Ironie und Humor durchdrungen sind. Ob ihnen mehr als nur ein Augenblickserfolg beschieden ist, bleibt fraglich.

Klezmer

Auch die Musiker von **„Kroke"** (jiddisch: Krakau) treten schwarz gewandet auf: Mit ihren dunklen, breitkrempigen Hüten erscheinen sie als Wiedergänger einer versunkenen Welt. Die Musik, die sie spielen, schöpft aus dem **Klezmer-Reservoir:** jener farbenfrohen Klangwelt jüdischer Wanderkapellen mit ihren fetzigen Zigeunerweisen, Rhythmen aus dem Balkan und dem Orient. Doch beim Spiel bewegen sie sich auf ein Terrain, in das ihnen kein traditioneller Klezmorim folgen würde. Langsame Töne werden bis zur Unerträglichkeit gedehnt, dann beschleunigen sie zu so wildem Galopp, dass es die Zuhörer von den Sitzen reißt. Im typischen Kroke-Stück entlockt *Jerzy Bawol* seinem Akkordeon zitternde Sphärenklänge, *Tomasz Kukurbas* überlagert sie mit virtuoser Geigenmusik und *Tomasz Latos* attestiert mit Tönen seines Kontrabass. Es entsteht eine schillernde, mystisch-meditative Klanglandschaft, die nie so eintönig wirkt wie bei New Age. Gewürzt wird das Stück mit Jazzelementen, vage, ächzende Schreie setzen markante Akzente.

Erst spät begannen sich die Musiker für Klezmer, die Musik der osteuropäischen Juden zu interessieren. Mit ihr wurden sie nicht in ihrer Heimatstadt Krakau, sondern in Nordamerika konfrontiert, wo Gruppen wie die „Klezmatics", „Brave Old World" und „Klezmer Madness" ein unverkrampftes Verhältnis zu ihren jüdischen Wurzeln haben. Über diesen Umweg erfuhren zwei von ihnen, dass sie selber **jüdischen Ursprungs** sind: Ihre Eltern hatten es ihnen verheimlicht, weil sie ihre Kinder vor dem alltäglichen Antisemitismus schützen wollten.

Film in Pollywood

„Łódź war ein Drecksnest. Das fanden alle. Tag und Nacht spien die Schlote der Chemie- und Textilfabriken Ruß hervor und der allgegenwärtige Schmutz, zusammen mit Dieselgasen, bröckelnden Mauern und zerbrochenen Fenstern, ist für mich immer der Inbegriff einer kommunistischen Industriestadt gewesen. Sie war so völlig ohne Charme – ganz anders als Krakau – dass ich mich trotz aller Freude über die Zulassung zum Studium unwillkürlich fragte, ob ich es hier geschlagene fünf Jahre aushalten würde." *(Roman Polański)*

In **Łódź** befindet sich seit 1948 das polnische Hollywood. Schon bald wurde das Land in aller Welt um seine **Filmakademie** beneidet. Sie verfügte über eigene Filmstudios und die technische Ausstattung war beispielhaft. Anfangs litt die Produktion unter den vom Staat verordneten inhaltlichen Vorgaben, doch mit Lockerung der Zensur 1956 entzündete sich ein Feuerwerk künstlerischer Fantasie.

„Der kurze Film über das Töten" (Krótki Film Zabijaniu) machte Kieślowski berühmt (Filmplakat)

Polnische Filmschule

Für die „Polnische Filmschule“ steht zuallererst der Name **Andrzej Wajda.** Seinen Durchbruch schaffte er mit seinem Film „Kanal“ (1957). Darin ging es um den Warschauer Aufstand und den Kampf gegen die deutschen Besatzer. Die internationale Kritik war beeindruckt: Hier wurden endlich einmal keine positiv-sauberen Helden gezeigt, die sich für etwas engagierten, was eh als richtig vorausgesetzt war, sondern widersprüchliche Charaktere, einsam und von Selbstzweifeln gequält. *Wajda* kannte keine Tabus und nahm auf nationale Leitbilder keine Rücksicht. Dieser **Nonkonformismus** wirkte ansteckend: Aus der Kaderschmiede von Łódź kamen u. a. *Roman Polański* und *Andrzej Munk, Krzysztof Zanussi* und *Kazimierz Kutz.*

Nach der Revolte von 1970 wurde der Film aggressiver und klagte ein, was das sozialistische Ideal versprach. Dabei bildete sich eine **enge Beziehung zwischen Spiel- und Dokumentarfilm** heraus. „Die Lüge kann nicht ewig dauern“, lautete ein Schlüsselsatz in *Wajdas* „Mann aus Marmor“ (1977): Die Filmstudentin Agnieszka begibt sich auf die schwierige Suche nach der historischen Wahrheit, steigt hinab in die Kellerverliese staatlicher Museen und beginnt die filmischen Abfallprodukte zu durchwühlen. Im Weggeschnittenen und Ausgeblendeten hofft sie Hinweise auf eine „reale“, unverfälschte Wirklichkeit zu finden.

032po

Als 1981 das Kriegsrecht verkündet wurde, zogen es einige Regisseure vor, ins Ausland zu gehen. Aber nur einem von ihnen gelang es, Filmgeschichte zu schreiben: *Krzysztof Kieślowskis* „Kurzer Film über das Töten“, Teil seines Fernsehzyklus über die Zehn Gebote, ließ die Zuschauer frösteln. Der Film zeigt die Verrohung offenbar ganz normaler Menschen, für die das Töten ein Mittel ist, um besser leben zu können. Er zeigt aber auch die Brutalität der Justiz, die glaubt, „das Problem“ durch die Vollstreckung der Todesstrafe aus der Welt zu schaffen. Als *Kieślowski* im Westen zum Kultregisseur aufrückte und seine Filme französischen Pro-

Noch einmal Polański

Roman Polański, dem man nach seinen US-Erfolgen der 1960er und 70er Jahre („Rosemary's Baby", „Der Ekel", „Tanz der Vampire") kein neues großes Werk zugetraut hatte, überraschte 2002 mit dem (französischen) Film „Der Pianist", für den er mit der Goldenen Palme von Cannes und drei Oscars ausgezeichnet wurde. Es handelt sich um die Verfilmung der Autobiografie von *Władysław Szpilman,* einem polnisch-jüdischen Musiker, der das Warschauer Getto überlebt hat. Die Dreharbeiten waren für den Regisseur eine schmerzvolle Reise in die eigene Vergangenheit. Als die Deutschen in Krakau einrückten, wurden seine Eltern ins Getto verschleppt. Die Mutter wurde in Auschwitz vergast, der Vater überlebte das KZ Mauthausen. Vor seiner Deportation war es dem Vater gelungen, den Sohn bei einer Familie außerhalb des Gettos unterzubringen.

duzenten anvertraute, wurde sein Blick milder. Die Kälte der frühen Filme, so ein Kritiker, wich einem „pathetischen Zartbitter". Der Beliebtheit des Regisseurs tat dies keinen Abbruch – bei Internationalen Festivals wurde das in Krakau und Paris gedrehte „Doppelte Leben der Veronika" mit Preisen überhäuft, wenig später auch die „Drei-Farben-Trilogie": Freiheit, Gleichheit, Brüderlichkeit. Das Publikum war fasziniert von der religiös eingekleideten Ethik, der meditativen Musik *Zbigniew Preisners* und dem Anblick jener jungen Heldinnen, die unwiderstehlich schön, doch dem Untergang geweiht schienen ...

Hollywood lässt grüßen

An der Filmhochschule herrschte in den 1980er und frühen 1990er Jahren Krisenstimmung. Das Publikum ging kaum noch ins Kino. Es gierte nach amerikanischer Unterhaltung, die es sich im eigenen Wohnzimmer bequem über Video „reinziehen" konnte. Zwar gab es vereinzelte polnische Premieren, doch wurde der Film oft schon am folgenden Tag abgesetzt, um einer amerikanischen Produktion Platz zu machen. Um im Geschäft zu bleiben, musste die Filmhochschule von Łódź Zugeständnisse an den Geschmack der Zuschauer machen und versuchte, sie mit vertrauten Inhalten und vereinfachter Bildsprache, teilweise auch US-Imitaten ins Kino zurückzulocken. Später besann man sich patriotischer Rezepte und machte sich daran, kanonisierte literarische Werke zu verfilmen. Die Resonanz war stärker als erwartet, wohl auch begünstigt durch eine um die Jahrtausendwende stärker werdende „nationale Trotzideologie", wonach es allemal besser sei, Filme der eigenen Landsleute anzuschauen als Importprodukte aus dem Westen. Aus Hollywood plus Nationalkitsch entstand „Pollywood“ mit einer Reihe aufwendig produzierter, romantisch gefärbter Monumentalfilme.

Den Auftakt machte *Jerzy Hoffmann:* Er verfilmte „Mit Feuer und Schwert“, ein Werk des Literaturnobelpreisträgers *Sienkiewicz:* bildgewaltige Kämpfe des polnischen Adels gegen Ukrainer und Kosaken, dazu deftige Trinkgelage, wuchtige Draufgänger und mitreißende Frauen. Kurz darauf war sich *Andrzej Wajda* nicht zu schade, „Pan Tadeusz“ als kitschigen Kostümschinken abzulichten. Zwar wurde dem Regisseur im Jahr 2000 der Oscar für sein Gesamtwerk verliehen, doch sein Literaturfilm ging auf den Festivals der westlichen Welt leer aus – in Deutschland fand er selbst in der um 45 Minuten gekürzten Fassung keinen Verleih. Doch in Polen klingelten weiter die Kassen, Pollywood war nicht mehr zu bremsen. So nahm sich *Jerzy Kawalerowicz* „Quo Vadis“ vor, ein 170-Minuten-Epos über die ersten Christenverfolgungen unter *Nero.* Mit Produktionskosten in Höhe von 18 Millionen Dollar wurde dies der teuerste Film der polnischen Kinematographie, der Papst durfte das Werk als erster begutachten.

Im Jahr 2004 gab es in Breslau zur Abwechslung mal wieder **Original-Hollywood:** *Stephen Spielberg* drehte in der niederschlesischen Stadt einen Film über das Olympia-Drama von München, bei dem 32 Jahre zuvor israelische Sportler Opfer eines palästinensischen Anschlags geworden waren.

Łódź heute

Hat man das Publikum in die Kinos zurückgelockt, darf man wieder (freilich nur mit wenigen Filmen) wagen, sich den **realen Gesellschaftsdramen** zuzuwenden. „Hallo Tereska“ (Regie: *Robert Gliński*) befasst sich mit dem Schicksal junger Mädchen in einer Warschauer Plattenbausiedlung, „Edi“ (Regie: *Piotr Trzaskalski*) beschreibt das Leben eines Altmetallsammlers und Säufers. Die Niederlage des polnischen Intellektuellen, wohl der kompromissloseste Film der vergangenen Jahre, beklagt *Marek Koterski* im Film „Der Tag des Verrückten“.

Die Łódźer Filmhochschule stimmt sich auf zukünftige Erfolge ein. Führende Kameraleute haben Łódź zu ihrer Lieblingsstadt erklärt, *David Lynch* will gar eigene Produktionsstudios einrichten. Das Festival **„Camerimage“,** bei dem alljährlich die besten Kameraleistungen gewürdigt werden, lockt Besucher aus aller Welt, die alte Kino-Bar wich einem „Office for International Relations“. Jedes Jahr stehen um die 100 Studienplätze bereit – es winkt die große Karriere!

Plakatkunst und Malerei

„Von allen Definitionen des Künstlers gefällt mir meine am besten: ein Nadelkissen im Boudoir der gesellschaftlichen Heuchelei."
(Nowaczyński)

Exportschlager der Nachkriegszeit war das **sozialkritische Plakat.** Wo immer Künstler der Warschauer Plakatschule bei Wettbewerben auftraten, heimsten sie Preise ein. Anfangs sprach man nur von *Henryk Tomaszewski* und *Franciszek Starowieyski,* bald kamen *Jan Lenica* und viele weitere „Genies" hinzu. Im Ausland staunte man über so viel Witz und Originalität. Konnte eine Regierung, die solche Kunst förderte, repressiv sein?

Doch auch in Polen wollte man seinen Augen nicht trauen – überall hingen Plakate! Sie schmückten Lattenzäune und Hausmauern, prangten an Bahnhöfen, in Amtsstuben und Direktorenbüros. Ihre Farbtupfer durchkreuzten die Monotonie der grauen Stadt, wirkten wie ein Versprechen auf eine bessere Welt. Da die sozialistische Regierung glaubte, Plakate seien für die Bildung der Nation nützlich, gab sie diese für alle nur erdenklichen Anlässe in Auftrag: für jede größere Ausstellung, jedes Festival und Konzert – und natürlich für Nationalfeiertage, Jahrestage und Jubiläen. Anders als im Westen, wo Grafiker einer glatten Waren- und Werbeästhetik unterworfen waren, durften sie sich in Polen frei entfalten. Sie konnten komplizierte Inhalte darstellen und **neuartige Bildsprachen entwickeln** – je origineller ihre Werke waren, desto mehr Applaus erhielten sie. Eine Anekdote bringt das Verhältnis von westlicher und östlicher Gebrauchsgrafik auf den Punkt. Als der Künstler *Szaybo* 1966 nach London emigrierte und wenig später ein wohlhabender Mann war, musste er sich von seinen polnischen Kollegen den Vorwurf anhören: „Du warst so talentiert, bist ausgereist – und was hast du davon? Du machst kommerziellen Mist, hier hättest du Kunst schaffen können!" Die nicht auswanderten, durften sich freuen: 1968 entstand im Reitstall des Warschauer Schlosses Wilanów das erste **Plakatmuseum** der Welt.

In der Zeit von Solidarność begann sich die **Bildsprache zu wandeln.** Die subtilen, kunstvollen Formen wurden durch leicht lesbare Bilder verdrängt: christliche Symbole, blutende Wunden, Handschellen und Ketten. Mit dem Übergang zum Kapitalismus 1990 büßte dann das Plakat vollends seine Massenwirkung ein. Heute regiert auf polnischen Straßen das Hätschelkind des freien Markts, das zumeist grell-bunte Werbeposter. Anspruchsvolle Gebrauchgrafik ist in die Galerien abgewandert, wo sie von Sammlern und Kunstkennern gekauft wird. Alle zwei Jahre (gerade Zahl!) sieht man sie auch auf den Ausstellungen der Plakat-Biennale.

Von Matejko zu Abakanowicz

König und Adel schielten stets in Richtung Westen, wenn es darum ging, sich mit Kunst zu umgeben. Die Deutschen brachten die Gotik ins Land, die Italiener die Renaissance und die Niederländer den Barock. Einheimische Künstler durften ihnen zuarbeiten und hatten keine Chance, eigene Schulen zu begründen. So spielte Polen nie die erste Geige in der europäischen Kunst, war bestenfalls ein gelehriger Schüler.

Das änderte sich, als der polnische Staat von der Bildfläche verschwand und sich der Künstler aufgerufen fühlte, **für das Vaterland aktiv** zu sein. *Jan Matejko* (1838–1893) hielt in seinen Riesengemälden die glorreichen Momente der nationalen Geschichte fest und stimulierte damit die Sehnsucht nach einem eigenen Staat. Künstlerisch ambitionierter war *Piotr Michałowski* (1800–1855), der mit seiner Malweise an *William Turner* erinnert. Die Schlacht von Racławice inspirierte *Wojciech Kossak* (1857–1942) zu einem gigantischen, 114 Meter langen Rundgemälde, das heute in Breslau zu sehen ist.

Junge Künstler des ausgehenden 19. Jahrhunderts haben den Missionseifer der Historienmaler in Frage gestellt. Sie rebellierten **gegen den traditionellen Kunstgeschmack** und die heroische Geste: Bloß nicht wieder Opferrolle und „Messias der Völker"! *Jacek Malczewski* (1854–1928), *Józef Mehoffer* (1868–1946) und *Stanisław Ignacy Witkiewicz* (1885–1939) waren radikal subjektiv und lösten sich vom Vorbild *Matejkos*. *Hans Magnus Enzensberger* war von ihnen beeindruckt: „Nächtliche Stadtbilder, ‚Nocturnes', verfließende Landschaften, koloristisch flimmernde Porträts – eine Kunst, von der ich nichts wusste ... Es mag ja sein, dass sie sich irgendwo ‚einordnen' lässt, zwischen Symbolismus, Jugendstil, Spätimpressionismus; aber in meinen Augen waren diese Bilder sehr selbstständig, sehr eigenartig."

Die **Künstler der Zwischenkriegszeit** gingen noch einen Schritt weiter: Den „Formisten" war jede Gegenständlichkeit suspekt, weshalb sie in ihren Bildern den Versuch unternahmen, reine Bewegung, Farbe und Form darzustellen. Begründer der „Konstruktivisten" war der in Moskau lebende Pole *Kasimir Malewitsch* (1878–1935): Er verband den Glauben an Fortschritt mit der Lust am Experiment. Vor allem in der Industriestadt Łódź wurden seine Ideen begeistert aufgegriffen. Die Gruppe „Revolutionäre Künstler" öffnete dort 1931 eine der weltweit ersten Avantgarde-Galerien.

Nach dem Zweiten Weltkrieg wurden die Weichen neu gestellt: In der Volksrepublik Polen trat an die Stelle des privaten Mäzenatentums die Förderung und Lenkung durch den Staat. **„Sozialistischer Realismus"** wurde verordnet, eine Illusionsästhetik mit „objektiver“ politischer Aussage. Doch ab 1955 regte sich **Widerstand gegen den verordneten Optimismus,** entsprach er doch in keiner Weise dem polnischen Lebensgefühl. Bald spannte sich ein abwechslungsreicher Bogen vom Surrealismus *Zdzisław Beksińskis* (geb. 1929) über satirische Kirchenkritik à la *Duda-Gracz* (geb. 1941) bis zu den düsteren Installationen von *Tadeusz Kantor* (1915–1990). Die Werke der Bildhauerin *Magdalena Abakanowicz* (geb. 1930) schienen einem Albtraum entsprungen: Aus harzgetränktem Leinen, aus Holz oder Stein formte sie lebensgroße, kopflose Figuren, die in Reih und Glied einem unbekannten Ziel entgegenschreiten.

„Europas jüngste Szene“

Die Turbulenzen der Vor- und Nachwendezeit sind verflogen, **neue Künstler** braucht das Land. Unter dem Titel „Europas jüngste Szene“ brachte das renommierte Magazin „art“ Polens Kunst aufs Cover. Zu sehen ist die Rückansicht eines vor einer Frau stehenden Mannes. Beide haben dunkle Haare und tragen weiße Kleidung. Während er still steht, ist sie dabei, die Träger ihres Oberteils abzustreifen – gleich wird sie nackt vor ihm stehen. Die Kargheit der Ausführung reizt die Fantasie des Betrachters: „Was wird passieren, wenn sie nackt ist?“ Das Bild stammt von *Marcin Maciejowski,* der mit sozialistischer Disziplinierung keine Erfahrung gemacht hat. Er und

034po Foto: kd

Andrzej Mleczko

Polens berühmtester Karikaturist (geb. 1949) lebt in Krakau. Mit gezückter Feder spießt er aktuelle Irrungen und Wirrungen auf, zeichnet zeitkritische Cartoons, die sich ohne viel Worte verstehen lassen. Seine Angriffe richten sich gegen alle, die satt, denkfaul und arrogant sind. Er karikiert verlogene Politiker und abgebrühte Bürokraten, geißelt soziale und ökonomische Missstände. Aber auch die „kleinen Leute" werden Opfer seiner Attacken: Gesund und munter spazieren sie durch seine Skizzen, präsentieren sich selbstzufrieden und prahlerisch. In tragikomischer Verzerrung entlarvt *Mleczko* ihre Gewissheit als Schein, ihr Glück als Beschränkung. Kleriker und Politiker hoffen auf eine Schaffenskrise des Künstlers, doch sie tritt nicht ein: Sein Oppositionsgeist wird auch jeden zukünftigen Systemwandel überleben.

033po Foto: am

seine in den 1970er Jahren geborenen Zeitgenossen **reiben sich an den Bildverboten der allmächtigen Kirche,** der von ihr diktierten Prüderie und der Aufforderung, übermäßigem Genuss zu entsagen.

Allerdings lässt sich in ihren Bildern eine „typisch polnische" Formensprache nicht erkennen, enger Kontakt zur Westkultur hat die Differenzen eingeebnet. Während sich ihre Bilder und Installationen in den westlichen Kunstmarkt bruchlos fügen, erregen sie in Polen immer noch Anstoß. „Nazis" hieß die Ausstellung von *Piotr Ukłański* in der Warschauer Zachęta-Galerie, auf der großformatige Fotos berühmter Schauspieler in Naziuniform zu sehen waren. *Daniel Olbrychski,* Polens populärster Darsteller, fühlte sich provoziert und schritt zur Tat. Mit langem Mantel trat er als der leibhaftige Rächer in Erscheinung, zerfetzte die Bilder vor laufender Kamera und stahl sein eigenes Porträt. Die in den Hauptnachrichten gesendete Bilderstürmerei kam bei Teilen des Publikums gut an: Endlich wieder einer, der „für Polen" zum Säbel griff! – Ein zweiter **Skandal** folgte ein paar Wochen später. *Anda Rottenburg,* die Leiterin von Zachęta, zeigte zum

Poetische Plakatkunst (Plakatgalerie Krakau)

100. Geburtstag der Galerie eine Skulptur von *Maurizio Castellan:* „Der Heilige Vater" alias *Johannes Paul II.* liegt von einem Meteoriten niedergestreckt am Boden. Wieder liefen Polens nationalkonservative Kreise Sturm. Es gehe nicht an, dass eine Jüdin mit polnischen Steuergeldern das Allerheiligste der Nation verunglimpfe. *Anda Rottenburg* musste ihren Posten aufgeben.

Radio Maryja, Fakt und Gazeta

Rundfunk

„Wenn mein Enkel kommt, läuft ‚RMF' mit Popmusik, aber sonst steht mein Radio immer auf 71,60." Mariola aus Krzeszowice, einem Dorf nahe Krakau, schaltet jeden Tag um 6 Uhr morgens „Radio Maryja" ein. Hymnische Gesänge, kraftvolle Gebete und Live-Übertragungen von Messen begleiten sie den lieben langen Tag. „Genau höre ich nur hin, wenn Leute anrufen", beteuert sie, „vor allem, wenn Frauen von ihrem Leben erzählen." Wenn sie am Ende des Monats ein paar Złoty übrig hat, überweist sie die „ihrem" Sender.

Dessen Sprecher sind allesamt Redemptoristen-Mönche und wissen, was den Frauen gefällt. Sie lassen sie reden, stellen kaum eine Frage und verabschieden eine jede mit dem Gruß: „Gehe hin, Tochter, Gott steh dir bei!"

Laut Umfrage der „Gazeta Wyborcza", Polens größter seriöser Tageszeitung, sind die meisten der **drei Millionen Hörer** über 50 Jahre alt und weiblichen Geschlechts, arbeiten in der Landwirtschaft oder in der Fabrik, viele haben ihre Arbeit verloren. Zwar glauben sie nicht, dass die Gottesmutter persönlich durch den Äther spricht, doch ist „Radio Maryja" für sie die einzig verlässliche Stimme, die im Kommerzdschungel Gehör verdient. Hier erfahren sie klipp und klar, was gut und schlecht, fromm und gotteslästerlich ist. Die Fäden im Sender knüpft *Tadeusz Rydżyk,* heute Pater, vor der Wende Kaplan eines Waisenhauses im bayrischen Oberstaufen.

Motto des Radiosenders ist: „Satan wird stärker!" Ganz oben auf der Liste der ausgeguckten Feinde steht die Europäische Union mit ihrer „Kultur des Todes". Sie erlaube den „Holocaust an Unschuldigen", indem sie den Mord hunderttausender Babys im Mutterleib legalisiere und sich stark mache für Euthanasie. Auch rechtfertige sie die Heirat von Homosexuellen, wodurch Gottes Auftrag („Gehet hin und mehret euch!") mit Füßen getreten werde. Nachdem sich der Papst für die EU stark machte, schlug auch Maryja versöhnlichere Töne an: „Die Union ist zwar kein Himmel",

035po Foto: sg

hieß es nun, „aber sie ist auch nicht gleich die Hölle. Eher erscheint sie als Fegefeuer."

„Radio Maryja" stützt sich auf **klar umrissene Feindbilder,** gibt sich antisemitisch und antideutsch. „Unsere jüdischen Brüder", heißt es, haben schon Christus ans Kreuz genagelt, wen sollte es da wundern, dass sie nun Polen wirtschaftlich ausbeuten wollten? Die Deutschen dagegen setzten alles daran, den Zweiten Weltkrieg nachträglich, mithilfe der EU zu gewinnen. Kaum besser kommen Weißrussen, Ukrainer und Roma davon: die seien keine „echten" Polen, sondern Überläufer, Konvertiten, durch Zufall ins Land Gespülte.

Fernsehen

Außer zwei öffentlichen Sendern gibt es eine **Flut privater Programme,** auf die kein Pole verzichten mag. Noch die kleinste Plattenbauwohnung, noch der entfernteste Bauernhof im „wilden Osten" hat seine eigene Satellitenschüssel. Auf die Abendnachrichten folgen wie bei uns Talkshows und Teleturniere, Soap Operas und Shows à la „Big Brother". Schwer zu ertragen sind die ausländischen Filme, denn sie werden weder im Original noch in synchronisierter Fassung ausgestrahlt. Der Text wird zwar übersetzt, doch alle Rollen, egal welchen Alters und welchen Geschlechts, werden von ein und derselben männlichen Stimme vorgetragen – Monotonie pur, zumindest als Ausländer schaltet man rasch ab!

Qualitätszeitung

Die **„Gazeta Wyborcza“,** ehemalige Wahlzeitung der Solidarność, erlebte binnen weniger Jahre einen traumhaften Aufstieg. Der Aktivist *Adam Michnik* gründete sie 1989 zusammen mit anderen Dissidenten als **Polens erste unabhängige Tageszeitung.** Er machte sie zur wichtigsten Tribüne der rechtsliberalen polnischen Öffentlichkeit, wobei sich diese Rolle sogar festigte, als *Lech Wałęsa* dem Blatt verbat, den rechtlich geschützten Schriftzug *Solidarność* im Titel zu tragen.

Der Erfolg der Zeitung bewies, dass hoher Anspruch und Verkäuflichkeit kein Widerspruch sein müssen. Es gab viele Polen, die gründlich recherchierte Informationen und Hintergrundanalysen honorierten, vor allem die **Behandlung heißer Eisen,** an die sich sonst niemand herantraute: polnischer Antisemitismus, Korruption der herrschenden Kaste, Diskriminierung der Frau und Vertreibung der Deutschen. Mit ihren täglich erscheinenden Regionalausgaben ging sie auch intensiv auf die lokalen Bedürfnisse ein. „Wir sind eine Mischung aus Bild-Zeitung und ZEIT“, so erklärte *Adam Michnik* das Erfolgsrezept. „Wir sind rücksichtslos und kapitalistisch.“ Gewerkschaftsgründungen waren in seinem Betrieb untersagt: „Gott sei gedankt! In unserer Firma ist eine solche Struktur absolut überflüssig. Unseren Mitarbeitern geht es gut – sie verdienen viel, arbeiten hart und haben das Gefühl, am Aufbau der polnischen Demokratie mitzuwirken.“

Einen **ersten Dämpfer** erlitt das Blatt im Jahr 2001. Als die Redaktion ihre Leser aufforderte, bei den anstehenden Parlamentswahlen die liberale *Unia Wolnści* zu wählen, war das Ergebnis niederschmetternd – die Partei kam nicht über die 5 %-Hürde.

Zwischen Fakt und Satire

Seit dem Eintritt in die EU hat sich die **Zeitungslandschaft** in Polen radikal verändert. Während die Amerikaner vor allem im Bereich der elektronischen Medien investieren, konzentrieren sich die Europäer auf die Printmedien. Binnen kürzester Zeit gelang es dem Axel Springer Verlag mit **„Fakt“,** einer polnischen Variante von „Bild“, nicht nur die liberale **„Gazeta Wyborcza“,** sondern auch das Boulevardblatt **„Super Express“** als führende Tageszeitung zu entthronen. Nun dürfen auch polnische Leser bei allem dabei sein, was die Welt vermeintlich bewegt. Sie dürfen sich an Skandalberichten über Prominente erfreuen, an Reportagen über Kinderschänder und anrüchigen Bettgeschichten – und dies zu einem Preis, der unter dem der Konkurrenz liegt.

Die konservative **„Rzeczpospolita“** („Republik“) gehört dem norwegischen Medienkonzern Orkla und berichtet vor allem über Wirtschaft und Recht. Die Nationalkatholiken sind durch drei große Zeitungen vertreten: Zum Medienimperium des „Radio-Paters“ *Rydżyk* gehört auch die Tageszeitung „Nasz Dziennik“; fundamentalistisch ist **„Nasz Dziennik“** („Unser Tagebuch“), erzkonservativ das Solidarność-Blatt **„Życie“** („Leben“). Gemäßigt christliche Positionen vertritt **„Tygodnik Powszechny“**, die „Allgemeine Wochenzeitung für Gesellschaft und Kultur“. Sie war das einzige regierungskritische Presseorgan, das 1945–1990 legal erscheinen durfte.

Ebenfalls im Axel Springer Verlag startete **„Newsweek Polska“**, eine Lizenzausgabe des US-Magazins, wobei aber nur zwölf Prozent der Themen von der amerikanischen Ausgabe kommen. „Newsweek Polska“, so Springer-Vorstand *Wiele*, „ist ein absolut eigenständiges polnisches Produkt mit polnischer Redaktion und Management und polnischen Inhalten.“ Im Verkauf liegt die „Newsweek Polska“ etwa gleichauf mit der traditionsreichen **„Polityka“** („Politik“). Seit auf einem Titel von **„Wprost“** („Direkt“) die Funktionärin *Erika Steinbach* in Nazi-Uniform vorgestellt wurde, ist dies das Feindblatt aller deutschen Vertriebenen. **„Nie“** („Nein“), ein satirisches Wochenblatt, lebt vom Widerspruch und attackiert alles, was den meisten Polen lieb und teuer ist: die Kirche, die satten Erben der Solidarność, die Liga der polnischen Familie und andere rechte Parteien. Chefredakteur und Verleger ist *Jerzy Urban*, der frühere kommunistische Regierungssprecher. Mit einer anfänglichen Auflage von 700.000 Exemplaren trug die Zeitung entscheidend bei zur Demontage von *Wałęsa* und anderen heiligen Ikonen.

Frau und Mode

Im Bereich „Frau und Familie“ haben der Springer-Verlag, Bauer und Gruner+Jahr die Regie übernommen. Traditionsreiche polnische Blätter spielen eine untergeordnete Rolle, viele konnten mit der **finanzstarken westlichen Konkurrenz** nicht mithalten und verschwanden sang- und klanglos vom Markt. Ihre Herausgeber zeigten sich verbittert, dass sich so viele Polinnen von primitiven Konsumblättern fesseln ließen. *Janusz Gajos*, ein bekannter polnischer Schauspieler, klagte über die „Flut farbiger Blätter übelster Provenienz“, die sich „wie Mutanten nach einer Nuklearkatastrophe“ vermehrten. Dabei enthüllt die Marktdemokratie doch nur, wonach viele Frauen sich sehnen: Bilder aus einer imaginierten Luxuswelt mit anspruchslosen Texten – ähnlich wie in Deutschland, aber vor polnischem Hintergrund; also nicht einfach Übernahme der Beiträge von westlichen Agenturen, sondern ihre Übersetzung in die spezifische Traumwelt der Polen.

038po Foto: sg

DIE POLEN UND DIE GROẞEN NATIONEN DIESER WELT

„Ex oriente lux, ex occidente luxus."
(Aus dem Osten das Licht, aus dem Westen der Luxus.)
(Stanisław Jerzy Lec)

Vorbild Amerika

„Was können Amerika und Polen für den Rest der Welt tun? Das ist die Hauptfrage, nicht, was die Welt für uns tun kann."
(*George W. Bush*, US-Präsident)

„America is beautiful": Der **Traum vom Land der unbegrenzten Möglichkeiten,** in dem es der Tellerwäscher zum Millionär bringt, fasziniert die Polen. Jenseits des Ozeans, glauben sie, hält man sich nicht lange mit bürokratischen Vorschriften auf. „Just do it", arbeite und streng dich an, dann wirst du belohnt. Um diesen Traum zu verwirklichen, stehen täglich Hunderte von Polen vor der US-Botschaft Schlange. Sie wollen ein Visum ergattern, um irgendwo zwischen Wellington und Newark das zu verwirk-

Junge Polen werben für den EU-Beitritt ihres Landes

Der große und der kleine Weltpolizist

„Wir haben den Krieg im Irak gewonnen. Entschuldigung, ich muss so lachen. Es gibt einen polnischen Schriftsteller. Jeden Morgen rennt er ins Bad, schaut nach, ob der Spiegel noch hängt, dann guckt er sich an, mit verpennten Augen und sagt: ‚Fuck, wir haben den Krieg gewonnen! Ich kann's nicht fassen!'" (*Stanisław Mucha,* Filmregisseur)

Die Westeuropäer, allen voran die Deutschen und Franzosen, staunten nicht schlecht, als sich ihre polnischen Freunde im Vorfeld des Irakkrieges eindeutig auf die Seite der Amerikaner schlugen. Ohne die EU zu konsultieren, unterzeichnete Polens Regierung eine Solidaritätsadresse an *George W. Bush,* in der es hieß, Europa sei im 20. Jahrhundert „dank des Mutes, der Großzügigkeit und der Weitsicht der Amerikaner zwei Mal von Tyrannei befreit" worden.

Die Regierung beließ es nicht bei Worten. Sie entsandte eine Spezialeinheit in den Irak und wurde von den USA prompt als Ordnungsmacht in einer der drei Militärzonen eingesetzt. Eine solche Auszeichnung schmeichelte den Polen oder wenigstens vielen von ihnen. Der große Bruder hatte Vertrauen zu ihnen und beschenkte sie mit einem Oberbefehl. In den Medien profilierte sich die politische Führung des Landes als „Siegermacht". Seid stolz, lautete die Botschaft, wir sind wieder wer, gehören zu den Großen der Welt. Unzerbrechlich ist unsere Freundschaft mit den USA – auch nach unserem Beitritt zur EU werden wir sie nicht aufs Spiel setzen.

Für Westeuropäer ist es schwer, diese Haltung zu verstehen. Offenbar hat Polen aufgrund seiner spezifischen historischen Erfahrungen andere Sicherheitsbedürfnisse als Deutsche und Franzosen und kommt zu abweichenden Einschätzungen der außenpolitischen Lage. Die Staaten des „alten" Europa haben Polen in den vergangenen Jahrhunderten wiederholt angegriffen oder es trotz bestehender Bündnisverpflichtungen nicht gegen Angriffe geschützt. Die USA dagegen haben ihm fast immer geholfen. „America is the best", belehrt uns der Mann von der Parkbank, dort sorge man sich noch um die Freiheit der Völker. Als wir ihn auf die Bilder ansprechen, auf denen amerikanische Soldaten irakische Gefangene foltern, antwortet er

lichen, was ihnen im eigenen Land verwehrt bleibt. Sie wollen in möglichst kurzer Zeit viel Geld verdienen, suchen einen Job für sechs Monate oder auch länger. Für die Familie wird sich's auszahlen, das Haus braucht ein neues Dach und auch ein neues Auto wäre nicht schlecht. Einige können sich vorstellen, für immer in den USA zu bleiben – wie jene neun Millionen Bürger polnischer Herkunft, die dort ihre zweite Heimat haben.

Die **engen Bande zwischen beiden Ländern** wurden Ende des 18. Jahrhunderts geknüpft, als sich viele Polen in die Neue Welt absetzten und im Unabhängigkeitskrieg an der Seite der Amerikaner kämpften. Einer von ihnen, *Tadeusz Kościuszko* (1746–1813), brachte es gar zum Adjutanten *George Washingtons* und wird in den USA als Nationalheld verehrt. Er hat die britische Kolonialmacht bei Saratoga besiegt und anschließend West Point befreit. Noch heute legen die Absolventen der dortigen Militärakademie vor seinem Denkmal ihr Offiziersgelöbnis ab.

läppisch: „Wo gehobelt wird, da fallen Späne." Und das Recht? „Das fesselt doch nur! Das ist das Gute an Amerika, da ist man flexibler mit solchen Dingen, da gibt es weniger Auflagen."

Es muss fairerweise angemerkt werden, dass sich die Mehrheit der polnischen Bevölkerung von Folter als Mittel der Wahrheitsfindung distanziert. Sie sagt ja zum Krieg gegen Tyrannen, bezweifelt aber, ob es an der Seite der USA wirklich nur um die Beseitigung von Diktatoren geht. Ex-Regierungssprecher *Jerzy Urban* bekam viel Zuspruch, als er in der von ihm herausgegebenen Wochenzeitung „Nie" schrieb, knallharte wirtschaftliche Interessen bestimmten den Krieg: „Unser Wirtschaftsminister sagte mit großer Ehrlichkeit, die Entsendung polnischer Truppen in den Irak werde unseren Firmen helfen, Kontrakte beim Wiederaufbau des Iraks zu erlangen. Nehmen wir uns an ihm ein Beispiel und sagen gleichfalls ehrlich: Den Wiederaufbau des Landes wird der Irak selbst bezahlen: durch die Übernahme der Kontrolle seiner Erdölquellen durch die USA. Daran Geld zu verdienen ist nichts anderes als Kumpanei beim Verteilen der Kriegsbeute. Und auch der eventuelle Nutzen, den Polen aus der Okkupation des Iraks zieht, wird derlei Beutecharakter haben." *Jerzy Urban* argumentiert ökonomisch, der Schriftsteller *Andrzej Stasiuk* sozialpsychologisch: „Nichts wirkt sich so positiv auf das Selbstwertgefühl aus wie ein anständiger Krieg und eine ordentliche Okkupation. Vor allem einige tausend Kilometer von zu Hause entfernt, vor allem an der Seite eines Größeren und Stärkeren."

Der wirtschaftliche Nutzen war, wie *Urban* vermutete, nur „eventuell". Bald fragten sich die Polen: Was bekommen wir eigentlich von Onkel Sam dafür, dass wir für ihn unsere Knochen hinhalten? Mit der Wirtschaft ging es seit der Irak-Intervention eher bergab als bergauf und nicht einmal das Benzin an der Tankstelle wurde billiger. Auch ärgerte es die Polen, dass die „Alteuropäer" ganz ohne Visum in die USA einreisen durften, nicht aber sie, die doch so treuen Verbündeten. Von ihnen wurden gar Fotos und Fingerabdrücke zu den Akten genommen – da musste doch die Frage erlaubt sein, ob es sich in Zukunft noch lohne, ein Hilfssheriff zu sein ...

Polen rühmen sich gern der von ihnen in der Ferne errungenen Triumphe. Mit unserer Unterstützung, sagen sie, haben die Vereinigten Staaten jene Freiheit errungen, die ihren späteren Aufstieg zur Weltmacht begründete. Führende polnische Publizisten haben diese Haltung mit der von Eltern verglichen, die darauf stolz sind, dass ihr Kind einen Traum verwirklichte, dessen Erfüllung ihnen versagt blieb. In diesem Vergleich setzt sich ein wirtschaftlich schwaches Land kühn in Beziehung zur Weltmacht Nr. 1; **Polen avanciert zum Ziehvater der USA.**

„Eigentlich haben wir es verdient, ganz vorne mitzuspielen", erklärt uns ein freundlicher älterer Herr im Łazienki-Park. „Hätte man uns nicht der Unabhängigkeit beraubt, wären wir jetzt vielleicht so weit wie die USA, eine reiche europäische Großmacht." Mit den Amerikanern, meint er, haben sich die Polen immer bestens verstanden. Und er erinnert an den

Präsidenten Wilson: Der habe sich von Paderewski beraten lassen und dann im Ersten Weltkrieg interveniert - darauf wurde Polen unabhängig und erhielt Zugang zum Meer.

Auch in der Folge konnten sich die Polen stets auf ihre **amerikanischen Freunde** verlassen. Sie halfen ihnen bei der Bewältigung der Kriegsfolgen und der Erweiterung des Staatsgebiets. Als Polen 1920 an der Ostfront in Not geriet, zögerte *Wilson* nicht lange und entsandte die so genannte Kościuszko-Einheit. Die gegen Russland geflogenen Einsätze der Piloten waren kriegsentscheidend. Später haben die Amerikaner - nach polnischer Lesart - *Hitler* besiegt und sich den Sowjets entgegengestellt, wo immer sie konnten: bei der Berlin-Blockade, im Korea-Krieg und bei der Kuba-Krise. „Radio Free Europe" wurde der Lieblingssender vieler Polen und strukturierte ihr Weltbild: „Nur der kann mein Freund sein, der Feind meines Feindes ist."

Die US-Demokratie war das Gegenbild zu der von den Russen verordneten Unfreiheit. Und selbst der von den Amerikanern gegen Vietnam geführte Krieg konnte so schlecht nicht sein, war es doch die eigene, mit den Russen liierte Regierung, die ihn anprangerte. „With God on our side" - von solchen Freunden, die Gott im Herzen tragen, während sie kämpfen, würde man auch gern befreit. Zwar war man nicht von allen Facetten des **„American way of life"** begeistert, schwärmte aber von Kaugummi und Rock 'n' Roll, Jeans und Coca-Cola.

Geliebte Franzosen?

„Wenn man ein Pole ist, dann glaubt man eben an Frankreich."
(General *de Gaulle*)

Woran denken Polen beim Wort „Frankreich"? Vielleicht an Savoir-vivre, Champagner und guten Käse? Weit gefehlt: Sie denken an den **Unterstützer im Kampf gegen die „drei schwarzen Geier",** Polens Besatzungsmächte im Zeitalter der Teilung. Polnische Legionen, erzählt man stolz, haben unter *Napoleons* Oberbefehl in ganz Europa „für die Freiheit" gekämpft. Zum Dank schuf dieser 1807 ein Großherzogtum Warschau und belebte damit bis 1813 die Hoffnung auf einen polnischen Staat. Dass der Korse sagte, die Polen sollten erst mal beweisen, ob sie es wert seien, eine Nation zu bilden, hört man nicht so gerne. Und dass er 30.000 Polen als Kanonenfutter verfeuerte, wird gleichfalls nicht an die große Glocke gehängt. Nein, da spricht man lieber von seiner tiefen Zuneigung zur Gräfin *Maria Walewska,* die er zu seiner Geliebten erkor und damit für alle Zeiten unterstrich, wie schön doch die polnischen Frauen sind ...

Nach dem misslungenen Aufstand von 1830 fanden Tausende **polnischer Emigranten in Paris** eine Heimat. Für mehrere Jahrzehnte genossen sie Meinungsfreiheit und machten die Stadt zum Zentrum ihrer Kultur. Als aber 1870 das von Deutschland besiegte Frankreich eine Allianz mit Russland schmiedete, passte ein Engagement für die „unterdrückten Polen" nicht mehr ins außenpolitische Konzept. Erst 1917–18 engagierte sich Frankreich ein weiteres Mal für Polens Eigenständigkeit - nicht weil es plötzlich seine Liebe zum einstigen Bündnispartner entdeckt hätte, sondern weil die Existenz eines souveränen Staates Vorteile für Frankreich versprach. Das unabhängige Polen sollte Bollwerk gegen Deutschland und das sowjetische Russland sein.

Mit dem neuen, von *Piłsudski* straff geführten Polen wurde Frankreich nie so recht warm: Die Linke attackierte den polnischen Antisemitismus und Antisowjetismus, die Rechte übernahm die von Nazideutschland ab 1938 gegen Polen gerichtete Agitation. Jedem Beobachter war klar: Würden die Deutschen das Land überfallen, wollte kein Franzose für Polen sterben.

In sozialistischer Zeit bestanden **auf kulturellem Gebiet enge Verbindungen** zwischen Polen und Frankreich. Schon 1963 gab es in Krakau ein Institut Français, Autoren wie *Sartre* und *Camus* wurden ins Polnische übersetzt. Viele polnische Intellektuelle lernten die französische Sprache und gingen nach Verhängung des Kriegsrechts 1981 nach Paris, in ihre „Kulturhauptstadt". Dort gab es ein dichtes Netz von Kontaktstellen, ein polnisches Wissenschaftszentrum, Bibliotheken und Buchläden. In Frankreich fühlte man sich nicht fremd, war kein verachteter „Polacke".

Um die Jahrtausendwende hat sich auf diplomatischer Ebene das **französisch-polnische Verhältnis abgekühlt.** Dabei hatte nach der Wende alles so gut begonnen. Als sich Frankreich mit Deutschland und Polen zum „Weimarer Dreieck" verabredete, war man in Warschau erleichtert: Wusste man denn, was das erstarkte Deutschland im Schilde führte? Mit französischer Hilfe hoffte man, die möglicherweise auf Vorherrschaft ausgerichteten Tendenzen deutscher Politik besser einzudämmen zu können. Aber schon nach wenigen Treffen waren die Polen desillusioniert, hatten sie doch das Gefühl, drittes Rad am Wagen zu sein. Eine politische Abstimmung der Positionen schien es nur zwischen Paris und Bonn zu geben, Warschau durfte Beifall klatschen.

Die **Europapolitik des französischen Premiers** stieß bei den Polen auf wachsenden Widerspruch. Man verdächtigte ihn, einem „Kerneuropa" den Vorzug gegenüber einer 25 Staaten umfassenden „Union" zu geben.

Der Politologe *Rafał Trzaskowski* mutmaßte, aus Pariser Sicht seien die osteuropäischen Eliten „Halbwilde, die mit einem Bein noch im alten System stehen und sich nicht von ihrer religiösen Bigotterie befreien können". Die Vertrauenskrise spitzte sich zu, als die polnische Regierung den Beziehungen zu den USA Priorität einräumte. War Polen in Europa das „trojanische Pferd der Amerikaner"? Ließ es sich von ihnen im Wirtschaftskampf gegen Europa instrumentalisieren?

Furcht vor den Russen

Zwei Polen stehen zusammen, ein Optimist und ein Pessimist. Der Optimist meint: „Irgendwann kommen die Russen und transportieren uns ab nach Sibirien." Der Pessimist erwidert: „Abtransport? Zu Fuß müssen wir gehen!"
(polnischer Witz)

Ruski sagen die Polen herablassend, wenn sie über Russen sprechen – die korrekte Bezeichnung *rosjane* hört man so gut wie nie. Das östliche Nachbarvolk gilt als faul, unorganisiert und korrupt, dort wird geklaut, was nicht niet- und nagelfest ist, am liebsten Autos. **Russenwitze** sind en vogue, Redensarten kreisen darum, dass „Iwan mit dem Hintern einreißt, was er mit den Händen aufgebaut hat". In der **Beliebtheitsskala** besetzen die „slawischen Brüder" einen der untersten Plätze, rangieren laut CBOS, dem polnischen „Allensbach", knapp vor den Ukrainern, Juden und Zigeunern. Aber gibt es von Iwan denn gar nichts Positives zu vermelden? Doch, sagt der arme Pole und zeigt auf die russischen Piroggen, die er in der „Milchbar" bestellt. Und auch der reiche Pole weiß eine Antwort: Krimsekt, Kaviar und Tatar – „Das", meint er, „hat er uns zugegebenermaßen voraus". Aber dann folgt sogleich die Litanei des ewig Gleichen: der böse Iwan, hat zwar einen *Gorbatschow* hervorgebracht, ist aber im Kern immer noch der Alte, bleibt gefährlich und möchte uns schlucken.

Die Furcht vor den Russen hat sich tief ins kollektive Bewusstsein der Polen gekerbt, tiefer noch als die Furcht vor den Deutschen. Die Polen und die Russen – eine Beziehungsgeschichte ohne Aussicht auf Versöhnung? Ein Ausflug in die Vergangenheit zeigt, dass die beiden Nationen zumindest in ihren **Anfängen einige Gemeinsamkeiten** hatten. Sie bilde-

„Schreckgespenst Kommunismus" (Karikatur von Andrzej Mleczko)

037po Foto: am

ten sich östlich des Karolingerreichs fast zeitgleich heraus: Die polnischen Piastenherzöge regierten ab dem späten 10. Jahrhundert im Raum Posen, Vertreter der altrussischen Rurikiden-Dynastie zwischen Kiew und Nowgorod. Die Piasten entschieden sich für das römische, die Rurikiden für das byzantinische Christentum. Und in beiden Fällen bestand die „Nation" aus nichts anderem als einer Gruppe fürstlicher Gefolgsleute. Das nationale Bewusstsein bildete sich erst ganz allmählich – in Abgrenzung zu den Nachbarn – durch die Bindung an die herrschende Dynastie und ihre jeweilige Religion heraus.

Das **altrussische Reich** erlebte eine Blüte, bevor es 1240 von den Mongolen zerschlagen und in deren riesigen, straff organisierten Staat integriert wurde. Dieser erstreckte sich von China bis zur heutigen Ukraine. Die Mongolen drangen über Krakau und Breslau auf polnisches Gebiet vor, doch konnten sie in der Schlacht bei Wahlstatt (Legnickie Pole) zurückgedrängt werden. Während sich Polen anschließend festigte und unter *König Kazimierz III.* (1333–1370) nach Osten expandierte, vermochten die Russen die Herrschaft der Mongolen erst 1480 zu brechen. Da erlebte Polen bereits sein **„Goldenes Zeitalter“**, war eine Großmacht, deren Herrschaft sich von der Ostsee bis auf ehemals altrussisches Territorium ausdehnte. Ihre militärische Expansion über Kiew bis zum Schwarzen Meer legte den Grundstein für dauerhafte Konflikte mit Russland im 17. und 18. Jahrhundert.

Die **erste Schlacht** konnte die polnische Krone noch für sich entscheiden. Sie gewann Livland, das Erbe des deutschen Ordensstaates im Baltikum und drängte die Truppen von Zar *Iwan IV.* zurück. Nach dessen Tod war die polnische Krone bemüht, einen ihr genehmen Kandidaten auf dem Zarenthron zu platzieren. Dieser Versuch allerdings scheiterte, worauf König *Zygmunt III.* 1609 mit seinem Expeditionskorps in Moskau einzog und den Kreml belagerte. Doch von einem katholischen Polen wollte sich der russische Adel nicht regieren lassen: Zwei Jahre verteidigte er sich gegen seine Besatzer, bis diese aufgaben.

In Polen ist diese Episode fast vergessen – sie passt nicht ins Bild des ewigen Opfers. In Russland dagegen hat der Krieg Spuren hinterlassen. Die erste russische Oper, *Michail Glinkas* „Ein Leben für den Zaren“, beschreibt den Kampf als nationale Bedrohung und brandmarkt die Grausamkeit der Angreifer. Als *Lech Wałesa* kurz nach seiner Wahl zum polnischen Präsidenten Moskau besuchte, wollte man ihn mit einer Darbietung dieser Oper im Bolschoi-Theater überraschen. Doch *Wałęsas* Beratern war rechtzeitig zu Ohren gekommen, was die russische Seite im Schilde führte – sie konnte den „geschichtlichen Nachhilfeunterricht“ in letzter Minute verhindern.

Der Niedergang Polens beschleunigte sich mit dem Krieg gegen die von Moskau unterstützten Kosaken (ab 1648), den Nordischen Kriegen gegen Schweden (1655–1660, 1700–1721) und den Auseinandersetzungen mit dem Osmanischen Reich. Im 18. Jahrhundert sicherten sich die **Russen maßgeblichen Einfluss auf die Entwicklung des Landes** und ließen – im Verein mit Preußen und Österreich – ausschließlich die Wahl solcher Könige zu, deren Politik ihren Sicherheitsinteressen entsprach. Als ein Monarch dann doch eigene Wege ging und Reformen zur Schwächung des Adels einleitete, führte dies zur offenen Intervention. Polen verschwand 1795 von der politischen Landkarte, über die Hälfte des Territoriums wurde von Russland annektiert, der Rest ging an Preußen und Österreich.

Gegen den russischen Zaren, der ab 1815 (Wiener Kongress) zugleich König von Polen war, erhoben sich die Polen in den Aufständen von

1830/31 und 1863. Das Besatzungsregime reagierte mit harten Strafmaßnahmen, viele zuvor eingeleitete Reformen wurden rückgängig gemacht. Sobald die Polen wieder über einen eigenen Staat (1918) verfügten, schlugen sie zurück: *Piłsudski,* ihr neuer starker Mann, lehnte die von den Alliierten festgelegte Ostgrenze ab und träumte davon, diese nach Osten zu verschieben, möglichst bis Smolensk und Kiew. In einer Blitzaktion ließ er 1920 seine Truppen weit auf russisches Territorium vordringen, dann aber drängten bolschewistische Einheiten die Polen bis Warschau zurück.

Dass es zu keinem neuen Besatzerregime kam, verdankte sich dem **„Wunder an der Weichsel":** *Piłsudski* blies mit Unterstützung der Franzosen und Amerikaner zur Attacke, zerschlug die sowjetische Streitmacht und trieb ihre versprengten Reste bis Minsk – 150.000 Mann wurden getötet bzw. gefangen genommen. Mit seinem Feldzug avancierte *Piłsudski* zum Helden der Nation: Er hatte die Russen besiegt und Polens Grenze 150 km nach Osten verschoben.

Groß war nun wieder das Land, doch stark war es nicht. Knapp 20 Jahre später kam es zur **„vierten Teilung".** Im Hitler-Stalin-Pakt vom 23. August 1939 wurde die Besetzung Polens durch deutsche und sowjetische Truppen beschlossen, wobei die Interessengrenze längs des Bugs verlief. Auf dem von der Roten Armee besetzten Gebiet wurden ca. 300.000 „Vertreter des Polentums" festgenommen und deportiert, vor allem Offiziere, Beamte, Polizisten, Gutsbesitzer und Fabrikanten. Nur ein knappes Drittel von ihnen hat die sowjetischen Lager überlebt (siehe Kap. „Katyń").

Doch die **Wut auf die Russen** hat noch weitere Wurzeln: Die Legende wird genährt, sie hätten beim Warschauer Aufstand 1944 tatenlos zugesehen, wie Tausende Widerstandskämpfer von den Deutschen niedergemetzelt wurden. Gefolgt sei der „Verrat von Jalta", der den Verlust der polnischen Ostgebiete und die Vertreibung der dort lebenden anderthalb Millionen Polen besiegelte. Und dann habe Polen 45 Jahre lang unter der Knute der Russen gestanden – mit obligatorischem Unterricht der verhassten Sprache, Mangelwirtschaft und stets lauerndem Knüppel.

1991 wurde der Warschauer Pakt, das östliche Militärbündnis, aufgelöst. Zwei Jahre später erfolgte der Abzug der letzten russischen Truppen aus Polen. Doch der **antirussische Komplex** sitzt tief, bis heute bleiben viele Polen gegenüber dem Nachbarn im Osten skeptisch. Man sieht eine unheilige Allianz von Politikern, Geheimdienst und Militär am Werk und glaubt, dass die „Realpolitiker" Westeuropas, die für einen Ausgleich mit Russland plädieren, den wahren Charakter dieses Staates verkennen. Auch *Putins* Russland, sagen sie, ist eine aggressive Supermacht. Eines Tages werde es zurückerobern wollen, was es im Zuge seiner Auflösung verlor. Effektiver Schutz gegen diese Gefahr sei nur von der NATO zu erwarten.

Zweifel an den Deutschen

„Gott wird es fügen, dass Polen wiederaufersteht - wenn wir all die Tyrannen überlebt haben werden, unsere hochherrschaftlichen Phantastereien und Unarten abgelegt haben werden, von den Deutschen die römischen und spartanischen Tugenden gelernt haben werden - wenn auch in Fetzen und Wunden, aber immerhin, im Verband der Vereinigten Staaten von Europa, als Slawisches Königreich, sic!"
(Nowaczyński)

Deutsche Ordnung und Disziplin

Polen fühlen sich den Deutschen fremd. Sie nennen ihre westlichen Nachbarn *niemcy,* die „Stummen", die der eigenen, sprich polnischen Sprache nicht mächtig sind. Und sie haben noch einen zweiten Namen für sie: *Szwaby* („Schwaben") - gleichfalls kein schmeichelhafter Begriff, legt er doch die Betonung auf „fleißig sein" und „Häusle bauen". In Polen belächelt man solche Menschen - unter einem glücklichen Leben stellt man sich anderes vor.

Viel haben sie gemein, doch noch mehr gibt es, das sie trennt - so ist das Verhältnis zwischen Polen und Deutschen zu umschreiben. Der Satiriker *Stanisław Jerzy Lec* erklärte, er würde in Deutschland nicht leben wollen: „Dort fällt mir nichts ein, dort lässt mich alles kalt." Während einer Fahrt mit *Karl Dedecius* über die deutsche Autobahn fragte er verwundert: „Was habt ihr aus der Natur gemacht? Alles ist Park. Kein Baum wächst einfach, wie er will." Ähnliche Kommentare hört man oft in Polen. Der Deutsche gilt als überdiszipliniert, alles werde bis ins Detail vorgeschrieben und geregelt. Ein solches Verhalten taugt nicht als Vorbild für die Organisation des individuellen Lebens.

Anders sieht es aus, wenn es um die Steuerung des Gesamtstaats geht. Dann entdeckt man an deutscher Planung Positives. „Ordentlich und seriös, man weiß, wen man vor sich hat" - das sagte man über Kanzler *Kohl,* übrigens nicht ganz so oft über seinen Nachfolger *Schröder.* Man **bewunderte den deutschen Nachbarn für seine wirtschaftlichen Erfolge,** entwarf Strategien zur Überwindung des polnischen Schlendrian.

Seit einiger Zeit klingen die Urteile allerdings weniger freundlich, das Bild der „Malocher ohne Seele" gewinnt wieder Oberhand. Man befürchtet, dass der „reiche" Nachbar kein faires, **gleichrangiges Verhältnis** in seinen Beziehungen zu Polen anstrebt. „Redet doch mal bitte mit uns und nicht immer für uns!" In diesem Hilfeschrei eines polnischen Abgeordneten drückt sich Typisches aus: Man wünscht sich eine Union gleichberechtigter Mitglieder, möchte nicht akzeptieren, dass einige Länder aufgrund ihres Wirtschaftspotenzials mehr zu sagen haben als andere. In einem Boot mit Deutschen sitzen und ihnen das Ruder überlassen zu müssen, weckt die Erinnerung an erlittene Knechtschaft. Da ist man schnell bei der Hand, alte Wunden aufzureißen und neue Forderungen nach „Genugtuung" und „Entschädigung" für das im Krieg erlittene Unrecht zu stellen.

Schelte und Kritik

Deutsche sind gut organisiert und leistungsfähig, aber nur selten freundlich. Diese Einschätzung hört man in Polen oft. Man beklagt ihre Verkniffenheit und Arroganz und rügt ihr oberlehrerhaftes Auftreten. „Warum kommen die Deutschen uns nicht besuchen, bevor sie Urteile fällen und alles Negative, was es gibt, auf uns projizieren?" fragt eine Lehrerin. Leider, meint sie, haben die Eltern ihrer Schüler nicht genug Geld, um eine Klassenfahrt nach Berlin oder Frankfurt zu unternehmen, aber warum fahren deutsche Schulklassen immer nur nach Rom oder London? Warum erforschen sie nicht das Europa der Zukunft?

Drang nach Osten

Bis heute nicht verstummt ist die These vom deutschen „Drang nach Osten". Er soll es gewesen sein, der im 12. und 13. Jahrhundert germanische Siedler nach Schlesien und Pommern trieb und die Ritter des Deutschen Ordens zur Unterwerfung der Pruzzen. Gleichfalls nachweisbar sei er in der aggressiven Ostpolitik Preußens und des Deutschen Reiches sowie in der Präsenz des deutschen Kapitals auf polnischem Boden heute.

Die These vom „Drang nach Osten" ist festes Element eines antideutschen Feindbilds. Angeblich handelt es sich bei ihm um einen dumpfen Trieb, der den germanischen Genen von Natur eingeschrieben sei. So unhaltbar der Begriff auch wissenschaftlich ist, so nützlich erweist er sich doch im politischen Kampf. Bei vielen Polen löst er reflexartig antideutsche Ressentiments aus – frei nach dem Motto: „Vom Mittelalter bis zur Gegenwart, immer müssen wir uns der Deutschen erwehren!" Kommen sie einzeln daher, schätzt man sie harmlos ein. Doch in geballter Masse hält man sie für gefährlich, besessen vom Willen zur Macht.

Dürfen Deutsche Opfer sein?

Die in Deutschland gepflegte **„Erinnerungskultur"** reaktivierte polnische Ängste: Im Laufe der Jahre hat sich die Diskussion in Deutschland mehr

039po Foto: sg

und mehr von den Opfern des Nationalsozialismus auf die deutschen Opfer des Krieges verlagert. Man erörterte die Bombardierung deutscher Städte durch die Alliierten, die Vergewaltigung deutscher Frauen nach Kriegsende und die Vertreibung deutscher Bürger aus den ehemaligen Ostgebieten. Das Vergangene, so der Tenor vieler deutscher Presseartikel, wurde bisher einseitig interpretiert, nun sei es an der Zeit, die alten Tabus und selbstauferlegten Denkverbote zu brechen.

Auch *Günter Grass* wollte bei dieser **Neuorientierung deutschen Geisteslebens** nicht fehlen. Anhand seiner Novelle „Im Krebsgang" wurde der

Untergang eines Flüchtlingsschiffs im russischen Feuer betrauert, ohne darüber zu sprechen, dass die SS zur gleichen Zeit und nur 100 Kilometer entfernt 5000 jüdische Häftlinge erschoss. Die polnischen Nachbarn lauschten und waren verstimmt. Nach ihrer Meinung zielten die neuen Thesen und Debatten darauf ab, die Verbrechen Deutschlands im Zweiten Weltkrieg zu relativieren und einen deutschen Opfermythos zu begründen.

Viele Polen hegen auch den Verdacht, einflussreiche Kräfte in Deutschland wollen mithilfe der EU **strittige Eigentumsfragen** im Sinne des „Heimatrechts der Vertriebenen" lösen. Die Preußische Treuhand verfolgt den Plan, „völkerrechtswidrig konfisziertes Eigentum" jenseits von Oder und Neiße auf juristischem Weg zurückzugewinnen. Sie beruft sich auf Bestimmungen der Europäischen Menschenrechtskonvention, wonach das Recht auf Eigentum uneingeschränkt geschützt ist. Was also geschieht, wenn der Kläger noch als Eigentümer im Grundbuch vermerkt ist, ihm aber die Nutzung verweigert wird? Oder wenn er enteignet wurde, ohne dass man ihn entschädigte? Haben deutsche Vertriebene das Recht, genauso behandelt zu werden wie jene Polen, die man aus den Gebieten der heutigen Ukraine vertrieb?

2004 hat die **deutsche Regierung** erstmals Position bezogen: „Wir Deutschen wissen sehr wohl, wer den Krieg angefangen hat, und wer seine ersten Opfer waren", sagte Kanzler *Schröder* während der Feierlichkeiten zum Gedenken an den Warschauer Aufstand. Seine Regierung will den Ansprüchen der Vertriebenen auf Rückgabe des verlorenen Eigentums entgegentreten und dies auch vor jedem internationalen Gericht unterstreichen. „Es darf", so der Kanzler, „keinen Raum mehr geben für Restitutionsansprüche aus Deutschland, die die Geschichte auf den Kopf stellen." Mit Verweis auf den Lastenausgleich der 1950er Jahre werden Zahlungen an deutsche Vertriebene kategorisch abgelehnt.

Was denken Deutsche über Polen?

Zwei Drittel der Deutschen war noch nie in Polen, aber die meisten haben doch eine sehr genaue Meinung von seinen Bewohnern. Unsere Nachbarn, heißt es, liegen gern auf der faulen Haut, sind religiös und rückständig, trinken viel Wodka und, na klar, sie sind korrupt und klauen. Eine deut-

Spuren der Geschichte in Danzig: Wilhelminische Zeit, Sozialismus und kapitalistische Gegenwart sche Tageszeitung verbreitete auf ihrer Titelseite die Schlagzeile „Heute gestohlen, morgen in Polen". Selbstverständlich macht es einen Unterschied, ob ein Italiener oder ein Pole das Auto klaut. Der Italiener, dieser tollkühne Hecht, der schlägt sich durchs Leben und versucht seinen Vorteil zu sichern. Autodiebstahl in Italien nähme keiner zum Anlass, vor Reisen zu unserem südlichen Nachbarn zu warnen. Ganz anders in Polen, da heißt es sofort: Reist nicht gen Osten, ihr könntet ausgeraubt werden! Und habt ihr noch die Bilder von den Polenmärkten vor Augen? Überall Schmutz und dunkle Geschäfte ... Bei solch verzerrter Optik überrascht es nicht, dass die polnischen Sympathiewerte in Deutschland fast auf „Russen-Niveau" gefallen sind.

Nationalstolz

Stefan Chwin zitiert eine 30-jährige Deutsche, die ihn in Danzig besuchte:

„Viele Jahre konnte ich nicht einfach sagen: ‚Ich bin Deutsche'. Ich habe mich geschämt. Aber die Polen, die ich traf, sagten mit Stolz: ‚Ich bin Pole'. Das konnte ich nicht verstehen. Worauf soll man da stolz sein? Die Polen waren doch immer die Verlierer!"

Polnische Wirtschaft

„Polnische Wirtschaft" steht in den Augen der meisten Deutschen für Mangel an Effizienz, Schlamperei und Schlendrian. Aufgrund ihres anarchischen Charakters seien die Polen unfähig, ihre Wirtschaft rational zu organisieren. Um so erstaunlicher wirken die neuesten, aus dem Osten zu uns dringenden Nachrichten. Die Deutsche Bank lobt Polen als „Musterland erfolgreicher Transformation", Fachleute aus allen Branchen rühmen die Mobilität polnischer Unternehmen.

Was ist dran am **Stereotyp** von der „polnischen Wirtschaft", wo rührt es her? Sein Ursprung geht aufs 18. Jahrhundert zurück, als sich spöttische Beschreibungen über die im Lande herrschenden Zustände häuften. Für das **Chaos in Polen** machte man den in „unbeschränkter Anarchie" lebenden Adel verantwortlich, der sich der Aufklärung entgegenstellte und sich allen Demokratisierungstendenzen verschloss. Selbst liberale deutsche Intellektuelle waren nicht abgeneigt, ihm die Schuld an der fortschreitenden Teilung des Landes zuzusprechen: „Das unglückselige Reich", schrieb *Joseph von Eichendorff,* hat er „zerfleischt", die Zeichen der Zeit nicht erkannt. Der Philosoph *Georg Friedrich Wilhelm Hegel* unterstrich im Rückblick diese Einschätzung: „Die polnische Freiheit", notierte er 1822, „war nichts anderes als die Freiheit der Barone gegen den Monarchen, wobei die Nation zur absoluten Knechtschaft erniedrigt war.

Man muss, wenn von Freiheit gesprochen wird, immer wohl Acht geben, ob es nicht eigentlich Privatinteressen sind, von denen gesprochen wird."

Zwar haben unter dem Eindruck des Aufstandes von 1830/31 deutsche Autoren wie *Platen, Uhland* und *Herwegh* begeisterte Lieder über den „edlen Polen" geschrieben, doch ihr Engagement war nicht frei von Eigeninteresse. Man war an einer gemeinsamen antizaristischen Front interessiert und glaubte, ein freies Polen würde die Aussichten auf ein geeintes Deutschland verbessern. Bis zum Vormärz hielt die Liebe zum Nachbarn an, dann schrumpfte das Lager der Polenfreunde dank eines im Frankfurter Parlament diagnostizierten **„gesunden Volksegoismus".** Warum eigentlich, fragte der Abgeordnete *Wilhelm Jordan,* sollte man polnische Landesteile wieder herausgeben? „Soll der Bürgerstand wieder untergehen, der nur dem deutschen Gewerbefleiße seinen Ursprung verdankt, um das Mark des Landes noch einmal vergeuden zu lassen von etwelchen in höfischem Glanze schwelgenden Familien und liebenswürdigen Mazurkatänzern?"

Nun war es wieder in aller Munde: das Stereotyp der „polnischen Wirtschaft". *Ernst Moritz Arndt* sah 1848 in der „Unordnung" die „polnische Ursünde" und drei Jahre später war es *Friedrich Engels,* der lästerte: „Die Polen haben nie etwas anderes in der Geschichte getan, als tapfere krakeelsüchtige Dummheit gespielt. Auch nicht ein einziger Moment ist anzugeben, wo Polen, selbst nur gegen Russland, den Fortschritt mit Erfolg repräsentiert oder irgendetwas von historischer Bedeutung tat."

1855, weitere vier Jahre darauf, veröffentlichte *Gustav Freytag* seinen Roman „Soll und Haben", die Bibel des deutschen Leistungsbürgers. Anton Wohlfarth, der literarische Held, sprach aus, wem die Führung in der Weltgeschichte gebührt: „Wir und die Slawen, es ist ein alter Kampf. Und mit Stolz empfinden wir: auf unserer Seite ist die Bildung, die Arbeitslust, der Credit." Deutsche „Vernunft" erhob sich über slawischen „Instinkt", die aufgeklärte, fortschrittsgläubige Welt schloss den leichtsinnigen Nichtsnutz aus. „Es ist ebenso wahr wie es schön ist. Die Polenwirtschaft ist durch sich selbst dem Untergang geweiht. Preußen ist der Staat der Zukunft" *(Theodor Fontane).* Eisern und barbarisch waren die Worte von *Bismarck:* „Haut doch die Polen, dass sie am Leben verzagen ... Wir können, wenn wir bestehen wollen, nichts anderes tun als sie auszurotten; der Wolf kann auch nicht dafür, dass er von Gott geschaffen ist wie er ist" (1861).

In den **Lexika** tauchten nun für Polen immer häufiger Einschätzungen wie „ruhmbegierig", „zügellos" und „jähzornig" auf. Im Staats- und Gesellschafts-Lexikon von 1864 hieß es, der Pole sei „entzündbar für alles Schöne, Große, Erhabene: Ehre, Ruhm, vor allem sein Vaterland liebt er mit Hingebung und Leidenschaft, und er ist opferfreudig." Das klang neutral, doch schon mit dem nächsten Satz wurde der Weg zum Konstrukt eines Feindbilds eröffnet: „Jene Rührigkeit, Reizbarkeit und Entzündlichkeit seiner Natur birgt aber zugleich die Nachtseiten des Polen in sich: seine Gefühle verflackern so leicht, wie sie entflammt wurden, die Eindrücke sind einem jähen, fast unheimlichen Wechsel unterworfen ... So scheut sein Patriotismus die Arbeit und Anstrengung, seinem romantischen Sinne fehlt jede praktische Betätigung, sein Vaterlandsgefühl entbehrt der rechten Basis, der Liebe zum Gesetz, zum Recht, zur Gerechtigkeit und zum staatlichen Oberhaupt und den Behörden des Staates."

Auf den Polen ist kein Verlass; er ist nicht nur arbeitsscheu, sondern auch maß- und zügellos, neigt zu Aufruhr und Rebellion. In abgewandelter Form finden sich Stereotypen dieser Art in vielen **Hetzartikeln** jener Zeit. Die Weimarer Republik setzte die Attacken gegen den „Saisonstaat" und seine „polnische Wirtschaft" in aller Schärfe fort, sichtbar z. B. in den Karikaturen des „Kladderadatsch".

Dann aber folgte eine überraschende Wendung. Nach dem deutsch-polnischen Nichtangriffspakt von 1934 bemühte sich die nationalsozialistische Führung um ein **positives Polenbild.** *Hitler* bewunderte Marschall *Piłsudski* und teilte mit ihm einen militanten Antikommunismus, wollte mit ihm gemeinsame Sache machen. In mehreren Filmen wurde die deutsch-polnische Freundschaft beschworen, im „Ritt in die Freiheit" (1937) durfte sogar polnische Vaterlandsliebe der Nazi-Propaganda als Vorbild dienen. Doch als Polen im Frühjahr 1939 nicht bereit war, eine Vasallenrolle zu übernehmen, war es mit dem Flirt vorbei und eine gewaltige **Hetzkampagne** setzte ein. Nun durfte die deutsche Bevölkerung wieder so über die Polen reden, wie ihr der Schnabel gewachsen war – die Polen wurden zu „Untermenschen" degradiert. Im September 1939, nach dem militärischen Einfall in Polen, schrieb der später gefeierte Widerstandskämpfer, Rittmeister *Claus Schenk Graf von Stauffenberg* an seine Frau Nina: „Die polnische Bevölkerung ist ein unglaublicher Pöbel. Sehr viel Juden und sehr viel Mischvolk. Ein Volk, welches sich sicher nur unter der Knute wohlfühlt."

Wie nach dem Ersten musste Deutschland auch nach dem Zweiten Weltkrieg starke Gebietsverluste hinnehmen: Schlesier, Pommern und Ostpreußen wurden aus den deutschen Ostgebieten vertrieben und pflegten in Westdeutschland ihr überkommenes Polenbild. In der DDR war man um **„Völkerverständigung"** mit dem Nachbarn bemüht, was sich auch in vielen Romanen und Dramen dokumentiert. In der Bundesrepublik plädierten die Kirchen ab Mitte der 1960er Jahre für ein Umdenken, bald darauf leitete die sozialdemokratische Regierung eine offenere Ostpolitik ein und verstärkte die Kulturkontakte.

Positive Zuschreibungen?

Wenn die geschichtlichen Zeitläufe es verlangen, darf man das, was an den Polen normalerweise kritisiert wird, ins Positive wenden. Das war nach 1830 so und war auch 1980 nicht anders. Um den Kommunismus zu stürzen, durften Polen als rauschende Freiheitskämpfer gezeichnet werden, stürmisch und idealistisch, leidend aber unbeugsam. Deutsche Liberale waren verzückt und feierten das 150-jährige Jubiläum ihrer ersten Polenliebe gleich mit. Doch ließ die **Begeisterung für den Nachbarn** schnell nach, für die Einigung Deutschlands brauchte man *Michail Gorbatschow,* nicht *Lech Wałęsa*.

Im Alternativmilieu der deutschen Hauptstadt schätzt man die Polen als „Glücksritter der neuen Zeit", Überlebenskünstler und Improvisateure. Mit wohlwollender Anerkennung blickt man auf den vor Ort ansässigen „Club der polnischen Versager", der bis in die Talkshows deutscher Fernsehsender vorgestoßen ist.

Man ist in Deutschland flexibel geworden und weiß, wie man die **Freizügigkeit der Polen innerhalb der EU beschneiden** kann, ohne eine Kritik zu formulieren. Dann heißt es etwa: „Die Polen legen sich hart ins Zeug, sind nicht verwöhnt und finden sich mit bescheidenen Löhnen ab, kurzum: Sie sind eine Bedrohung für unsere Arbeitsplätze." Ach, möchte man da sagen, wären sie doch faul, dann brauchten wir ihre Konkurrenz nicht zu fürchten. Was die Polen auch tun – es ist für uns schädlich.

Und was denkt die breite Öffentlichkeit heute? Glaubt man den regelmäßig durchgeführten Umfragen, so hat die Mehrheit der Deutschen Furcht vor einer „Invasion der Habenichtse" und will ihr negatives Polen-Bild nicht revidieren – zu tief scheint das Bild der „polnischen Wirtschaft" in ihrem Denken verankert. Und wer nicht gut wirtschaftet, der klaut. Trotzdem stellt man diebeslustige Polen gern als Handwerker an und Polinnen dürfen gegen geringes Entgelt Heim und Herd säubern.

Studentin Mirka kam zu einem Stipendienaufenthalt nach Leipzig und berichtet in der Zeitschrift „Dialog" über ihre Erfahrungen. Stets, so klagt sie, habe sie sich „in dem Klischee der Polen gefangen gefühlt, die nichts anderes tun als zu klauen". Von ihren Vermietern sei sie stets genau beobachtet worden, worauf sie ihr Zimmer extra nicht abgeschlossen und Geld offen liegengelassen habe, um ihnen zu verstehen zu geben: Da sie ihnen vertraue, können sie auch ihr vertrauen. Und wie hat alles geendet? In der Universität wurde Mirka die Baskenmütze gestohlen ...

036po Foto: sg

DIE POLEN
UND IHRE MINDERHEITEN

Relikte multinationaler Kultur

Der nach dem Zweiten Weltkrieg um 150 Kilometer nach Westen versetzte polnische Staat wurde sozialistisch und war ethnisch und religiös nahezu homogen. Erstmals in der Geschichte fand die Formel „Pole = Katholik" eine Entsprechung in der Realität. Dem neuen Regime lag viel an der **Schaffung eines monolithischen Nationalstaats,** Sonderidentitäten waren ihm suspekt. Gab es noch irgendwelche Minderheiten, so wurden sie aus Statistiken herausgesäubert, gefordert war die **bedingungslose Assimilation ans Polnische.**

Die deutsche Minderheit in Polen organisiert sich in Vereinen

Euro-Regionen

Viele Polen sind beunruhigt. Die Politik der Euroregionen schwächt den Zentralstaat und untergräbt nationale Souveränität. Zur Zeit gibt es in Polen 13 Euroregionen, davon vier mit deutscher Beteiligung, eingeleitet im Vertrag vom 17. Juni 1991, in dem die Förderung der regionalen, grenznahen und städtepartnerschaftlichen Zusammenarbeit zwischen Deutschland und Polen festgeschrieben worden war. Die vier Regionen an der Westgrenze bekommen mehr finanzielle Mittel aus Brüssel und Berlin als alle anderen Euroregionen zusammengenommen.

Den ethnischen Minderheiten, heißt es, soll im künftigen Europa zu ihrem Recht verholfen werden. Was aber heißt das konkret? Sollen sie ermuntert werden, sich selbst zu verwalten? Soll ihre politische und territoriale Autonomie auf die EU-Tagesordnung gesetzt werden? Wo ist die Trennungslinie zwischen „Recht auf Differenz" und „völkischem Nationalismus"? Geht es der nationalstaatlich verfassten Demokratie demnächst an den Kragen? Soll sie durch ein föderatives System von Regionen ersetzt werden?

Erst seit der Wende spricht man wieder offen von **ethnischen und religiösen Minderheiten,** ihr Anteil wird auf 3–5 % der Gesamtbevölkerung geschätzt. Zu den Minderheiten, die in kompakten Siedlungsgebieten leben, gehören die Deutschen im Oppelner Land, die Oberschlesier im Raum Kattowitz, aber auch die Weißrussen, Litauer und Slowaken. Andere sind über das ganze Land verstreut, so die Ukrainer, die vor allem in jenen Gebieten angesiedelt wurden, aus denen man zuvor die Deutschen vertrieben hatte. Die wenigen noch verbliebenen polnischen Juden leben in den großen Städten; die meisten von ihnen sind assimiliert, bestenfalls an ihrem andersklingenden Nachnamen von katholischen Polen zu unterscheiden.

Spuren der alten multinationalen Kultur findet man außer in Schlesien am deutlichsten im Nordosten und Südosten des Landes. Dort haben sich Vereine gebildet, die bemüht sind, das lang verschüttete, reiche kulturelle Erbe aus der Versenkung hervorzuholen. Sie befassen sich mit der Geschichte einzelner Regionen und ihrer Bewohner und erinnern daran, dass es Kulturen mit unterschiedlichen Sprachen, Traditionen und Glaubensrichtungen gab, die einander befruchteten und das Anderssein im Gegenüber akzeptierten. Die Vereine werden von der EU, teilweise auch von nationalen Kulturstiftungen unterstützt.

Łódź – die nachgestaltete Fassade ruft deutsche, russische und jüdische Reminiszenzen wach

Juden

„Und der arme Hitler dachte, der Antisemitismus sei allein Sache des Nationalsozialismus."
(Stanisław Jerzy Lec)

Nicht erst seit den Enthüllungen über die Ereignisse von „Jedwabne" spricht man über die Haltung der christlichen Polen zu den Juden. Schon vor der Wende hatte es erregte Debatten gegeben, damals im Anschluss an einen Zeitungsartikel *Jan Błońskis*. Der Literaturprofessor rief seinen Landsleuten ein Gedicht des Nobelpreisträgers *Czesław Miłosz* in Erinnerung, worin der Autor, stellvertretend für alle Polen, von einem jüdischen Wächter am Eingang zur Hölle als „Todesgehilfe" identifiziert wird:

> *„Mein zerschlagener Körper liefert mich*
> *seinem Blick aus,*
> *Und er wird mich*
> *zu den Gehilfen des Todes zählen;*
> *Den Unbeschnittenen."*

Viele Polen waren empört. So wollten sie sich nicht dargestellt sehen. War ihr Land nicht immer ein Paradies für Juden gewesen? Hatten diese nicht

040po Foto: gs

Schutz bei ihnen gefunden, als sie in Westeuropa verfolgt wurden? Wo sonst war man toleranter? Hatte ihr König den Juden nicht Privilegien gewährt und ihnen erlaubt, ihre Religion frei auszuüben, Gotteshäuser und Friedhöfe zu unterhalten?

Und nun kam ein Literaturprofessor und machte ihnen Vorhaltungen, sagte, dass dies alles nur ein Teil der Wahrheit sei, ja, er verstieg sich gar zur Behauptung, dass den Polen eine gewisse **Mitschuld an der Vernichtung der Juden** nicht abzusprechen sei. „Wir nahmen die Juden bei uns auf, aber wir ließen sie im Keller wohnen. Als sie in unseren Salon kommen wollten, antworteten wir ja, aber erst wenn ihr aufhört Juden zu sein, wenn ihr zivilisiert werdet."

Błoński erinnerte sie an die Zeit nach 1918, als der **Antisemitismus** in Polen bedenkliche Züge annahm. Vor allem Beamte, Lehrer, Geistliche und Offiziere, also das, was man die „Stützen der Gesellschaft" nannte, machten Front gegen die Juden – diese waren für sie „unsichere Kantonisten", man verdächtigte sie der Sympathien für den Kommunismus und warf ihnen vor, sich mit dem hart erkämpften Vaterland nur ungenügend zu solidarisieren. Auch störte es sie, dass die Juden weniger als ein Drittel der Bevölkerung ausmachten, aber fast 70 % aller freiberuflichen Stellen besetzten. Besonders hoch war die Zahl jüdischer Ärzte, Anwälte und Kaufleute. All diese wohldotierten Berufe gehörten nach verbreiteter Meinung in die Hand der „eigenen" Leute – und die waren bekanntlich katholisch. Mit antisemitischen Parolen gingen die bürgerlichen und nationalistischen Parteien auf Stimmenfang, *Dmowskis* Nationalpartei ebenso wie das Lager der Nationalen Einigung und die bäuerliche Volkspartei.

Nach *Hitlers* Machtantritt in Deutschland fühlten sich die Antisemiten ermutigt, auch in Polen stärker aufzutrumpfen. Es gab Aufrufe zum Boykott jüdischer Geschäfte, Pogrome auf dem Land und brennende Synagogen. 1936 wurden die Juden **zu Bürgern zweiter Klasse** abgestuft. Der Zutritt zu bestimmten Berufsverbänden, z. B. dem des Anwalts, wurde ihnen verwehrt. Für jüdische Studenten führte man einen Numerus Clausus ein und ließ sie im Hörsaal auf „Getto-Bänken" Platz nehmen. Kein geringerer als Kardinal *Hłond,* der Primas von Polen, ließ in Hirtenbriefen verbreiten, die Juden seien „die Vorhut der Gottlosigkeit, des Bolschewismus und der Subversion". Noch im gleichen Jahr pilgerten 20.000 Studenten nach Częstochowa (Tschenstochau) und gelobten vor der Schwarzen Madonna, Polen von den Juden befreien zu wollen.

Andere haben diese Arbeit für sie übernommen. 3,3 Millionen Juden lebten in Polen, als die Deutschen 1939 einmarschierten. Galten die Polen den Deutschen als „minderwertige Rasse", so die Juden als „Abschaum der Menschheit". Schrittweise machten sie sich an ihre **Entrechtung.** Erst wurden sie durch Tragen des Judensterns stigmatisiert, dann in Gettos separiert, die sie unter Androhung der Todesstrafe nicht verlassen durften. 1941 begann man mit der **Deportation** der Juden in die Konzentrationslager: Kinder und Alte wurden sogleich, Arbeitsfähige nach Ausbeutung ihrer Arbeitskraft ermordet. Generalgouverneur *Frank:* „Ich will von den Juden nichts, außer dass sie verschwinden ... Wir müssen die Juden vernichten, wo wir sie treffen und wann immer sich Gelegenheit ergibt, sodass wir hier die gesamte Struktur des Reiches aufrechterhalten können."

Der Mord an den Juden vollzog sich vor den Augen der Polen. Es gab nicht wenige, die Juden Unterschlupf gewährten und so vor dem sicheren Tod bewahrten, doch daneben gab es **Mitläufertum und Verrat.** Im Film „Shoah" von *Claude Lanzmann* wird ein polnischer Bauer gezeigt, dessen Felder neben einem Konzentrationslager lagen. Auf die Frage, ob er Mitleid mit den deportierten Juden empfunden habe, antwortete er, es tue ihm nicht weh, wenn sich ein anderer in den Finger schneide. Andere Polen sind ein Stück offener und gestehen, sie seien „im Geheimen froh", dass *Hitler* „das jüdische Problem" für sie löste.

In einigen Orten durften sie mitmischen. Dies weiß man spätestens seit der Veröffentlichung des Buchs „Nachbarn" von *Jan Tomasz Gross.* Besonders heftig wurde das Beispiel **Jedwabne** diskutiert. Am 10. Juli 1941, drei Wochen nach dem Einmarsch der Deutschen im sowjetisch besetzten Teil Polens, ließen sich die polnischen Bewohner von den Deutschen anstacheln, sich ihrer jüdischen Mitbewohner zu entledigen. Sie ließen sich nicht zweimal bitten - 1600 Juden wurden misshandelt und bei lebendigem Leib verbrannt. Auch die Reputation der im Untergrund operierenden Armija Krajowa geriet in Mitleidenschaft. Es wurden Fälle bekannt, wonach Mitglieder der Heimatarmee Juden töteten, denen sie unterstellten, qua Abstammung Ketzer und Kommunisten, also Antipolen zu sein.

Den Krieg haben nur etwa 250.000 Juden überlebt. Die meisten von ihnen wurden nach 1945 aus der Sowjetunion, wohin sie geflüchtet waren, repatriiert. Als sie in ihre alten Wohnungen zurückwollten, waren diese häufig von Polen bewohnt, die ihre Bleibe mit aller Macht verteidigten und vor Gewalt nicht zurückschreckten. Bei **Pogromen** in Kielce und anderen Städten starben mehr als 1500 Juden, über 170.000 Juden verließen darauf ihre polnische Heimat.

In Teilen der polnischen Öffentlichkeit vermengte sich Antisemitismus mit Antikommunismus zu einem **reaktionären Weltbild,** das sich über die Solidarność bis heute erhielt. Die Kommunistische Partei verurteilte die antijüdischen Pogrome und stellte die Schuldigen vor Gericht, doch war auch ihre Weste nicht rein. Sie spendete den Juden Lob, wenn diese für die Befreiung durch die Sowjetarmee dankbar waren und sich im Rahmen der Partei als treue Genossen engagierten. Doch sobald sie innermarxistische Kritik formulierten, verdächtigte man sie des „Kosmopolitismus" und wollten sie Glaubensfragen und religiöse Praktiken zum Thema machen, bezichtigte man sie der **„zionistischen" Abweichung.** Die Angriffe verstärkten sich nach dem israelischen Sechstagekrieg von 1967 und selbst für die Studentenproteste jener Zeit wurden „Zionisten" als Drahtzieher ausgemacht. Viele Juden verloren in dieser Zeit ihre Stellung, 10.000–20.000 emigrierten nach Israel und in die USA.

Heute gibt es in Polen **kaum noch Juden,** doch der Antisemitismus lebt fort. Alle Jahre wieder belegen Umfragen, wie unbeliebt die Juden in Polen sind. Über 20 % aller Polen glauben, die Juden hätten zu großen Einfluss auf Wirtschaft, Politik und Kultur ihres Landes. Ihre Zahl wird auf 500.000 bis 3 Mio. geschätzt. Tatsächlich gibt es nur 5000–10.000 polnische Juden, die jiddisch oder hebräisch sprechen, die Thora studieren und die traditionellen Riten befolgen. Ein bisschen höher könnte die Zahl gleichwohl liegen – Angst lässt viele Juden bis heute ihre wahre Identität verbergen.

Kaschuben

Der **berühmteste Kaschube** ist **Günter Grass.** In seinem Roman „Die Blechtrommel" lässt er die Großmutter sagen: „So isses nu mal mit de Kaschuben ... Die missen immer dablaiben und Koppchen hinhalten, damit de anderen drauftäppern können, weil unserains nich richtich polnisch is und nich richtich deitsch jenug, und wenn man Kaschub is, das raicht weder de Deitschen noch de Polacken. De wollen es immer genau haben!"

„Kaschëbë" nennen sie ihre Region, die zwischen der Ostsee und der Tucheler Heide liegt und die Halbinsel Hel einschließt. Sie ist reich an Moränenhügeln und kleinen Seen, arm an Rohstoffen und guten Böden. Fischerei und Kartoffelanbau sind die traditionellen Erwerbszweige der heute etwa 200.000 Bewohner. Sie benutzen eine **westslawische Sprache,** die in Wortschatz und Grammatik stark von der polnischen abweicht. Aufgrund der langen deutschen Herrschaft – erst der Ordensritter, dann der Preußen – ist sie mit vielen deutschen Worten durchsetzt. Die Kaschuben haben eine **eigene Literatur** hervorgebracht, fürs Musizieren erfanden sie originelle Instrumente wie den „Burczybas", ein Fass, durch das Pferdehaare gezogen werden und eine „Teufelsgeige", die man wie eine Trommel traktiert. Ihre Keramik mit dem charakteristischen kornblumenblauen Muster ist in ganz Polen begehrt, gleiches gilt für die naive Schnitzkunst. In Wdydze, dem kaschubischen Disneyland, kann man ihre Holzarchitektur bewundern. Freilich haben die Zeitgenossen ihre alten Katen längst umgerüstet: Statt leicht brennbarem Reetdach bevorzugen sie robuste Dachpfannen, statt Ziehbrunnen moderne Wasserleitungen.

Die Kaschuben sind zufrieden, dass **ihre Sprache nun wieder Schulfach** und in der Kirche zu hören ist. Ja, erzählt man uns stolz, es werden sogar kaschubische Bücher gedruckt. Und aus denen könne man viel lernen, besonders wenn man Sinn für Humor habe. „Lasst uns den Mond im Brunnen jagen", lesen wir in einem kaschubischen Hausbuch. Und ebenso schön: „Ziehen wir los, den Aal zu ertränken." Ja, ihr Humor sei etwas pervers, heißt es, aber das sei doch kein Wunder bei der Geschichte, die sie hinter sich hätten: germanisiert im 19. Jahrhundert, ab 1918 „Staatsverräter" unter polnischer Herrschaft und ab 1939 den Deutschen ausgesetzt: Gleich nach Kriegsbeginn wurden 12.000 Lehrer, Pfarrer und Freiberufler in den Wäldern von Piaszyca erschossen. Die anderen wurden – je nach Bekenntnis – in die Wehrmacht eingezogen, zur Zwangsarbeit im Deutschen Reich verpflichtet oder landeten im KZ.

Litauer

Reist man über Masuren in Polens Nordosten, kommt man mit litauischer Kultur in Kontakt. **Rund um Suwałki** leben etwa 40.000 Litauer, die meisten wie eh und je in niedrigen Holzhäusern. An Kiosken sieht man Zeitungen des Nachbarlands. Und man hört eine Sprache, die so ganz anders als das Polnische klingt – **das Litauische** ist indogermanischen Ursprungs und hat nichts mit der slawischen Sprachenfamilie zu tun. Als wichtigste „litauische" Stadt hat sich Sejny profiliert. Die dortige Dominikanerkirche könnte mit ihren Türmchen ebenso gut in Wilna stehen, in der ehemaligen Synagoge werden länderübergreifende Kulturveranstaltungen organisiert. Dort hat sich auch die Stiftung Grenzland (Fundacja Pogranicze) etabliert, zu deren Unterstützern berühmte, aus dieser Gegend stammende Leute zählen, u. a. der Filmregisseur *Andrzej Wajda*. Im benachbarten Puńsk gibt es Polens einziges litauisches Gymnasium. Im Ethno-Museum wird zu Sommerbeginn das größte litauische Fest gefeiert: Eine Sonnwendfeier, bei der heidnische Rituale belebt werden.

Über 400 Jahre wurden Polen und Litauen vom gleichen König regiert und bildeten einen **gemeinsamen Staat.** Der polnische Nationaldichter *Adam Mickiewicz* lässt sein Epos „Pan Tadeusz" mit den Worten beginnen: „Oh Litauen, mein Vaterland." Und viele Polen schwärmen noch heute von jenem „Goldenen Zeitalter", als ihr Land mit Litauen vereint war.

Den Litauern stellt sich jene Zeit im Rückblick weniger glanzvoll dar. Ihr Land, klagen sie, war in der „Union" nie gleichberechtigt. Obgleich es Weißrussland wie auch Teile der Ukraine ins vereinte Königreich einbrachte, seien seine Bewohner nur Bürger zweiter Klasse gewesen, die Elite habe man sprachlich und kulturell polonisiert. Auch wollen sie nicht vergessen, was 1920 geschah: Kaum hatten die Polen einen eigenen Staat, machten sie sich daran, Vilnius, die Hauptstadt des gleichfalls „wiedergeborenen" Litauen, zu besetzen und die Grenze weit in den Nordosten vorzuschieben. Zugleich verleibten sie sich die Gegend um Suwałki ein, obgleich diese historisch stets zu Litauen gehörte.

Nach dem Zerfall des sozialistischen Lagers erwachten alte Ressentiments. Im Westen staunte man, als die in Litauen lebenden Polen sich nicht mit dem auf Wiedererlangung seiner Unabhängigkeit zielenden litauischen Staat solidarisierten, sondern den Pakt mit dem Kreml vorzogen, weil dieser, wie sie meinten, ihre Minderheitenrechte besser schütze. Dies war fürwahr ein Novum in der europäischen Geschichte: Polnische Bürger erblickten in Moskau den Garanten ihrer Interessen!

Doch mit **Abschluss des Freundschaftsvertrags** von 1994 begannen sich die Wogen zwischen den Nachbarvölkern zu glätten. Sowohl die Rechte der litauischen Polen als auch die der polnischen Litauer galten nun als gesichert: Beiden Volksgruppen wurde es erlaubt, die eigene Sprache und Kultur zu pflegen, sofern sie die Sprache ihrer Landesherren gleichfalls beherrschen.

Weißrussen

„Die Weißrussen sind hier nicht gern gesehen", gesteht eine Anwältin aus Białystok. „Das Einzige, was wir an ihnen mögen, sind die Choräle." Sie zum Beispiel lasse sich keine Gelegenheit entgehen, den Männerchor in der orthodoxen Kathedrale zu hören. Die Kirche befindet sich vor den Toren der Stadt und stelle mit ihren Ikonen und goldenen Kreuzen alle katholischen Gotteshäuser in den Schatten.

Von den Polen unterscheiden sich die Weißrussen durch ihre Sprache und den **russisch-orthodoxen Glauben,** manch ein Ladenschild schmücken kyrillische Schriftzüge. Wie viele es in Polen noch gibt, weiß niemand genau, doch man schätzt ihre Anzahl auf 200.000 bis 250.000. In der Provinzhauptstadt Białystok beläuft sich ihr Anteil auf 20 % der Bevölkerung, in kleineren Städten wie Hajnówka und Bielsk Podlaski sind es mehr als 50 %. Viele von ihnen sind in der Weißrussischen Demokratischen Vereinigung und der Sozial-Kulturellen Gesellschaft organisiert. Der 1992 verabschiedete Freundschaftsvertrag mit Polen gibt ihnen das Recht auf Unterricht in ihrer eigenen Sprache, die an 48 Grundschulen und zwei Gymnasien gelehrt wird; ein Institut der Weißrussischen Kultur ist an die Universität von Białystok angeschlossen.

Das **Zusammenleben von Weißrussen und Polen ist gespannt**, vor allem dann, wenn letztere in der Minderheit sind. *Sokrat Janowicz,* ein in Krynki lebender weißrussischer Schriftsteller, hat resigniert: „Orthodoxe und Katholiken, das sind zwei verfeindete Pfarreien. Von keiner Seite kann sich einer eine Geste an die Gegenseite leisten, sonst wird er von den eigenen Leuten zum Verräter gestempelt." Darum gebe es auch nur wenige Leute unterschiedlichen Glaubens, die sich auf der Straße grüßen. Der **Religionshass** gehe so weit, dass sich der katholische Pfarrer weigere, Kinder aus Mischehen zu taufen, selbst wenn der orthodoxe Partner verspricht, den Nachwuchs katholisch erziehen zu wollen.

Der polnisch-katholischen „Froschperspektive" setzen Weißrussen die Kraft ihres Glaubens entgegen: Am 19. August, dem Tag der Verklärung Christi, pilgern sie zum „Heiligen Berg" im Grenzort Grabarka, wo sie Kreuze kraftvoll in den Boden rammen. Der Wald von Kreuzen umringt eine kleine Kirche, die zum Dank für die Errettung vor einer Cholera-Epidemie gebaut wurde.

Im Mai kommen sie in Hajnówka zusammen. Dann findet dort ein Festival orthodoxer Kirchenmusik statt, zu dem bis vor kurzem auch Ensembles aus der weißrussischen Hauptstadt Minsk anreisten. Doch seit 2004 sind die Kontakte schwierig geworden, Bürger aus Weißrussland benötigen für die Einreise ein Visum. Polen ist die neue Außengrenze der EU, der stählerne Zollposten bei Terespol-Brest erinnert Beobachter an ein modernes Terminal.

Tataren

Der **„polnische Orient"** liegt östlich von Białystok, die „Tatarenroute" *(szlak tatarski)* führt von Sokółka nach Kruszyniany, immer dicht an der weißrussischen Grenze entlang. In einem bunten Holzhaus lebt der Imam und öffnet die im Schatten der Eschen verborgene **Moschee.** Auf dem Boden liegen handgeknüpfte Teppiche, die Wände sind mit Spruchbändern aus dem Koran geschmückt. Neben dem Predigerstuhl befindet sich der gen Mekka ausgerichtete Mihrab, an dem die Männer des Dorfs zum Freitagsgebet niederknien. Die Frauen müssen mit einem spartanischen Nebenraum vorlieb nehmen. Gebetet wird auf arabisch, auch wenn die meisten dieser Sprache nicht mächtig sind. Allerdings hat man vor einigen Jahren damit begonnen, Arabischunterricht zu erteilen, und wer will, kann sonntags an Koranschulungen teilnehmen.

Eine zweite Moschee gibt es in Bohoniki. Auf dem zugehörigen Friedhof hinter dem Dorf stehen Grabsteine mit kyrillischen, arabischen und lateinischen Schriftzeichen; die Vornamen der hier Beigesetzten lauten Aischa und Ahmed, Hussein, Morad und Selim. So abgelegen die Orte auch sind, unbekannt sind sie in der moslemischen Welt nicht. Hin und wieder kommen Glaubensgenossen aus so entfernten Weltgegenden wie Malaysia oder Indonesien, um sich die moslemische Enklave anzuschauen. Eine Koranschülerin meint allerdings, die Besuche seien seit dem 11. September 2001 zurückgegangen. Auch die Lehrer würden sie seit jenem Tag anders behandeln, als hätte sie irgendetwas mit den Anschlägen in den USA zu tun. „Grotesk ist das, ich bin eine nichtkatholische Polin - das ist alles!" Sie ist eine von ca. 4500 **Moslems,** die im „polnischen Orient" leben und sieht sich als Nachfahrin jener tatarischen Krieger, die König *Jan III. Sobieski* auf seinen Feldzügen im 17. Jahrhundert unterstützten. Weil ihr Führer, der Oberst *Murza-Krezczowski,* dem polnischen König in der Parkany-Schlacht das Leben rettete, wurde er reich belohnt. Er erhielt die Dörfer Bohoniki und Kruszyniany, wo noch heute ein Gedenkstein an die tatarische Landnahme erinnert.

Roma

Gorzo heißt in der Romani-Sprache „wunderschön". Gorzów Wielkopolski (früher: Landsberg) ist zwar alles andere als eine schöne Stadt, doch das stört die nicht, die im August zum **„Zigeunerfestival"** anreisen. Griechen, Serben und Montenegriner, Russen, Rumänen und Spanier, Deutsche und Polen: Sie alle sind dabei, wenn es darum geht, „gypsy music" zu hören. Mit rhythmischem Klatschen und anfeuernden Rufen locken sie den Geigenvirtuosen *Zlatomir Vasic* auf die Bühne. Es folgt rasend schnelle Blasmusik, dann die in flammendes Rot gehüllte Ana María mit einem Stakkato-Tanz, orientalischer Flamenco und der Belcanto einer Mazedonierin, eine Vielfalt der Stile, Entfesselung und Begeisterung. Am stärksten umjubelt wird *Edward Dębicki,* der das Festival 1988 ins Leben rief und noch

Beim Festival der Roma in Tarnów

066po Foto: em

immer mit seinem Terno-Ensemble auftritt. Wie die Dichterkönigin *Papuscha* gehört er zum Clan der Weis, der in den 1950er Jahren von der sozialistischen Regierung in Gorzów angesiedelt wurde.

In einem alten Gutshof in Tarnów wird an das **Schicksal der 50.000 Roma** erinnert, die vor dem Krieg in Polen lebten. Auf Karten werden die Migrationsbewegungen der Roma und Sinti nachgezeichnet und die Konzentrationslager markiert, in denen Tausende von den Nationalsozialisten ermordet wurden. Vertreter der Minderheit wünschen sich ein noch größeres Museum, das in seiner Darstellung auf politische Grenzen verzichtet. Einer sagt uns in bestem Deutsch: „Die gesamte ethnische Gruppe, auch über Polen hinaus, sollte dokumentiert werden, Zigeuner haben die politische Aufteilung in Länder nie respektiert." Es gibt die Roma als den wichtigsten südosteuropäischen Stamm, die in Deutschland vorherrschenden Sinti, daneben die Danusche und die Kaldarasch, die Kalé und die Lovara, die Aschkali und Gorbati, um nur einige der vielen Stämme zu nennen, die sich alle auf eine ägyptische Herkunft berufen und in den Indern ihre Urahnen sehen.

Und dann werden wir gefragt, warum die Deutschen eigentlich immer so auf **korrekte Bezeichnungen** versessen seien. „Schauen Sie, in Polen heißen wir ganz selbstverständlich *cyganie,* also ‚Zigeuner'. Man hält in Polen nicht viel von uns. Aber doch nicht deshalb, weil wir diesen Namen tragen! Würden sie ‚Roma' sagen, wär das doch dasselbe! Und die Deutschen mit ihrer Sprachkosmetik sind da doch nicht anders. Nennen uns ‚politisch korrekt' Roma oder Sinti, was in vielen Fällen nicht einmal stimmt, lieben unsere Hochzeitsmusik und Folklore, doch ansonsten verhöhnen sie uns. Nein, man soll lernen, uns endlich so zu akzeptieren, wie wir sind. Dann ist es uns auch vollkommen egal, wie man uns nennt."

Schlesier und Schlonsaken

„Deutsche Insel im polnischen Meer" - so wird das **Oppelner Land** oft genannt, denn nirgendwo in Polen ist der Anteil deutschstämmiger Bürger so hoch wie hier. Nach dem Zweiten Weltkrieg durften mehr als 500.000 deutsche Schlesier im Land bleiben, da sie der kommunistischen Regierung - ähnlich wie die Masuren - als „Autochthone" galten. Man sah in ihnen polnische Landsleute, die durch das preußische Kaiserreich und das nationalsozialistische Regime ihrer ethnischen Wurzeln entfremdet worden waren. 1951 erhielten sie die polnische Staatsangehörigkeit, **Assimilierung** hieß das Gebot der Stunde. Ihre Namen wurden polonisiert, sodass aus einer Dorothea Schmidt eine Dorota Szmit wurde; in der Öffentlichkeit deutsch zu sprechen war nicht opportun.

Mit der politischen Wende von 1989 hat sich die **Lage der Deutschstämmigen** radikal geändert. Sie dürfen sich in sozial-kulturellen Gesellschaften organisieren und haben Anrecht auf eine deutschsprachige Ausbildung. In vielen Orten ist Deutsch zur zweiten Amtssprache aufgerückt. Nach den ersten freien Kommunalwahlen hatten zahlreiche Gemeinden, vor allem im Osten des Oppelner Landes, einen deutschstämmigen Bürgermeister, Abgeordnete der deutschen Minderheit zogen ins Parlament. Auch das bundesrepublikanische Rechtsverständnis, demzufolge jeder, der in den Grenzen des Deutschen Reiches von 1937 geboren wurde, Anspruch auf deutsche Staatsangehörigkeit hat, wurde in Polen anerkannt.

So staunten die Polen nicht schlecht, als viele ihrer Mitbürger quasi über Nacht die **deutsche Staatsangehörigkeit** erhielten und mit ihr das Recht auf Sozialhilfe und Arbeitslosengeld, auf Krankenversicherungs- und Rentenleistungen aus Deutschland. Der spöttische Ausdruck „Volkswagen-Deutsche" machte die Runde; man warf ihnen vor, sich einzig aus wirtschaftlichem Kalkül zu ihrer nationalen Identität zu bekennen.

Einen Erfolg feierte die deutsche Minderheit bei der **Verwaltungsreform** 1999. Im Gegensatz zu anderen, größeren Woiwodschaften, die ihren Status einbüßten, konnte sich das Oppelner Land als eigenständige, selbstverwaltete Provinz behaupten. Nur in einem Punkt haben sich die

Deutschen bisher nicht durchsetzen können: Ihr Wunsch, in Schlesien generell zweisprachige Ortsschilder aufzustellen, um „Heimwehtouristen" das Auffinden ihrer Ursprungsorte zu erleichtern, wurde vorerst vertagt.

Durch die Verwaltungsreform wurde das historische Oberschlesien in das westliche, ländlich geprägte **„Oppelner Land"** (Opolskie) und das östliche, industrielle **„Schlesien"** (Śląskie) geteilt. Auf der einen Seite das deutsch anmutende Musterländle, auf der anderen der Kohlenpott mit abzuwickelnden Zechen und hoher Arbeitslosigkeit. Während im Oppelner Land die deutschstämmigen Schlesier eine starke Minderheit bilden, wurden in Śląsk (Schlesien), d. h. dem ehemaligen östlichen Oberschlesien, jene stark, die sich die „wahren", die **„oberschlesischen Oberschlesier"** nennen. In Europa staunte man sehr, als sich diese an den Straßburger Gerichtshof für Menschenrechte wandten, um ihre Anerkennung als eigene Nationalität durchzusetzen. Sie haben weder zu den Deutschen noch zu den Polen ein inniges Verhältnis: „Ich bin weder Pole noch Deutscher, ich bin Schlonsake!" *(Jo nie jest ani Polak, ani Niemiec. Jo jest Slonzok!).* Mit diesem, in reinstem Wasserpolnisch gesprochenen Satz bringen sie ihre Identität auf den Punkt.

Oberschlesien, sagen sie, sei sowohl unter den Deutschen als auch unter den Polen eine Binnenkolonie gewesen, erst Wiege des deutschen Kapitalismus, dann wirtschaftliches Rückgrat des polnischen Sozialismus. In diesem Land habe man die Einheimischen zur Schwerstarbeit eingesetzt, doch systematisch von sozialem Aufstieg ausgeschlossen. „Oberschlesien ist heute ein Wrack", meint der Regisseur *Kazimierz Kutz* aus Katowice, „aber mit seinem Grenzlanderbe und einem polnisch-deutsch-tschechischen Kulturcode ausgestattet, ist es historisch privilegiert." Von den vier Millionen Bewohnern der Woiwodschaft bekannten sich bei der letzten Volkszählung knapp 200.000 zu einer eigenen Nationalität. Ihre Hoffnung richten sie auf ein „Europa der Regionen", in dem sie Autonomie erhalten und selber über ihr Land bestimmen.

Der kleine Unterschied zwischen Polen und Tschechen

Der Pole besucht einen Tschechen in Prag und staunt über die herrliche, im Krieg nicht zerstörte Altstadt. Kurz darauf kommt der Tscheche nach Polen und staunt über die zerfledderte Hauptstadt. „Wir haben gegen die Deutschen gekämpft", erklärt der Pole. „Daraufhin haben sie Warschau in Schutt und Asche gelegt." Unbeeindruckt darauf der Tscheche: „Na – hat es sich gelohnt?"

Goralen

„In ganzen Scharen sah ich sie aus der Kirche kommen. Männer hoch wie die Tannen, ungewöhnlich mächtige Exemplare, manche von einer wilden Räuberschönheit ... Sie tragen sonderbare enge weiße Hosen, vorn unter den Leisten mit Ornamenten geschmückt. Auf dem Kopf flache Deckelhüte, schöne bestickte Lederjacken hängen ihnen über den Schultern. Ein geschickter Menschenschlag mit natürlichem Kunstsinn. Sie haben ihre besonderen Sitten, sehen manchmal wie Indianer aus." So beschrieb *Alfred Döblin* 1924 die Goralen (poln. Berglandbewohner), die in der Hohen Tatra und dem Podhale-Vorland leben.

In der Hauptstadt Zakopane sieht man die Goralen in Aktion. In ihrer **Tracht** posieren sie für Erinnerungsfotos, sitzen als Kutscher auf dem Bock oder musizieren im Restaurant für die Gäste. Auch sonn- und feiertags, zu Festen und zur Hochzeitsfeier werfen sie sich in ihre Kluft. Sie führen den wilden „Räubertanz" vor, springen übers Feuer und schwingen gefährlich das Beil, stärken sich mit hochprozentigem Goralentee und deftigen Leckereien. Besonders lieben sie ihren geräucherten *oscypek,* ein Käse, der als einziger Polens die begehrte europäische Herkunftsbezeichnung erhielt. Nicht allein der Käse, auch alle anderen Spezialitäten der Region werden aus roher Schafsmilch gewonnen: der im Fass geschlagene *bryndza* ebenso wie der mit Lab versetzte *bundz* und der kefirähnliche *żentyca.*

Prächtig sind ihre aus Fichtenbohlen errichteten und mit naiven Schnitzereien verzierten Holzhäuser. Sie haben ein spitzgiebliges, tief herabgezogenes Satteldach, unter dem sich eine Veranda verbirgt. Als „Zakopane-Stil" ging diese **Architektur** in die Kunstgeschichte ein.

Die Goralen kamen im 16. Jahrhundert als nomadisierende Hirten nach Polen. Heute sprechen sie einen **schwer verständlichen Dialekt,** der außer balkanischen und slowakischen Worten auch viele altpolnische Sprachformen bewahrt. Ihre Legenden zählen zum Lebendigsten der polnischen Literaturtradition und werden von einer Generation zur nächsten mündlich überliefert. Meist handeln sie von tapferen Räuberhäuptlingen, die Handelskarawanen überfallen haben und anschließend die Beute an die Armen verteilten. Zu Berühmtheit brachte es ein gewisser **Janosik,** der als Knabe mit glühender Kohle gefoltert worden war, worauf er seinen Hass gegen alle Herren richtete. Hätte ihn nicht eines Tages seine Gelieb-

Goralen in ihrer Volkstracht bei einem Fest in Zakopane

041po Foto: sg

te verraten, so wäre *Janosik* als eine Art Robin Hood zum König der Tatra aufgestiegen, hätte für alle Zeiten mit feudaler Willkür aufgeräumt ... Am 16. März 1713 wurde er an einem zwischen seine Rippen getriebenen Haken aufgehängt und starb eines langsamen Todes.

Zu diesem Zeitpunkt hatten die Goralen ihre Unabhängigkeit als direkte Untertanen des polnischen Königs bereits eingebüßt. Wie alle polnischen Bauern wurden sie zu **Leibeigenen** herabgestuft und mussten Frondienst leisten. Aus der brutal durchgesetzten Unterwerfung unter die Herrschaft des Adels speiste sich eine langlebige Abwehr gegen alle „Polen vom flachen Land". Sie ging so weit, dass manch ein Gorale geneigt war, die deutschen Besatzer 1939 als Befreier von polnischer Herrschaft anzusehen. In einer Botschaft an den im Krakauer Wawel residierenden Generalgouverneur *Hans Frank* beteuerten sie ihre Kooperationsbereitschaft. Sie hatten guten Grund, sich Privilegien auszurechnen: Die **Nationalsozialisten** waren vom „kraftvollen Menschenschlag" der Goralen so beeindruckt, dass sie dessen arischen Ursprung nachzuweisen suchten und dem angeblich blutsverwandten Volk eine Sonderbehandlung zukommen ließen. Vorübergehend wurde sogar die Gründung eines separaten Goralen-Staates erwogen.

Diese Rechnung freilich ging nicht auf. Zu viele Goralen gab es, die sich ihrer Privilegierung widersetzten und den **Kampf gegen die Besatzungs-**

macht aufnahmen. Schon früh änderten deshalb die Nationalsozialisten ihre Politik und erklärten Zakopane zum Sperrbezirk; viele Widerstandskämpfer wurden gefoltert und getötet. Am 20. Januar 1945 wurde *Wacław Krzeptowski,* führender Kopf des mit den Deutschen kollaborierenden Goralenkomitees, von der Organisation Polska Podziemna („Untergrund-Polen") zum Tode verurteilt und hingerichtet.

Bojken, Lemken und Ukrainer

„Der Mensch atmet leichter, wenn er das Maul hält."
(Stanisław Jerzy Lec)

Im Grenzland zur Ukraine und zur Slowakei findet man eine der letzten großen Naturlandschaften Europas, fernab der Zivilisation und voller Geheimnisse. *Gdzie diabeł mówi dobranoc* („Wo der Teufel ‚Gute Nacht' sagt"): So spricht man in Polen über diese Region, die wirtschaftlich immer im Abseits lag und zu Galizien gehörte. So weit das Auge reicht, erstrecken sich ungezähmte Landschaften, die an die schottischen Highlands erinnern: urwüchsige Wälder, windgepeitschte Grate und Almen. Durchschnittlich leben nur 15 Menschen auf einem Quadratkilometer. Und auch für die Zukunft sind die Weichen zugunsten der Natur gestellt: 1993 schuf die UNESCO das **„Biosphärenreservat Ostkarpaten"**, das den Nationalpark ebenso einbezieht wie die angrenzenden Landschaftsparks Cisna-Wetlina und San-Tal.

Wanderer haben hier einiges zu entdecken: Orthodoxe Holzkirchen verstecken sich hinter dichtbelaubten Bäumen am Ortsrand; mit ihren zwiebelförmigen Kuppeln wirken sie wie verzauberte Relikte aus vergangener Zeit. In den Bergtälern stehen Holzhäuser mit tief herabgezogenem Strohdach, Ruinenreste sind mit Moos überwuchert.

Doch was so romantisch erscheint, ist ein **Spiegelbild der Zerstörung.** Die hier lebenden Juden wurde von Deutschen deportiert und vernichtet, die ukrainischsprachigen Bojken und Lemken, die in vielen Dörfern die Bevölkerungsmehrheit stellten, wurden Opfer eines Grenzkriegs. Weil die polnische Regierung sie verdächtigte, die für einen unabhängigen ukrainischen Staat kämpfenden UPA-Rebellen zu unterstützen, wurden sie am 29. April 1947 in einer Nacht- und Nebelaktion in andere Landesteile umgesiedelt, über Nord-, West- und Südwestpolen verstreut. Offiziell wird ihre Zahl mit 140.000 angegeben. Bleiben durfte nur, wer für die Fortführung der Produktion unentbehrlich war, vor allem Eisenbahner und Holzfäller.

Bojken und Lemken sind Nachfahren ruthenischer Bauern und nomadisierender Balkanbewohner und haben in den Bieszczady, so der polnische Name der Region, seit dem späten Mittelalter gelebt. Mit ihren ukrainischen Nachbarn teilten sie die Sprache und den orthodoxen Glauben. Nach der **Union von Brest** traten sie zum unierten, d. h. griechisch-katholischen Glauben über. Sie kündigten dem Patriarchen von Konstantinopel den Gehorsam auf und unterwarfen sich dem Papst, der bereit war, die orthodoxe Liturgie zu akzeptieren.

1772 wurde Galizien von Österreich annektiert. Während die deutsche Sprache Einzug in Schulen und Amtsstuben hielt, wurde die Kultur der Einheimischen unterdrückt. Nach der Niederlage gegen Preußen begann das Habsburger Reich seine Besatzungspolitik zu überdenken. Um das Gebiet effektiv verwalten zu können, entschied man sich für eine **Politik des „Teile und Herrsche“.** Weil die Polen die gleiche Konfession ausübten, durften sie als „natürliche“ Verbündete der Österreicher gelten. Doch der Versuch, die römisch-katholische Lehre als einzig gültige durchzusetzen, stieß bei der ukrainischsprachigen, unierten Mehrheit auf Gegenwehr. Viele Unierte optierten deshalb für eine Rückkehr zum Glauben ihrer Ahnen und wurden orthodox. Die jahrzehntelange Bevorzugung der polnischen Minderheit gegenüber der „ukrainischen“ (d. h. unierten und orthodoxen) Bevölkerungsmehrheit legte den Keim für einen **Nationalitätenkonflikt,** der im Gefolge des Ersten und Zweiten Weltkriegs in einen blutigen Bürgerkrieg mündete.

Dieser nahm seinen Ausgang in Wolhynien, der an Galizien östlich angrenzenden Region zwischen Lemberg und Kiew. Die forcierte Polonisierung der Ukrainer, gewalttätige Bekehrungen zum Katholizismus und Zerstörung orthodoxer Kirchen provozierten das Entstehen einer starken Widerstandsbewegung. Von 1940 bis 1942 kooperierte die **Ukrainische Aufständische Armee** (UPA) mit den deutschen Besatzern. Sie kämpfte für eine unabhängige Ukraine und ging dazu über, alle Menschen aus Wolhynien zu entfernen, die zur Erreichung ihres Ziels hinderlich waren. UPA und ukrainische Hilfstruppen der Waffen-SS attackierten zahlreiche von Polen bewohnte Dörfer und ermordeten Tausende. Ukrainische Historiker verweisen allerdings darauf, dass zur gleichen Zeit auf dem Gebiet des heutigen Polen Tausende Ukrainer von Polen getötet wurden.

Im Sommer 1944 begann der Vormarsch sowjetischer Truppen nach Westen, die deutschen Einheiten wurden über den San, die zukünftige polnisch-sowjetische Grenze zurückgedrängt. „Weder Hitler noch Stalin“ lautete nun die Losung der UPA-Milizen. Sie setzten darauf, dass die Alliierten nach dem Sieg über Deutschland die Sowjetunion attackieren und so die Schaffung einer unabhängigen Ukraine verwirklichen würden. Als

Bastion des Widerstands wählten sie die Dörfer der Bieszczady und der südlich angrenzenden slowakischen Region. Polnische und sowjetische Kommunisten suchten ihnen diesen Nährboden zu entziehen und verwickelte sie ab 1946 in schwere Kämpfe.

Bei der von 20.000 polnischen Soldaten am 29. April 1947 durchgeführten **„Aktion Weichsel"** wurden viele der noch operierenden UPA-Einheiten liquidiert und die dort lebenden Bojken und Lemken in einer Nacht- und Nebelaktion ausgesiedelt. Dabei spielte keine Rolle, ob sie sich zum polnischen Staat loyal verhielten oder nicht. *Janina Natalia Turczyk* aus Huta Poręby erinnert sich: „Zunächst marschierten wir sechs Kilometer zu Fuß nach Wara, wo ein großer Garten mit Stacheldrahtumzäunung vorbereitet worden war. Von dort ging es nach vier Tagen 40 Kilometer weiter nach Sanok, wo wir in der Autofabrik übernachteten. Nach weiteren zwei Tagen wurden die Menschen in 30 bis 60 Eisenbahnwaggons gepfercht, das Vieh meist auf Loren verladen und der Zug setzte sich in Bewegung: zum alten Konzentrationslager Auschwitz. Dort war die Verteilerstation." 3873 Menschen wurden aussortiert und nach Jaworzno in die Auschwitz-Filiale Dachsgrube überstellt. Nach Recherchen der ZEIT-Redakteurin *Helga Hirsch* handelte es sich um „griechisch-katholische Geistliche, fast die gesamte ukrainische Intelligenz und vor allem die vielen Männer und Frauen, die der Unterstützung der UPA verdächtigt wurden". Die übrigen Bojken und Lemken wurden in jene Gebiete verschleppt, aus denen wenige Jahre zuvor deutsche Bewohner geflohen waren: also vor allem nach Ostpreußen (Masuren), Pommern (Stettin) und Schlesien (Breslau). Dabei wurde sichergestellt, dass in keiner Gemeinde mehr als 10 % „Ukrainer" lebten, meist durften sich nur drei Familien in einem Dorf ansiedeln. Die „Aktion Weichsel" wurde von der polnischen Regierung als großer Erfolg hingestellt, wiewohl die Scharmützel mit der UPA noch länger anhielten. Erst 1954 gelang der polnischen Polizei dank eines eingeschleusten Doppelagenten der entscheidende Schlag gegen die Rebellen. Bei dem Doppelagenten handelte es sich um den Lubliner *Leon Łapiński,* der ursprünglich als Gestapo-Mann den Aufbau der Freiwilligen Garde organisiert hatte, bevor er 1944 Kontakt mit den zukünftigen Siegern aufnahm und zehn Jahre später für die Kommunisten die Liquidierung der ukrainischen Nationalisten betrieb.

Erst nach 1956 durften ausgewählte Lemken und Bojken in ihre Heimat zurück; **ukrainische Enklaven** gab es in Komańcza, Mokre und Zagórz. Nach 1990 kamen weitere Vertriebene mit ihren Familien. In Wetlina, einem Ort am Rande des Nationalparks, lernen wir Tomasz kennen. Er hat ein neues Haus gebaut, denn das alte gab es nicht mehr. „Die Polen haben damals ganze Dörfer dem Erdboden gleichgemacht, auch wo wir jetzt stehen, lebten einmal Menschen.“ Jetzt setzten er und seine Nachbarn auf Agrotourismus. Im Sommer kommen viele junge Polen hierher und vielleicht, sagt er, bald auch Wanderer aus Holland und Deutschland. Zum Glück seien die Ufos weit weg, denn die, meint er, könnten auf viele Besucher abschreckend wirken. „Ufos“ sind jene riesigen Komplexe aus Stahl und Glas, mit denen sich die EU an ihrer östlichen Außengrenze vor Menschenhändlern, Schmugglern und Schwarzarbeitern zu schützen versucht. Ob das gelingt, bleibt fraglich, denn immerhin hat Polen insgesamt 1320 Kilometer zu sichern ...

043po Foto: sg

STREIFLICHTER AUS DEM ALLTAG

Kind sein und erwachsen werden

„Ich hätte viele Dinge begriffen, hätte man sie mir nicht erklärt.“
(Stanisław Jerzy Lec)

Aufwachen um 6.30 Uhr in klirrender Kälte. Längst ist das Feuer, das noch am Vorabend den großen Kachelofen zum Glühen gebracht hatte, erloschen. Es riecht nach Ruß und abgestandenem Rauch. Ach, wäre es schön, noch ein Weilchen unter die schwere Daunendecke kriechen zu können, doch es gibt kein Pardon. „Anziehen“, ruft Mamusia („Mutter“), „Zähne putzen, fertigmachen zum Frühstück!“ Und danach geht's hinaus in die Dunkelheit, nur hier und da Neonlicht, das die öden Straßen erhellt.

Ländliche Idylle mit Truthähnen

Tatuś („Vater") schleift das Kind mehr, als dass es läuft, bis endlich die Kindertagesstätte erreicht ist. Dort haben sich schon andere Mädchen und Jungen eingefunden, blassgesichtig und müde. Mit heißem Tee, Musik und Rhythmikübungen werden sie aufgepeppt und die Gesichter beleben sich. Der schöne Teil des Tages, jetzt endlich kann er beginnen. Unter dem wachsamen Auge der Kindergärtnerinnen wird gespielt, gebastelt und gelernt, aufs Mittagessen folgt das obligatorische Nickerchen. Schlafen, warum eigentlich? Doch man hat seine Augen zu schließen, eine Stunde mucksmäuschenstill, so tun als ob. Ein Stück Obst bringt die Erlösung, noch einmal darf man spielen - bis 16.30 Uhr. Es ist dunkel, die Mutter holt das Kind ab, Großmutter hat zu Hause das Essen vorbereitet. Bald wird auch der Vater zurück sein, dann versammelt sich die Familie am Tisch - „Vater unser, unser täglich Brot gib uns heute ..."

So erlebten Polens Kinder die Tage, als das Leben im Land grauer, aber auch geradliniger war. Drei Generationen lebten gemeinsam unter einem Dach, meist waren Vater und Mutter berufstätig, für die Sprösslinge standen Tagesstätten bereit. Heute ist **Kinderbetreuung ein Privileg,** viele Eltern können das dafür erforderliche Geld nicht aufbringen. Innerhalb weniger Jahre hat sich die Zahl der Jungen und Mädchen, die eine derartige Einrichtung besuchen, halbiert.

Damit vergrößern sich auch die Unterschiede im Alltag der Kinder. Je nachdem, ob ihre Eltern zu den Gewinnern oder Verlierern des gesellschaftlichen Umbruchs gehören, zählen sie zu den Glückspilzen oder Pechvögeln. Kinder aus der „Oberstadt" werden besser umsorgt, haben ausgefallenes Spielzeug und essen ihre Lieblingsschokolade, die „Schmuddelkinder" drücken sich am Schaufenster die Nase platt, kicken im Hinterhof und träumen davon, groß herauszukommen, wenn sie erwachsen sind.

Autoritäre Erziehung

Was an Protest aufkeimt, wird von den Erwachsenen niedergemacht – schon früh lernen die Kinder sich zu unterwerfen. Sie stürmen nicht in den Speisesaal oder ins Klassenzimmer, sondern gehen gesittet in Zweierreihen. Und sie schreien nicht, sondern sprechen leise und ruhig, auf den Nächsten soll Rücksicht genommen werden. In der Familie sieht es nicht anders aus, die antiautoritäre Debatte hat um das Land einen Bogen gemacht. „Du sollst Vater und Mutter ehren, auf dass es dir wohl ergehe und du lange lebest auf Erden!" Gestützt auf das vierte Gebot wird von den Kindern **Respekt und bedingungsloser Gehorsam** verlangt. Die Eltern bestimmen, wo es lang geht – wo käme man hin, wenn man für jeden Be-

Das Schulsystem

Das Schulsystem wurde 1999 komplett umgestaltet. Anders als in Deutschland wird man in Polen erst mit sieben Jahren eingeschult und absolviert bis zur Hochschulreife zwölf, bis zur Fachhochschulreife elf Klassen. Nach Abschaffung der achtjährigen ganztägigen Pflichtgrundschule besuchen Kinder sechs Jahre lang eine halbtägige Grundschule. Sie wird mit einer Prüfung abgeschlossen, die den einschüchternden Titel *sprawdziom* (Stunde der Wahrheit) trägt. Es folgt für alle verpflichtend eine dreijährige gymnasiale Stufe, an deren Ende das *egzamin* über das weitere Fortkommen entscheidet. Wer gute Noten hat, wechselt auf ein Lyzeum, das technisch, beruflich oder allgemeinbildend ausgerichtet ist und in drei Jahren zur *matura,* der Hochschulreife führt. Wer keine guten Noten hat, versucht sein Glück auf dem Arbeitsmarkt oder besucht die Berufsschule, die mit einer Facharbeiterqualifikation endet.

Die einstige „Staatsbürgerliche Erziehung" wurde durch Pflicht-Religionsunterricht ersetzt, statt Russisch lernt man nun Englisch oder Deutsch. Das Curriculum ist zum größten Teil zentral gesteuert. Neben den staatlichen gibt es freilich auch eine wachsende Zahl von Privatschulen – mehr als 3000 wurden seit der Wende gegründet. Sie sind gebührenpflichtig, nur 9 % ihrer Schüler stammen aus Arbeiter- bzw. Bauernfamilien.

Zum autoritären System der Schule gehören selbstverständlich auch Noten – in Polen ist die Eins die schlechteste, mit der Fünf kommt man am besten voran. Kritisches Denken ist nicht gefragt, stattdessen sollen sich Schüler ein umfangreiches und vom Lehrer leicht abfragbares Faktenwissen aneignen. Wie in Deutschland wird nicht fürs Leben, sondern für die Wirtschaft gelernt. „Zukunftsintensiver", an nationalen Interessen orientierter Unterricht soll die Wettbewerbsfähigkeit der Schüler innerhalb der Europäischen Union erhöhen.

schluss einen Grund anführen müsste! „Du tust, was ich sage und damit basta!" **Strafrituale** sind verbreitet, vor allem Jungen müssen damit rechnen, dass es, wenn sie etwas ausgefressen haben, nicht bei einer verbalen Strafpredigt bleibt, sondern härter zur Sache geht.

Für Jungen und Mädchen gibt es einen unterschiedlich ausgeprägten **Verhaltenscode.** Der Junge gibt zur Begrüßung die Hand, das Mädchen macht einen Knicks oder deutet ihn zumindest an. Wird der Sohn systematisch von der Hausarbeit ferngehalten, so lernt die Tochter schon im frühen Alter, wie man den Tisch deckt, Geschirr spült und abtrocknet. Der Junge wird zum kleinen Pascha erzogen und bastelt, wenn das Geld reicht, an Modelleisenbahn und Computer; das Mädchen spielt mit Puppen, neuerdings mit langbeinigen und vollbusigen Barbies, die es nach Herzenslust kämmen, an- und ausziehen kann. An Sonn- und Feiertagen wird es selber in ein Kostüm gesteckt; vor allem auf dem Land sieht man es mit Rüschenrock und großen Schleifen im Haar.

Pfadfinder

Für viele Polen bleibt die Pfadfinderei unverzichtbarer Bestandteil der Erziehung. Sie war 1918, nach Erlangung der Unabhängigkeit entstanden und wurde deshalb nach der Wende nicht aufgelöst. Hier lernen die Kinder, was man in der Outdoor-Sprache **„Survival in Nature"** nennt: Karten und Fährten lesen, genießbare von giftigen Waldfrüchten unterscheiden, aus Wurzeln und Kräutern Mahlzeiten zubereiten. Fern von Zuhause genießen sie Zelt- und Lagerfeuerromantik, singen Volkslieder und fühlen sich stark. Im Ledergürtel steckt das Taschenmesser, die graue Uniform ist mit Rangabzeichen gespickt. Pfadfinder präsentieren sich auch gern als bekennende Christen: Auf der Wallfahrt marschieren sie in einer eigenen Brigade vornweg, doch die zur Schau gestellte Disziplin ist umstritten – Survival Training ist gut, aber warum missbraucht man es zur militärischen Vorausbildung?

Traditionell präsentieren sich Polens Pfadfinder in der Öffentlichkeit

Moderner Gegenpol – jährliches Treffen der Motorradfreaks im Riesengebirge

045po Foto: sg

Neue Generation

Wenn sie die alten Geschichten von Sozialismus und Solidarność hören, beginnen die meisten Jugendlichen zu gähnen. Im Rückblick waren ihre Eltern allesamt Helden, haben während des Kriegsrechts Flugblätter verteilt und hatten im Keller eine illegale Druckerpresse. Die Geschichten klingen gut, aber warum sehen heute die Eltern gar nicht wie Helden aus?

Die neue Generation möchte alles anders machen als die Eltern und Großeltern, möchte sich freier bewegen und kleiden können. Was von **Westen** kommt, verspricht Abwechslung und hat **Vorbildfunktion.** In den Städten gibt es bereits viele Jugendliche, die sich von ihren westlichen Altersgenossen im Outfit kaum unterscheiden. Sie tragen Mode von Benetton und Levi's, schmieren sich Gel ins Haar und hantieren mit Handys. Zu Hause begeistern sie sich an den Top 40 von Viva und MTV Polska, am Computer, wenn's ihn denn schon gibt, lassen sie sich in die Welt der Pseudo-Kriege und nackten Frauen entführen.

Soziologen glauben, eine **neue Werteskala** bei den 12- bis 18-jährigen entdeckt zu haben: Geld rangiere vor Wissen, Stil vor Inhalt, Freiheit vor Pflicht, Konsum vor Demokratie, Cyberspace vor Realität. Glaubt man den Umfragen, so ist den meisten Jugendlichen soziales Engagement fremd, jeder ist sich selbst der nächste. Die alles beherrschende Frage lautet: Wie kann ich zu Geld kommen und das in möglichst kurzer Zeit? Als Erwachsener möchte man ein eigenes Haus haben mit teurem Auto davor und man möchte in Urlaub fahren – nicht mehr nur an die polnische Ostsee und in die Tatra, sondern weit weg in exotische Länder.

Die von den Soziologen genannten Werte gelten freilich nur für eine Mehrheit der Jugendlichen, die so genannten *Normalscy* („Normalos"). Dass es in Polen auch eine **starke subkulturelle Szene** gibt, merkt man nicht so sehr an den städtischen Kneipen (denn dort sind Getränke zu teuer), sondern vor allem bei den zahlreichen Festivals im Sommer.

Jugendkultur

„Ich würde zu keiner anderen Gruppe weniger gern gehören als zu der der Unzufriedenen."
(Freund Jurek zitiert seinen Lieblingsdichter B. B.)

Keine Macht für niemand

Beim polnischen Woodstock, das mal in Żary, mal in Kostrzyń stattfindet, treffen alle störrischen Randgruppen zusammen: Rapper und Neo-Hippies, Spät-Punks, Satanisten und Hardcores, widerspenstige Zeitgenossen mit einem **Hang zur Anarchie.** Man macht sich Luft gegen die „neureichen Bonzen", die „Pfaffen" und „Polit-Geier", singt an gegen Arbeits- und Perspektivlosigkeit.

Schneeweiß und Russenrot

Auf die Beschreibung von Subkulturen versteht sich Dorota Masłowska. Parallel zu ihren Vorbereitungen aufs Abitur schrieb sie einen Roman, der sich innerhalb weniger Wochen hunderttausendmal verkaufte. „Der Polnisch-Russische Krieg unter weiß-roter Fahne" lautet der Roman im Original, in der deutschen Übersetzung wurde daraus „Schneeweiß und Russenrot". In dieser detaillierten Milieustudie lernt man die Generation „Nie & Nimmernix" kennen. Hauptfigur ist Andrzej, der von seinen Freunden nur „der Starke" genannt wird. Er ist auf der Suche nach Speed und unheimlich sauer: Gerade hat ihn seine Freundin Magda verlassen, der Westen, so scheint's, kauft alle schönen Polinnen auf und die Russen sind auch noch immer eine Gefahr. So steigert er sich in allerlei Hasstiraden, assoziiert Schwachsinn und wettert gegen Ostler gleichermaßen wie gegen Westler. Ginge es nach ihm, sollte man alle Neureichen vertreiben ... (Abb. S. 111)

Beliebte **Sommertreffs** sind auch die *Parada Wolności* („Freiheitsparade") in der Techno-Hochburg Łódź und das alternative „Slot Art Festival" im „Geisterschloss" von Lubiąż. Die schwarze Fraktion der Motorradfahrer pest derweil zum „Country Picnic" im masurischen Mrągowo und von dort quer durchs Land ins Riesengebirge: Dort rattern sie auf ihren schrill aufgemotzten Zweirädern durch Szklarska Poręba und skandieren fetzige Songs.

Polen ist unser

Motorradfreaks wollen nicht verwechselt werden mit den **Dresiarze** (abgeleitet vom engl. „dress"): jenen „schweren Jungs", die durch ihr bulliges Äußeres auffallen und meist einen Trainingsanzug tragen. Sie haben schon mehrere Body-Building-Kurse hinter sich, tragen Glatze oder Stoppelschnitt und schmücken sich mit goldenen Ketten. Geregelte Arbeit ist ihnen verhasst, sie setzen auf andere, nicht immer gesetzeskonforme Wege, um Geld oder Glück zu erhaschen. Um nicht an Langeweile zu ersticken, suchen sie Sündenböcke, an denen sie ihre unbegriffene Wut abreagieren können. „Polen-ist-unser" schreien die jungen Saubermänner und schüchtern alle ein, die in ihr Weltbild nicht passen.

Neonazis

Fließend ist der Übergang zu den glatzköpfigen Nationalisten, die das demokratische Regelwerk ablehnen und in Polen noch zahlreicher sind als in Deutschland. Sie berufen sich auf das antisemitische Erbe von *Dmowski* und *Piłsudski,* tragen schwarze Uniformen mit polnischem Wappen und skandieren rassistische Parolen. Sie sammeln sich in Organisationen wie der „Allpolnischen Jugend" und der „Polnischen Front", hören Kultbands wie „Rock Against the Commune" und „Zyklon B". Ihre Lektüre besteht aus „Fakt", der polnischen Bild-Zeitung, und Blättern wie „Tylko Polska" („Nur Polen") und „Wolna Polska" („Freies Polen").

No Future

Das sieht wohl nicht gut aus, was da kommen wird – Jugendliche malen sich ihre Zukunft aus und sehen eine leere Fläche. Vielleicht noch 30 Jahre, dann, so fürchten sie, ist ihr Land ein Heim für Arme und Alte, mancherorts mit Fun-Parks touristisch aufpoliert. Da ist nichts mehr zu träumen und zu wünschen, kein Wohlstand und kein toller Beruf, keine glückliche Familie.

„Hej, Mann aus der ersten Reihe,
Herr Entscheidungsträger aus der Werbeagentur,
Hej, Herr Manager, MTV-Moderator,
du berühmte Journalistin.
Wir haben Flaschen mit Benzin und Steine,
Und wir zielen auf dich."
(Hej, człowiek w pierwszym rzędzie,
Panie decydencie z agencji reklamowej.
Hej, panie menadżerze, z MTV prezenterze,
Słynna dziennikarko.
Mamy butelki z benzyną i kamienie
Wymierzone w ciebie.)

Die **„Cool Kids of Death"**, die mit diesem Lied die polnischen Pop-Charts eroberten, machten den Anfang, inzwischen gibt es weitere Gruppen, die den Protest artikulieren. Ihre Texte handeln vom Hass auf die Etablierten, die diktieren, wo's lang geht, von den Neureichen, den bunten Lügen der Fernseh- und Reklamewelt. Ihre Kraft schöpfen sie aus der Kraft der Negation: Sie wollen nicht sein wie die Solidarność-Väter, die Polen in einen großen Supermarkt verwandelt haben. Sie verabscheuen aber auch den „Jahrgang der traumhaften Chance" *(rocznik cudownej szansy),* der ohne je etwas riskiert zu haben, die Früchte des Neubeginns erntete. Nach der Wende war die Jungelite in Verwaltung, Medien und Justiz gespült worden, frische, unverbrauchte Charaktere für die Jobs im neuen System. Sie orientierten sich an den westlichen Yuppies und waren frei, all das schnell verdiente Geld für Dinge auszugeben, die der Markt anbot. Die Nachgeborenen aber, ihre jüngeren Brüder und Schwestern, haben kein so gutes Los gezogen – bleiben sie im Land, droht ihnen Arbeitslosigkeit.

Studentenfantasien

„Seit der Wende zählen bei uns nur noch Leistung und Wettbewerb", sagt Janusz, ein 23-jähriger Biologe an der Universität von Warschau. Er gehört zur Gruppe von Naturwissenschaftlern, Juristen und Ökonomen, die sich **Chancen auf dem nationalen Arbeitsmarkt** ausrechnen. Sie haben eine Karriere vor Augen, sind **hoch motiviert** und wirken selbstbewusst. Janusz will nach dem Studium zum IIMCB überwechseln, dem International Institute of Molecular and Cell Biology. In dem Warschauer Eliteinstitut werden Forschern für die Dauer von maximal fünf Jahren ideale Arbeitsvoraussetzungen geboten.

Polski ATTAC

Die Warschauer *Alterglobaliści* („Globalisierungsgegner") gehören zur Gruppe ATTAC und treffen sich in einer dunklen Kellerkneipe nahe dem Plac Nowego Miasta. Heute abend diskutieren sie Hannes Hofbauer, der in seinem Buch „Osterweiterung" Klartext sprach: Nordamerikanische, französische und deutsche Konzerne haben sich „die fettesten Brocken in den lukrativsten Branchen" Polens gesichert. In ausländischem Mehrheits- oder Vollbesitz stehen schon fast alle Bereiche des wirtschaftlichen Lebens, so Versicherungen und Banken, das Mediennetz und die Telekommunikation, ganz zu schweigen von der Autoproduktion mit Opel/General Motors und Fiat.

Die jungen Zuhörer sind empört, wollen nicht hinnehmen, dass die Privatisierung ihr Land in die wirtschaftliche Abhängigkeit treibt. Die Auslandsschuld nähert sich der 100-Milliarden-Euro-Marke, die Gläubiger im westlichen Ausland reiben sich die Hände. Ryszard, der die Diskussion leitet, wendet sich uns zu: „Ihr habt Angst, von uns überrannt zu werden, doch wer eigentlich Angst haben müsste, sind wir! Eure Konzerne sind gekommen und haben bei uns alles aufgekauft, was gut ist und Profit verspricht. Die einheimische Produktion haben sie geschluckt."

Die polnische ATTAC gehört zum linken Spektrum der politischen Szene, wurde aber in der Vergangenheit von der deutschen ATTAC mehrfach beschuldigt, sich nach rechts nicht genügend abzuschotten. Umstritten war vor allem ihr positiver Bezug aufs „Prinzip Nation", etwa in der Formulierung, ATTAC sei „eine polnische Vereinigung, die sich zum vordersten Ziel die Verteidigung der polnischen Interessen gestellt hat". Was sollte das heißen? Steht ATTAC nicht gerade für Überwindung der begrenzt-nationalen Optik? Nun hätte man denken können, Deutsche und Polen setzen sich zusammen und beginnen die Frage zu klären. Doch weit gefehlt: Was ein echter Deutscher ist (in diesem Fall ATTAC-Vorsitzender Sven Giegold), der reist sogleich nach Warschau, um „nach dem Rechten" zu sehen und die Declaracja Ideowej („Grundsatzpassage") von allen bedenklichen Passagen zu säubern. Die Polen waren sauer: „Deutsche kommen, um zu überprüfen, ob wir faschistisch sind", beschwerten sie sich. Wieder einmal fühlten sie sich vom westlichen Nachbarn bevormundet und in ihren Vorurteilen bestätigt.

Doch was ist mit den vielen anderen, knapp zwei Millionen Studenten des Landes? Wer kann etwas mit jungen Leuten anfangen, die ein geisteswissenschaftliches Fach studiert haben? Ewa, eine Philosophiestudentin, wirkt resigniert: „Selbst mit den besten Abschlüssen hast du kaum eine Chance. Und an die wenigen freien Plätze kommst du nur ran, wenn deine Nase dem Tester gefällt oder wenn du Beziehungen hast." Schlimm findet sie auch, dass kaum noch aktuelle Bücher angeschafft werden. „Überall wird gespart, es zählt nur das, was für die Wirtschaft nützlich ist."

Gemischte Gefühle

Die Studenten „jammern" und haben allen Grund dazu. Über 80 % kommen mit dem Geld, das sie vom Staat oder von der Familie erhalten, nicht

046po Foto: sg

aus, machen nebenbei etwas anderes, jobben oder gehen zwischendurch ins Ausland. Und dennoch: Wenn man sich das Treiben auf dem Campus und die dort versammelten Studenten anschaut, hat man nicht das Gefühl, dass hier lauter „Depris“ versammelt sind. Ganz im Gegenteil – die meisten wirken gut gelaunt, scherzen miteinander, reden von der kommenden Party und vom Festival der Straßentheater.

„Wir lassen uns nicht unterkriegen“, meint Katarzyna. „In zwei Jahren machen wir in aller Ruhe Examen und wenn sich dann herausstellt, dass man uns in Polen nicht will, ja dann machen wir uns eben ein schönes Leben in Berlin, Paris oder London! Schließlich sind wir jetzt in der EU. Und wir wissen, dass wir eine gute Ausbildung mitbringen, wir sind flexibel und jung!“ Ihre Freundinnen lachen ... Sie alle sprechen Englisch, teilweise auch Deutsch, wissen nur noch nicht, welches Land und welche Stadt für sie am günstigsten ist. Oft sitzen sie in Cafés und diskutieren die Zukunft, einige waren schon im Ausland und haben Freunde dort.

Janusz, Ewa und Katarzyna – erfrischend wirkt, dass sie sich frei gemacht haben vom ideologischen Gerümpel ihrer Vorfahren, dass sie von „patriotischen Taten“, die ihrem Leben angeblich einen Sinn geben, nichts wissen wollen. Sie sind pragmatisch, aber haben ihre Träume von persönlichem Glück nicht begraben. Sie wollen einen Beruf, mit dem sie gut Geld verdienen können, dazu ein polnisches „Nest“ irgendwo und irgendwann, von wo aus sie ausschwirren können auf der Suche nach Leben.

Liebe und Sexualität

Wszystko się może zdarzyć
gdy głowa pełna marzeń.
Alles kann passieren,
wenn der Kopf voller Träume ist.
(*Anita Lipnicka*, Popstar)

Die Kunst zu flirten

Helmut kommt nach Breslau und staunt nicht schlecht: So hat er sich sein Leben als Austauschstudent nicht vorgestellt. Schon der erste Tag bringt ihn aus dem Gleichgewicht. Er sitzt in der Mensa und lässt seinen Blick durch den Raum schweifen - cool und scheinbar unbeteiligt, wie er es von Deutschland kennt. Mehrere junge Frauen sitzen an einem langen Tisch - er registriert sie wohl, doch tut er, als seien sie Luft. Eine von ihnen schaut ihn lange an, dann lächelt sie. Er ist irritiert. Gilt ihm die Geste? Er erwidert sie nicht. Auf der Straße die gleiche Szene. Manch ein Blick fordert ihn auf, näher hinzusehen ... Überrascht stellt Helmut fest, dass es den **Frauen gefällt zu flirten:** Mal lächeln sie offen und unbefangen, mal eitel und kokett. Und sie genießen es, wenn da eine Reaktion ist und etwas zurückstrahlt.

Langsam, aber sicher

Polnische Männer gelten nicht als Meister des Flirts. Sie üben sich in Zurückhaltung und lassen sich umwerben. Die Zeit, scheinen sie ausdrücken zu wollen, arbeitet für sie. Irgendwann erwidern sie dann doch das weibliche Signal und schauen der Frau tief in die Augen. Das **erste Rendezvous** findet in der Öffentlichkeit statt, jede Stadt hat dafür ihren angestammten Kultplatz. In Warschau trifft man sich an der Sigismundsäule, in Breslau am Fredro- und in Krakau am Mickiewicz-Denkmal. Beim ersten Rendezvous wirken die Pärchen noch brav, ihre Gespräche kreisen um Fragen der Moral, Aufrichtigkeit und Treue. Sie lernen sich langsam und nur schrittweise kennen, was schützen soll vor gar zu rascher Enttäuschung. Beim zweiten Mal verabredet man sich im Café, wobei es interessant zu beobachten ist, wie man sich setzt. Die wenigsten wollen einander in die Augen sehen, die meisten ziehen sie es vor nebeneinander zu sitzen, damit sie sich zwischendurch einmal, kurz und unbeabsichtigt, berühren können. Auf volle Tuchfühlung geht man dann beim nächtlichen Tanz: „Er" gibt jede Zurückhaltung auf, „sie" willigt ein.

Fast Date

Doch warum langsam, wenn's auch schneller geht? Nach dieser Devise treffen sich Jugendliche in einer Warschauer Szene-Kneipe (bis auf weiteres im „Café Mondo") zum sonntäglichen Fast Date. 30 junge Männer bzw. Frauen dürfen sich nach Zahlung eines für polnische Verhältnisse recht gepfefferten Preises in aller Flüchtigkeit kennen lernen. Nur der erste Eindruck zählt, ein jedes Rendezvous dauert drei Minuten. Danach hat jeder zu wissen, wer am besten zu ihr oder ihm passt. Das Ergebnis wird nicht offen verkündet, sondern per Mail mitgeteilt.

Neuer Partytrend

Man kann sich auch auf noch andere Art kennen lernen. **Junge Leute treffen sich privat,** per Handy klingelt man sich aus den verschiedensten Ecken der Stadt zusammen. Jeder bringt eine Flasche Wein und Knabberzeug mit, dazu sein Lieblingsshampoo. In der Mitte des Raum wird der „heiße Stuhl" platziert, wo sich ein Figaro ans Werk macht und der jeweiligen Kandidatin für wenig Geld einen komplett neuen Haarschnitt verpasst. Die Frisur ist freilich nur ein Vorwand dafür, dass man Spaß hat – mit unbekanntem Ausgang, versteht sich. Denn was bei dieser Mixtur von Party und Happening noch alles geschieht, weiß man nicht. Man verdreht sich die Köpfe, es wird geschnattert, geflirtet, mit Locken gespielt.

Fluch des Fleisches

Mit der Sexualität ist es ein Kreuz: Wenn man darüber redet, dann meist hinter vorgehaltener Hand und gar zu oft entgleitet das Thema ins Schlüpfrige. **Sexuelle Aufklärung und Verhütungsberatung** sind unterentwickelt. Fragt man Jugendliche, an welchen Zyklustagen eine Frau voraussichtlich schwanger wird, hört man selten die korrekte Antwort. Während die deutsche Bundeszentrale für gesundheitliche Aufklärung die Losung ausgibt „Macht das Kondom so normal wie die Zahnbürste", gibt es in Polen nur wenige, die das Wort überhaupt auszusprechen wagen. Nicht viel besser ist es um Anti-Aids-Poster bestellt. Tampons in öffentlichen Frauentoiletten sind anstößig. Ganz und gar undenkbar sind die aus Deutschland bekannten „Swingerclubs".

047po Foto: sg

Reiz ist geil

Dennoch kann man in Polen Dinge beobachten, die ins Bild der Bravheit und Prüderie nicht passen. Der Markt macht's möglich: Jede **Modeneuheit** wird sogleich gierig aufgegriffen, egal ob aufreizender Minirock oder knappste, durch helle Hosen schimmernde Tanga-Slips. In den „Dienst der Lüsternheit" stellten sich auch Spitzenklöpplerinnen im schlesischen Koniaków. Sie produzieren nicht mehr Spitzendecken für den Sonntagstisch, sondern sexy Unterhöschen und haben damit großen Erfolg. Frisch-fromm-frei argumentieren die Frauen mit der Logik des Markts: Wenn sich das, was sie herstellen, gut verkauft, ist es auch gut.

Das katholische Polen empfiehlt sich als guter Markt für Sexblättchen aller Art. Monatlich erscheinen über 30 Erotikmagazine mit einer Auflage von drei Millionen Exemplaren. **Sexshops** gibt es in jeder Kleinstadt, das private Fernsehen zeigt die neuesten Pornos.

Dem Mann gefällt's ... ob's ihn freilich davon abhält fremd zu gehen, bleibe dahingestellt. Der **Seitensprung** gilt im Übrigen als nicht sonderlich schlimm („so ist der Mann nun mal"), für die Frau bleibt er weiterhin tabu.

Kirche kontra Sex

Der verklemmte Umgang der Kirche mit Sexualität treibt seltsame Blüten. Auf der in der Danziger Marienkirche ausgestellten, angeblich originalen Kopie des berühmten Altarbildes „Das Jüngste Gericht" sind alle nackten Männer und Frauen ihrer Geschlechtsteile beraubt. *Hans Memling,* der das Bild 1472, also im finsteren Mittelalter schuf, hatte die Geschlechtsteile dem Betrachter nicht vorenthalten. Er bewies mehr Respekt für die menschliche Natur als die katholische Kirche im 21. Jahrhundert - wer's nicht glaubt, schaue sich das im Danziger Nationalmuseum ausgestellte Original an.

Es scheint, als gehörten die Widersprüche - hier Verklemmtheit, dort ungehemmte Lust - wie zwei Seiten einer Medaille zusammen. Wo der offene Umgang mit dem Körper tabuisiert wird, wächst die Lust an der Sünde ...

Homosexualität

Der Papst und seine Experten im Vatikan bewerten die Homosexualität als „in sich schlecht" - so nachzulesen im jüngsten Grundsatzpapier, das allen Bischöfen zugestellt wurde. Besonders sittenwidrig sei es, homosexuelle Lebensgemeinschaften juristisch anzuerkennen. „Keine Ideologie kann dem menschlichen Geist die Gewissheit nehmen, dass es eine Ehe nur zwischen zwei Personen verschiedenen Geschlechts gibt." Die heterosexuelle Ehe ist das heilige Fundament der Familie, homosexuelle Beziehungen verstoßen „gegen das natürliche Sittengesetz".

Gottes Wille auf Erden wird auf Polens Straßen eifrig vollstreckt. Als in Danzig, Krakau und anderen Städten im Rahmen der Kampagne gegen Homophobie Plakate mit Fotos von händchenhaltenden homosexuellen Paaren gezeigt wurden, machten Anhänger der Liga der Polnischen Familie mobil und zerstörten die Kopien. Zugleich wurden die Abgebildeten bedroht: „Wenn wir erst eure Namen kennen, werdet ihr schon sehen ..." Die Plakataktionen mussten daraufhin eingestellt werden, die anstehende „Gay Parade" in Krakau wurde verboten.

Die schöne Polin

Polnische Frauen sind darauf dressiert zu gefallen, als Weichsel-Aphrodite, Grande Dame oder kokettes Püppchen. Die „Pfeile des Kupido", so **Alfred Döblin,** wissen sie bestens zu zielen: „sie spiegeln sich vor hellen Schaufenstern", „gleiten mit hellen und fleischfarbenen Strümpfen, eleganten Schuhen graziös aus den Konditoreien" und „die Kirchentreppen herunter", „bewegen sich absichtslos auf den Trottoirs". In der Operette „Bettelstudent" tönt es: „Der Polin Reiz ist unerreicht." Und selbst der sonst so kritische **Heine** geriet bei ihrem Anblick ins Schwärmen: „Hätte ich den Pinsel Raphaels, die Melodien Mozarts und die Sprache Calderóns, so gelänge es mir vielleicht, Ihnen ein Gefühl in die Brust zu zaubern, das Sie empfinden würden, wenn eine wahre Polin vor ihren Augen leibhaftig erschiene."

Im Bild der „schönen Polin" bündeln sich Männerfantasien. Mochte es auch in den politischen Beziehungen zwischen Deutschland und Polen nicht zum Besten stehen, so kam der **deutsche Kanzler Schröder** beim Besuch des polnischen Präsidenten nicht umhin, seinem Gastgeber ein dickes Lob auszusprechen: „Eines muss man euch lassen in Polen: Tolle Frauen habt ihr da." So ähnlich mag es auch *Napoleon* empfunden haben, als er 1806 an der Spitze seiner Heerscharen in Warschau einmarschierte. „Oh, qu'il y a de jolies femmes à Varsovie – oh, schöne Frauen gibt's in Warschau!" soll er voll Begeisterung gerufen haben. Eine von diesen, die Gräfin *Walewska,* machte er sich sogleich zur Geliebten.

Seit einigen Jahren gibt es **deutsch-polnische Manöver;** die deutschen Soldaten, hört man, sind ganz scharf darauf, die miniberockten Polinnen ins Visier zu nehmen. Doch eine „leichte Beute" wird das nicht. Schon die Väter wussten ein Lied von den Schwierigkeiten zu singen, die sich da ankünden:

Es war ein Polenmädchen,
das kam in unser Städtchen –
das war so schön, das war so schön.
Sie war das allerschönste Kind,
das man in Polen findt.
Aber nein, aber nein, sprach sie,
ich küsse nie …

Schlimmer noch – die Polenmädchen waren nicht nur widerspenstig, sondern zutiefst **patriotisch.** Selbst um das Verhältnis der Gräfin *Walewska* mit *Napoleon* ranken sich dubiose Legenden. So heißt es, sie habe ihre

Fünf Lebensentwürfe

Agnieszka – das Model

Wenn sie über Warschaus Marktplatz stolziert, erregt sie Aufsehen. Sie trägt hochhackige Schuhe, einen eng anliegenden kurzen Rock, dazu ein schwarzes Top, von dem sich die langen blonden Haare effektvoll abheben. „Ich genieße die bewundernden Blicke", lacht sie und ist dabei gar nicht verschämt. „Für mich ist die Straße eine Bühne." Agnieszka ist 18 Jahre alt und „lernt" an einer der vielen Model-Schulen der Hauptstadt. Geld verdient sie nebenbei mit Aushilfsjobs. Mal kellnert sie bei einem Empfang im Rathaus, mal steht sie auf einer Messe im Hostessen-Dress. Das Lächeln fällt ihr nicht schwer, denn sie ist sich ihrer Wirkung gewiss. Ohnehin ist die Arbeit für sie nur ein Sprungbrett in höhere Gefilde. „Ich habe sogar schon im ‚Bristol' übernachtet", erzählt sie stolz und schmunzelt dabei. Mit ihrer Freundin sei sie zum Flughafen Okęcie gefahren und ganz mutig gewesen. Sie haben ein paar junge, gut aussehende Ausländer angesprochen und ihnen ihre Hostessen-Dienste im Tausch gegen eine Nacht in Polens Top-Hotel angeboten. Und was ist ihr nächstes Ziel? Ihr größter Traum, gesteht sie, sei es, von einem jener Herren im maßgeschneiderten Anzug entführt zu werden, am besten ins Reich der Ehe: „Dann kann ich mir kaufen, wozu ich Lust habe, kann schöner wohnen und reisen, wohin ich will."

Jolanta – die Modedesignerin

Sie sieht gut aus: die Augen sanftbraun, die Lippen dezent geschminkt und die dunklen Haare duttartig aufgesteckt. Frau Jolanta gilt in Polen als eine emanzipierte Frau: Sie hat Innenarchitektur studiert und verdient gutes Geld als Designerin exklusiver Damenmode. Über die neuesten Trends ist sie gut informiert, jedes Jahr besucht sie die Düsseldorfer Messe. „Die Kleider", so beteuert die Mittvierzigerin, entwirft sie „für die moderne Geschäftsfrau, die sowohl bei der Arbeit als auch danach Männern gefallen will". Deshalb sind Jolantas Kleider aus weich fließendem, die Körperformen umschmeichelndem Stoff, stets auf Taille geschnitten und mit großzügigem Dekolleté. Jolanta weiß, dass die berufstätige Frau wenig Zeit hat: „Mit meinen Kleidern braucht sie sich nicht extra umzuziehen: Mit ein paar Accessoires eignen sie sich auch als Abendrobe."

Den Gedanken, dass frau ein unauffälliges Outfit vorziehen könnte, um ihrer Arbeit unbelästigt von Männerblicken nachzugehen, empfindet Jolanta als abstrus: „Warum sollen Frauen ihre Reize nicht zeigen?" Und sie fügt ergänzend hinzu: „Das verbessert doch auch das Betriebsklima!" Die Vorstellung, Frauen könnten etwas anderes wollen, als sich in den Augen der Männer zu spiegeln, lässt sie nicht gelten: „Männliche Bestätigung gibt uns Frauen doch Kraft!" Viele Polinnen denken wie sie – das Geschäft mit der charmanten Ware floriert.

Maryla – die Nonne

„Aber bitte kein Foto machen!" Kess zupft Maryla an ihrer schwarzen Haube. Die Erleuchtung kam ihr auf einer Wallfahrt nach Kalwaria Zebrzydowska, als sie 17 Jahre alt war. Sie erinnert sich noch des wohligen Schauers, der ihr beim Anblick der frohen Gesichter über den Rücken lief. „Als wir dann über die Straßen zogen, dachte ich: ‚Warum bin ich hier glücklich und in meinem sonstigen Leben fast nie?'" Diese Frage ließ sie nicht mehr los. Und als sie die Via Dolorosa abschritt und vor dem Marienaltar niederkniete, wurde ihr bewusst: „So viele Menschen im Glauben vereint, das ist wie ein riesiges Fest, das soll für mich die Regel sein!" So beschloss Maryla,

048po Foto: sg

Nonne zu werden. Letzte Gewissheit gab ihr ein Besuch im 14 Kilometer entfernten Wadowice, „wo unser Papst geboren wurde". Der Rest war reine Formsache. „Ich trat in den Krakauer Augustinerinnenorden ein, weil dort bereits eine Schulfreundin von mir war." Hat sich jemand über ihren Entschluss gewundert? „Aber nein", versichert sie, „meine Familie war mächtig stolz, meine Mutter weinte vor Freude!" Dann ist Maryła plötzlich weg. Wie ein Teenie springt die 22-Jährige auf und mischt sich unter die Nonnen, die lachend den Platz überqueren.

Anna – die Dozentin

Anna ist um die 50, eine gepflegte Erscheinung in dunkelblauem Hosenanzug. Sie arbeitet als Dozentin an der Kunsthochschule, ist geschieden und hat eine 20-jährige Tochter. „Was immer man vom sozialistischen Staat halten mag, einiges hatte er uns Frauen gebracht: Krippe, Kindergarten und Ganztagsschule und in den Ferien wurden die Kinder ans Meer oder in die Berge verschickt." Natürlich habe vieles im Argen gelegen. Frau und Mann waren beide berufstätig, doch am späten Nachmittag, wenn sie von der Arbeit nach Hause kamen, wer habe sich dann um das Kind gekümmert? Die Frau natürlich, und vielleicht auch die Großmutter, wenn sie nicht gerade bei ihrer Schwester aushelfen musste. Der Mann dagegen saß im Sessel und ließ sich bedienen. Und wenn sie zu den Nachbarn hinüberschaute, war's dort nicht anders. „Die Welt, die war nun mal so." Im Jahr der Wende ließ sie sich scheiden und glaubte, von jetzt an werde alles besser.

Was würde sie heute anders machen, wenn sie die Chance hätte, noch einmal 20 zu sein? Das sei nicht leicht zu beantworten, meint sie. Vieles sei im heutigen Polen leichter, der Alltag nicht mehr so hart und weniger grau. Man müsse in Läden nicht mehr Schlange stehen, es gebe alles, was das Herz begehrt. „Aber andererseits: Schauen Sie sich die jungen Frauen von heute an! Die paar Kindergartenplätze, die es gibt, sind so teuer, dass man sie nicht bezahlen kann. Kaum noch eine Frau findet Arbeit – nein, tauschen möchte ich mit ihnen nicht!"

Magda – die Feministin

„Wenn Sie über mich schreiben, dann ändern Sie bitte meinen Namen. Feministin ist hier nämlich noch ein Schimpfwort." Also heißt sie jetzt Magda und ist 44 Jahre alt, 1995 war sie in Krakau an der Gründung eines unabhängigen Frauenverbands beteiligt – mit Krisentelefon und juristischer Beratung. In der Bücherei finden sich viele Artikel zur Gleichstellungspolitik der EU, dazu alles Wichtige, was bisher über bekannte polnische Frauen geschrieben wurde, z. B. über *Maria Skłodowska-Curie,* die erste weibliche Nobelpreisträgerin und über *Rosa Luxemburg,* die in Zamość geborene Streiterin für einen undogmatischen Marxismus. Nur wenige feministische Autorinnen sind vertreten, etwa *Manuela Gretkowska* (Jahrgang 1964) und *Izabela Filipiak* (Jahrgang 1961). Ja, meint Magda, eine Literatur, die gegen das Stereotyp der „polnischen Mutter" aufbegehrt, gebe es nur in Ansätzen. Findet man in der Bücherei etwas über *Hanna Suchocka,* der es nach der Wende als erster Frau gelang, Ministerpräsidentin zu werden? „Nein, für sie ist hier kein Platz", werden wir belehrt, sie habe das Amt nur bekommen, weil sie entschiedene Gegnerin der Abtreibung war. Auch um die Frauen in der heutigen Regierung sei es nicht gut bestellt. „Vor der Wahl hatten sie versprochen, sie würden das Abtreibungsrecht liberalisieren. Doch dann hob die Kirche ihren drohenden Finger und schon waren die Frauen der postsozialistischen Partei ganz still und klein."

Ob wir am 8. März noch da seien, will Magda wissen. Der Internationale Tag der Frau werde in Polen nämlich ganz anders gefeiert als in Deutschland. Wohin man schaue, rote Rosen: Männer bringen der Freundin glühende Sträuße und die Frauen seien davon ganz begeistert. In der Frauengruppe habe man den Tag ursprünglich nutzen wollen, um auf Themen wie „häusliche Gewalt" und „sexuelle Belästigung am Arbeitsplatz" aufmerksam zu machen, doch der Plan wurde verworfen. Dafür, so Magda, sei die Zeit „hier im konservativen Krakau", wo eine Feministin immer noch als „Hysterikerin" gilt, noch nicht reif. Wer demonstrieren will, meint Magda, fährt besser nach Warschau. „Dort muss man keine Angst haben, mit faulen Äpfeln beworfen zu werden." Bei der Kundgebung im letzten Jahr hätten über 1000 Frauen eine Liberalisierung des Abtreibungsgesetzes gefordert und eine hübsche kleine Aktion am Königstrakt gestartet. Überall, wo auf Straßenplakaten Frauen in aufreizender Pose gezeigt wurden, überklebten sie diese mit Bildern von männlichen Geschlechtsteilen. „Fantasie an die Macht! So hieß das doch bei euch einmal, oder?" Magda sieht nun besser aus als zuvor, es tat ihr gut, über Warschau zu sprechen ...

Tugend erst in dem Augenblick über Bord geworfen, als kirchliche Würdenträger an ihre Vaterlandsliebe appellierten und ihr klar machten, sie könne die Politik des Kaisers zugunsten Polens beeinflussen. Einige Jahrzehnte später ermittelte *Leopold von Sacher-Masoch,* der als österreichischer Polizeibeamter nach Polen kam, das schwache Geschlecht habe in dieser Ecke Europas ganz anderes im Sinn als Kirche, Kind und Küche. „An allen polnischen Verschwörungen", notierte er, „waren die polnischen Mädchen und Frauen in hervorragender Weise beteiligt und sie verstanden es, nicht allein für das Vaterland zu intrigieren, zu werben, zu begeistern, sie haben genügend bewiesen, dass sie fähig sind, zu jeder Stunde für dasselbe in das Feuer zu gehen, zu bluten, zu sterben."

In der **Unschuld vom Lande** schlummert eine Jeanne d'Arc. Da belässt man es doch besser beim harmlosen Schmaus für die Augen. Weil die Zeiten feministischer Wachsamkeit passé sind und die Frau auch in den Medien wieder zur Ware erniedrigt werden darf, lässt es sich die „Süddeutsche Zeitung" nicht nehmen, Voyeur zu spielen und mit der Brille des Mannes durch Warschau zu spazieren: „Zu den Sehenswürdigkeiten der polnischen Hauptstadt", so die Überschrift eines Artikels, „gehören auch die Damenbeine." Das Tolle daran: Sie sind sogar im Winter zu sehen, „als gäbe es für sie keine Jahreszeiten" *(Matthias Kneip).* Dem Dozenten an der Oppelner Uni stechen die „Miniröcke und Chiffonblusen" ins Auge, und er möchte eine Studentin fragen, ob ihr nicht kalt sei oder „warum sie sich für das Studium so hübsch macht". Doch er traut sich nicht ...

Schranken der Lust

Die Frauen in Polen haben es nicht leicht. Auf den ersten Blick sind ihre Probleme gar nicht so viel anders als die der Frauen Westeuropas, doch haben sie es in diesem Land mit einem härteren Widersacher zu tun: der hier besonders einflussreichen katholischen Kirche. Verliebt sich eine junge Frau, sagt ihr die innere Stimme sogleich: Gib acht, lass' dich von der Lust nicht davontragen, warte bis zur Hochzeitsnacht! Wird sie aber doch plötzlich schwanger, ist die Not groß. Keine Beratungsstelle empfiehlt die „Abbruchpille", kein öffentliches Krankenhaus nimmt einen Eingriff vor. **Schwangere Frauen** können nur hoffen, dass sie möglichst rasch zum Traualtar geführt werden, damit das Baby in „geordnete Verhältnisse" geboren wird. Finden sie keinen Heiratspartner, so verlassen nicht wenige ihren Heimatort, oft sogar das Land. Denn mit unehelichem Kind ist man in Polen unerwünscht.

Entscheiden sich Frauen für einen illegalen Schwangerschaftsabbruch, stellen sie sich gegen ein Bollwerk von Kirche, Staat und Gesellschaft. Das

049po Foto: sg

polnische Abtreibungsrecht, das vor der Wende zu den fortschrittlichsten Europas zählte, ist nun das restriktivste. Seit 1996 ist ein Schwangerschaftsabbruch bis zur zwölften Woche nur noch legal, wenn medizinische Gründe vorliegen oder die Schwangerschaft aus einer Vergewaltigung resultiert – dies freilich hat die Frau zu beweisen. Gleichzeitig hat sich der Druck auf die Ärzte erhöht: Auf „Beihilfe zur Abtreibung", die von Beratung bis zum Vollzug reicht, steht eine Gefängnisstrafe von bis zu drei Jahren. Um mit dem Gesetz nicht in Schwierigkeiten zu kommen, wird Ärzten nahe gelegt, sich von vornherein auf „ethische Bedenken" zu berufen und Abtreibungen generell zu verweigern. So erklärt es sich, dass pro Jahr nur zwischen 100 und 150 legale Abtreibungen auf insgesamt zehn Millionen Frauen im „gebärfähigen Alter" vorgenommen werden.

Schlägt man die Anzeigenseiten der Zeitungen auf, stellen unter „Vermischtes" zahlreiche Frauenkliniken Hilfe bei „Menstruationsbeschwerden" in Aussicht und werben für Eingriffe „auch im Ausland". So ist es in Polen ein offenes Geheimnis, dass **Abtreibungen** illegal vorgenommen werden. Sie kosten die Frau ein Monatsgehalt oder mehr und zwingen sie dazu, eine strafbare Handlung zu begehen. Laut WHO, der Weltgesundheitsorganisation, liegt die geschätzte Dunkelziffer durchgeführter Abbrüche bei jährlich ca. 200.000. Manchmal werden diese vor Polens Küste in internationalen Gewässern praktiziert, z. B. in der schwimmenden Abtreibungsklinik der Organisation „Women on Waves". Auf dem niederländischen Schiff werden „Dutch Services" angeboten: Schwangerschaftsabbrüche unter ärztlicher Aufsicht bis zur sechsten Woche mit der in Polen verbotenen Abtreibungspille Mifegyne RU 486.

Rollenverteilung

Eine Polin, egal ob berufstätig oder nicht, steht täglich zwei Stunden in der Küche, hinzu kommen mindestens vier Stunden für Einkaufen und Putzen, Waschen und Bügeln. Der Mann beteiligt sich an der Hausarbeit nur wenig – und wenn, so pickt er sich die angenehmsten Beschäftigungen heraus, geht mit dem Kind spazieren oder kocht das Sonntagsmenü. Nur 30 % der Männer stehen „gelegentlich" am Herd oder an der Spüle. Anna, unsere Frau aus Fall 4, weiß davon ein Lied zu singen: „Der Mann spielt den Pascha und reagiert erbost, wenn man seine Mithilfe einklagt." Doris, eine nach Posen eingeladene deutsche Dozentin, beklagt in der Zeitschrift „Dialog", dass der polnische Mann eine Frau wünscht, die bereit ist, als treusorgende Mutter ausschließlich für ihn und die Kinder dazusein. „In diesen Verbindungen", schreibt sie, „gibt es keine echte Partnerschaft. Daher kommen mir die Polinnen so zerrissen vor. Eine Polin kann Universitätsprofessorin sein, aber zu Hause bedient sie den Mann."

Traditionelle Vorstellungen von der Rollenverteilung zwischen Mann und Frau beherrschen das Denken wie in kaum einem anderen europäischen Land. Das Modell der opferwilligen *Matka Polka,* 1830 vom Nationaldichter *Adam Mickiewicz* hymnisch in die Welt gesetzt und von der Kirche mit Macht unterstützt, feiert fröhliche Urstände: Es ist patriotische Frauenpflicht, den Beruf, wenn's denn fürs Vaterland gut ist, aufzugeben und sich ganz der Familie zu widmen: den arbeitsamen Mann zu umsorgen, Kinder zu gebären und groß zu ziehen. Die Mehrzahl der Frauen findet es immer noch oder schon wieder „ganz natürlich", dass sie für Haushalt und Familie zu sorgen hat. Ihre psychischen Bedürfnisse seien eben anders als die des Mannes, sagen sie, da sollte man ihm keine Vorwürfe machen.

Frau und Beruf

Für die Frauen, die in der Arbeitswelt stehen, sieht es bitter aus. Schon zwei Jahre nach Einführung der marktwirtschaftlichen Demokratie schrieb die britische Zeitschrift „Economist", die größten **Verlierer des Macht-**

wechsels seien die Frauen gewesen – eine Einschätzung, die weiterhin gültig ist. Artikel 33 der polnischen Verfassung garantiert zwar Frauen und Männern gleiche Rechte in Politik und Wirtschaft, Familie, Bildung und Beruf, doch diese stehen nur auf dem Papier. Das belegen auch die Studien des führenden polnischen Meinungsforschungsinstituts CBOS (Centrum Badania Opinii Społecznej), das in regelmäßigen Abständen Umfragen zur Lage der Frau durchführt – im Internet nachlesbar, leider nur auf polnisch, unter www.cbos.pl. Da erfahren wir, dass Frauen von Kündigungen besonders stark betroffen sind, ihr **Anteil an der Gesamtzahl der Arbeitslosen** ist überproportional hoch. Die in der polnischen Gesellschaft über die Aufgabenverteilung von Frau und Mann vorherrschenden Stereotype beeinflussen das Verhalten von Arbeitgebern. O-Ton eines Firmenchefs: „Frauen können schwanger werden und denken mehr an die Familie als an den Job." Aus seiner Sicht Nachteile, die selbst durch eine geringere Entlohnung der Frau nicht ausgeglichen werden. **Stellenangebote** richten sich deshalb verstärkt an Männer – da zählt es nicht, dass arbeitssuchende Frauen im Schnitt einen höheren Bildungsstand haben und mehr Fortbildungskurse besuchen. Richten sich Anzeigen ans weibliche Geschlecht, so ausdrücklich an „Frauen in stabiler Familiensituation". Diese werden auf die Rolle der „Dazuverdienerin" beschränkt, ein großer Teil weiblicher Arbeitsplätze sind Teilzeit- und Gelegenheitsjobs im Dienstleistungsbereich.

Besonders krass ist die **Lage arbeitender Mütter.** Die Tatsache, dass die Zahl der Plätze in Betreuungseinrichtungen für vorschul- und schulpflichtige Kinder sinkt, gleichzeitig aber die Kosten für den Besuch derartiger Einrichtungen steigen, hat die Möglichkeit, parallel zur Mutterrolle einen Beruf auszuüben, eingeschränkt. Um so erstaunlicher ist es, dass den meisten befragten Frauen das Wort „Diskriminierung" gar nicht oder nur schwer über die Lippen kommt. Am ehesten sind es noch Frauen in leitender Stellung und im Alter von 30 bis 55 Jahren, die ihre Unzufriedenheit äußern. Sie wollen nicht hinnehmen, dass Männer bei anstehender Beförderung immerzu bevorzugt und bei gleicher Arbeit besser entlohnt werden als sie.

Zuversicht findet sich einzig bei jüngeren Frauen. Große Hoffnung setzen sie auf die von der EU erstellten Programme zur **Förderung weiblicher Existenzgründungen** – um so mehr, als seit 2004 *Danuta Hübner* als erste polnische EU-Kommissarin in Brüssel sitzt. Die Zahl derer, die den Sprung in die Selbstständigkeit bereits wagten, beläuft sich immerhin auf knapp eine Million. Viele von ihnen treten sehr selbstbewusst auf. Sie leiten einen Kosmetik- oder Schönheitssalon, führen ein kleines Geschäft oder suchen ihr Glück in der Gastronomie.

018po Foto: sg

Der polnische Mann

„In Polen sind die Frauen schön, klug und herzlich, die Männer hingegen schnauzbärtig und brummig. Es gibt Ausnahmen. Sicher. Aber es ist schon erstaunlich, wie diese Männer und Frauen, die sich doch seit Generationen zusammentun, immer wieder schöne Frauen und hässliche Männer hervorbringen. Irgendwie muss der liebe Gott das mendelsche Gesetz in Polen außer Kraft gesetzt haben.“
(Gabriele Lesser, Journalistin)

So sehr die polnische Frau Aufsehen erregt, so **unscheinbar** ist der polnische Mann. Niemand preist sein Aussehen oder seine Art sich zu kleiden, die Eleganz seiner Bewegung oder die Intensität seines Blicks. Nicht einmal ein lautes Organ wird ihm attestiert. Ist er galant, so flirtet er doch wenig. Offenbar hat er es nicht nötig eine Frau zu erobern, sie hat ihm „zuzufallen“.

Aber er kann auch böse werden. Zum Beispiel Bogdan, der am Vorabend eine ZDF-Reportage über „Brautschau in Polen“ gesehen hat. Da habe doch tatsächlich einer dieser Herren erklärt, die polnische Frau sei mehr am deutschen als am polnischen Mann interessiert. „Ganz schön blöd", meint Bogdan, „wenn der nicht sieht, dass unsere Frauen nur aufs westliche Geld scharf sind." Was ihn aber auf die Palme bringt, ist der vom Brautschauer angefügte Vergleich: „Der polnische Mann ist eher ein Pascha-Typ. Der deutsche Mann ist liberaler, weil er eingesehen hat, dass man eine Frau nicht beherrschen kann."

Bogdan ist fassungslos: „Wir unsere Frauen beherrschen? Niemals! Das haben wir gar nicht nötig. Verbringen Sie auch nur einen Tag in einer polnischen Familie, dann werden Sie sehen, wer bei uns in Wirklichkeit das Sagen hat." Und er fügt, nun schon besser gelaunt, hinzu: „Die Frauen lieben uns so wie wir sind und wie wir schon immer waren. Schauen Sie, wie schön sie sich für uns machen. Sie tragen keine Hosen wie bei euch, denn sie wissen, Röcke und Kleider gefallen uns besser."

Wir fragen ihn, was er denn von den „Büros für Gleichstellung der Geschlechter" hält, die man nach westeuropäischem Vorbild nun auch in polnischen Städten eingerichtet hat. Bogdans Kommentar ist eindeutig: „Bei uns gibt es eine ganz natürliche Gleichstellung von Mann und Frau, da braucht man keine speziellen Gesetze wie bei euch und erst recht keine ‚Sonderbeauftragte', die darüber wacht, dass die Gesetze eingehalten werden. Bei uns können Frauen, wenn sie unbedingt wollen, alles machen. Sekretärin, Krankenschwester, Lehrerin, ja sie können auch in öffentlichen Ämtern arbeiten, in die Politik gehen und Präsidentin werden. Aber natürlich gibt es ein paar Jobs, die sind einfach nicht gut für sie, z. B. bei der Post als Briefträgerin, das ist schwierig, denn da müsste sie viel Geld für all die Renten und Pensionen austragen und so was spricht sich natürlich schnell herum, und dann wird's gefährlich. Auch Kranführerin und so, all die Sachen, die sie im Sozialismus machen musste, das ist nichts für sie. So wie es andererseits für Männer nichts wäre, in Kindergärten zu arbeiten, da gibt's eben Dinge, die kann nur ein Geschlecht machen. Das hat nichts mit Benachteiligung zu tun, das ist von der Natur so gewollt."

Kocham cie („Ich liebe dich")

Die Stiftung Naturschutz Berlin hat gemeinsam mit ihrer polnischen Partnerorganisation das Pilotprojekt „Ökologischer Freiwilligendienst" ins Leben gerufen. Um junge deutsche Frauen zwischen 18 und 25 für den Plan zu erwärmen, wirbt die Stiftung mit dem Slogan „Polen sind die besseren Liebhaber". Im Internet ist nachzulesen, wie die „Freiwillige" in süße Träume fällt: „Hand in Hand stehe ich mit meinem Liebsten auf einem Felsvorsprung der Karpaten. Auf der anderen Seite, dort wo man meint, die Welt habe ein Ende, verschwindet langsam die Sonne hinter den Bergen."

Könnte man also sagen, dass Mann und Frau in der polnischen Gesellschaft gleichberechtigt sind und es keine Diskriminierung in Familie und Beruf gibt? Bogdan reagiert etwas ausweichend, nein, so sollten wir das nicht schreiben. „Denn in der Regel sind das schon die Männer, die für den Wohlstand kämpfen und dafür sorgen, dass es was zu essen gibt. Unsere Frauen helfen uns aber dabei. Doch weil ihre Arbeit meist weniger schwer ist als unsere, kriegen sie natürlich auch nicht so viel Geld. Das war schon immer so."

Bogdan wirkt an dieser Stelle etwas unsicher - ganz wohl war ihm offenbar nicht bei dem, was er gerade gesagt hat. Und er ergänzt: „Aber wenn's hart auf hart geht, arbeiten sie wie wir. Denken Sie nur daran, was sie alles geleistet haben, als unser Land besetzt war, zu Zeiten Napoleons und auch danach. Während wir auf den Schlachtfeldern kämpften, haben sie unsere Kinder im rechten Glauben aufgezogen und ihnen die polnische Sprache beigebracht. Unsere Frauen waren Patrioten und das sind sie, wenn's drauf ankommt, noch heute!"

Nach diesem Exkurs in die große Geschichte kommt Bogdan noch mal aufs Ausgangsthema zurück, die böse Unterstellung, deutsche seien interessanter als polnische Männer. „Bei euch in Deutschland ist doch die Welt nicht mehr in Ordnung. Da gibt es Männer, die können das Leben gar nicht bewältigen. Sie sind so verweichlicht, dass sie nichts anderes mehr können als Hausfrau spielen. Die verlieren auch noch ihre letzte Autorität - kümmern sich um Küche und Kind und die Frau soll schaffen gehen. Das ist doch absurd!"

Familienleben

Nach wie vor ist die Familie das Wichtigste im Leben eines Polen. Sie wird in alle Planungen einbezogen – und zwar nicht nur Mama, Papa, Kinder und Geschwister, sondern auch Großeltern, Tanten, Onkel und entfernte Cousinen. Eine große Familie hat den Vorteil, dass man immer auf jemanden zurückgreifen kann, wenn Not am Mann ist – sie ist ein Hort der Selbsthilfe und Sicherheit.

Hochzeit in Weiß

Auf eine Trauung in Weiß, mit fließendem Gewand, Tüllschleier und Goldring will kaum eine Polin verzichten. Einen „Hochzeitswahn" registriert die Zeitschrift „Polityka", was erstaunlich ist, wenn man bedenkt, wie teuer die Zeremonie ist. Schon die prachtvollen Gewänder kosten viel

050po Foto: sg

Geld; das obligatorische, drei Tage dauernde Festmahl verschlingt oft das gesamte Familienvermögen. Doch die Polen lassen sich nicht beirren: „Wenn wir schon arm sind", so die Devise, „müssen wir uns das Leben wenigstens mit einem rauschenden Fest versüßen!"

Vor der Hochzeit ist allerdings manch eine Hürde zu nehmen. Will sich das Paar kirchlich trauen lassen, muss es zunächst einen **„Eheführerschein"** absolvieren. Beim Priester, bekanntermaßen ein Experte in Ehefragen, erfahren die Heiratskandidaten, dass bei Ehestreit der Klügere nachgibt, die Zählmethode das einzig legitime Verhütungsmittel und bei allen ernsten Problemen der Beichtvater der erste Ansprechpartner ist. Zur **Beichte** muss man vor der Heirat ohnehin gehen, denn niemand darf das Heilige Sakrament „befleckt" empfangen. Außer Eheführerschein und Beichtzettel ist ein **ärztliches Gutachten** einzureichen, das den Brautleuten Gesundheit attestiert. Erst wenn dem Priester alle drei Dokumente vorliegen, schlägt er einen Trauungstermin vor.

Wo leben?

Sind die Flitterwochen vorbei, stellt sich die Frage: Wo soll das Paar leben? Da Wohnungsmieten locker ein halbes Monatsgehalt verschlingen, wird die Antwort von der Not diktiert. Das Paar quartiert sich in der Zweizimmerwohnung eines Elternteils ein und bleibt selbst dann noch dort, wenn Nachwuchs eingetroffen ist: **Drei Generationen in einer Zweizimmerwohnung** sind in Polen normal. Allerdings ist die Geburtenrate seit einiger Zeit rückläufig und entspricht in etwa der deutschen: pro Frau 1,3 Kinder.

Im Haus führt *Babcia,* die Großmutter, das Regiment. Sie versorgt die Enkel, wenn die Kinder arbeiten gehen, kauft ein, putzt und kocht. Sie weiß um ihre Unentbehrlichkeit und leitet daraus das Recht ab, in der Erziehung die Richtung vorzugeben. Heilig ist ihr ein strenger **Höflichkeitskodex:** „Sitz gerade beim Essen!", „Sag immer danke und bitte!". Auch die Eheleute bleiben von *Babcia* nicht verschont, allzu gern mischt sie sich in ihre Streitigkeiten ein. Andererseits hält sie die Familie zusammen: Sie sorgt dafür, dass stets ein warmes Essen auf dem Tisch steht und es – trotz unterschiedlicher Arbeitsschichten – so oft wie möglich gemeinsam eingenommen wird.

Scheiden tut weh

In einem Land, in dem Ehebruch „Verrat" heißt, fällt die Scheidung nicht leicht. Auf 1000 Ehen werden nur 45 geschieden, in Deutschland ist die Zahl fast viermal so hoch. Wieder ist es der Mangel an preiswertem Wohnraum, der die Familie „stabilisiert": Wovon soll man Mieten für zwei Wohnungen bezahlen, wenn man sich einmal getrennt hat?

Die **Kirche** hält ein weiteres Druckmittel bereit: Für sie gibt es keine Scheidung, sondern nur eine räumliche „Separation". Diese schließt aus, dass die Eheleute noch einmal heiraten dürfen, weil sie laut kirchlicher Auffassung noch immer verheiratet sind. Es gilt das Gebot: „Bis dass der Tod euch scheide ..." Alleinerziehende Mütter bzw. Väter gelten als anomal, ihre Zahl ist verschwindend gering.

Wohnen

„Nichts kann groß und weit genug sein."
(Sehnsucht nach Raum, polnische Redensart)

Zwölf Millionen Polen, das heißt knapp ein Drittel der Bevölkerung, leben in **„Blocks":** Hochhäuser, die rings um die Städte eine graue Wand bilden – wer da nicht wohnt, fährt schnell vorbei. Straßen tragen Bezeichnungen wie Block A, B, C und D, die Bewohner nennen sich selbstironisch *blokerski*, „die aus den Blocks". Sie leben mit nackten Betonmauern, schlecht beleuchteten Treppenschächten und kleingestanzten Fensterfronten – eine Architektur, der nichts Positives abzugewinnen ist. Sie ist überall gleich, egal ob in Bałuty (Łódź), Rataje (Posen), Ursynów (Warschau) oder Zaspa (Danzig).

Sozialistische Moderne

Was heute trist wirkt, war einst ultramodern. Die Siedlungen, hochgezogen für die Werktätigen des Sozialismus, galten als vorbildlich: Man hatte Zentralheizung, Warmwasser, Gasherd und Waschmaschine, während die

Eltern auf dem Land noch mit dem Plumsklo vorlieb nehmen mussten. Besser ging es einzig denen, die einen *Warszawski* ergatterten, eines jener quaderförmigen Einfamilienhäuser aus Fertigplatten mit immerhin großzügiger Raumaufteilung. Aufgrund chronischen Holzmangels (das polnische Holz ging in die Sowjetunion) waren Giebeldächer tabu, das Haus musste mit einem Flachdach auskommen.

Neue Träume

Heute wünschen sich viele Polen ein **Eigenheim** im Grünen, ein Landhaus für die ganze Familie. Wie der Traum verwirklicht wird, kann man am Rand von Boom-Städten wie Warschau, Breslau oder Krakau studieren. Für besser gestellte Polen entstanden dort Reihenhaussiedlungen mit Namen wie *Dwór Polski* („polnisches Herrenhaus“) und *Zielone Miasto* („grüne Stadt“). Die schönen Namen täuschen darüber hinweg, dass auch hier eisige Zweckrationalität herrscht: rechtwinklig geschnittene, weit ins Umland ausgreifende Straßen, Minigrundstücke mit fast identischen Häusern, ein Supermarkt anstelle eines lebendigen Zentrums. Nach Einbruch der Dunkelheit werden die Bürgersteige hochgeklappt, hinter Wolkengardinen flimmert das Fernsehblau der *wiadomości* („Nachrichten“).

Junge Großstädter probieren derweil Neues aus, statt Zwangs-WG mit Eltern testen sie das Zusammenleben mit Gleichgesinnten. Preisgünstiger ist diese Art des Wohnens obendrein: Wenn sich ein Dutzend Leute zusammentun, ist selbst eine Miete von 1000 Euro für 170 Quadratmeter erschwinglich.

Innenleben

In der Einrichtung spiegelt sich, was den Bewohnern lieb und teuer ist. Bei älteren Polen hängt im Wohnzimmer das Kreuz, daneben ein Bild des Papstes und die Schale mit dem gesegneten Weihwasser. Vor dem Fernseher steht die obligatorische Couchgarnitur, die sich abends in ein Bett verwandeln kann; aus der Anrichte, dem kostbaren Erbstück, blitzt das Sonntagsgeschirr.

Zeitschriften wie „Schöner Wohnen“ sind in Polen bislang kaum verbreitet, doch in den Beilagen der Tageszeitungen darf man bereits herbeiwünschen, was man sich wahrscheinlich nie wird leisten können: minimalistisches Edeldesign, Marmorbäder und Luxus-Pool. Erschwinglicher scheint da doch Ikea, das Polen bereits mit einem Filialnetz überzogen hat. Seine freundlich-funktionalen Möbel fanden bereits Einzug in viele Wohnungen jüngerer Polen.

Einkaufen

„Wer Handel treibt, lebt."
(geflügeltes Wort aus deutscher Besatzungszeit)

Leere Läden, Mangelwirtschaft, lange Schlangen? All dies kennen jüngere Polen nur vom Hörensagen. Heute quillt das Land vor Waren über. In den Städten entstehen Einkaufspassagen, Shopping Malls und Urban Entertainment Centers. Sie sehen genauso aus wie im Westen – wen wundert's, die Baufirmen sind die gleichen. Auch das Angebot ist zum Verwechseln ähnlich, man kauft bei Dolce & Gabbana, Salamander und H&M. Lebensmittelketten wie Tesco, Metro und Intermarché haben einheimische Händler verdrängt. Ihre neuen Großmärkte stehen jenseits der Vorstadt, riesige Reklamewände weisen den Weg. Einige Polen reagieren genervt: „Die stellen sogar die sozialistischen Werbebanner in den Schatten, die uns aufriefen, fürs Vaterland mehr zu arbeiten."

Vom Basar zum Großmarkt

Ein Relikt aus der Wendezeit sind die „Russenmärkte" an Polens Ostgrenze. Auf klapprigen Tapeziertischen liegen Raubkopien und getürkte Ikonen, Porno-Videos und Präzisionskameras made in China. Neben gackernden Hühnern kauern Kinder mit Körbchen voll Waldbeeren, Frauen bieten hausgemachten Käse und Dillgurken vom Fass. Nazi-Schriften finden ebenso Käufer wie Orden aus der Zeit des Großen Vaterländischen Krieges. In blau-weiß-rot gestreiften, reißfesten Plastiksäcken bringen Weißrussen und Ukrainer ihre Ware über die Grenze. *Mrówkowy* („Ameisen") werden sie von den Polen genannt. Doch automatisch, wie man es bei Ameisen vermutet, läuft hier gar nichts: Jeden Tag müssen die Pendler

Haus- und andere Stadttiere

Je kleiner die Wohnung, desto größer der Hund: Nach dieser Devise verfahren viele Stadtbewohner. In den Parks tummeln sich alle erdenklichen Rassen, auffallend oft Schäfer-, Jagd- und Windhund. Vielleicht brauchen die Städter das Tier zur Erinnerung ans Landleben? Für Vögel stellen sie kleine Häuschen auf und füttern sie im langen Winter. Spatzen wirken furchtloser als im Westen und auch die Raben, von denen das Land übervölkert scheint, trollen sich erst im letzten Augenblick. Eine ganz besondere Spezies sind Tauben, vor allem in Krakau: Laut Legende verbirgt sich am dortigen Marktplatz in jeder Taube ein Ritter – er wartet auf ein erlösendes Wort, um wieder Mensch werden zu können.

neu kalkulieren, ob Kauf-, Transport- und Visumkosten, das Währungsgefälle und die Aussicht auf Gewinn in einem vernünftigen Verhältnis stehen. Im Binnenland wurden in den letzten Jahren viele Basare durch moderne Großmärkte verdrängt – so in Tuszyn bei Łódź, wo sich nun vier Autobahnen kreuzen.

Polnische Waren

Wer unverwechselbar Polnisches sucht, schaut sich bei den Kunsthandwerkern um. Viele von ihnen sind Mitglieder des Cepelia-Verbands, der sich seit 1949 der Verbreitung und dem Verkauf von **Volkskunst** widmet. Ein dichtes Filialnetz hat er übers Land gespannt, doch ist das Sortiment unterschiedlich: Da gibt es Läden mit folkloristischem Kitsch, aber auch Galerien mit Arbeiten international renommierter Künstler, z. B. Webteppiche von *Magdalena Abakanowicz*. Zu den Klassikern polnischen Kunsthandwerks zählen aus rauer Tatra-Wolle gestrickte Pullover und Lederwaren mit rustikalen Ornamenten. Aus dem Baltikum kommt Bernsteinschmuck, aus dem Riesengebirge geschliffenes und geblasenes Glas. Geklöppelte Spitzendecken werden im Beskidenort Koniaków hergestellt; eine masowische Spezialität sind Scherenschnitte und spinnenartige Mobiles.

Straßenstand – mit Pilzen und Kräutern wird die Haushaltskasse aufgebessert

Essen und Trinken

„Die Dicken leben kürzer, aber sie essen länger.“
(Stanisław Jerzy Lec)

Die Polen lieben langes und genussvolles Speisen. Jede sich bietende Gelegenheit nutzen sie, um einen **Festschmaus** zu bereiten. Und was da aufgefahren wird, kann sich sehen lassen: gemästetes Federvieh, Wildbret und Spanferkel, dazu Teigwaren und Sahnesoßen, zwischendurch immer wieder ein Wodka und am Ende eine Staffel Desserts. Wer nicht aufpasst, setzt rasch Fettpölsterchen an. Oder er hält es gleich mit der Adelsmaxime: „Iss, trink und löse den Gürtel!“

Die **polnische Küche ist abwechslungsreich.** Sie hat sich von allen Nachbarn inspirieren lassen, skandinavische und deutsche Einflüsse ebenso aufgenommen wie böhmische, litauische und russische. Der jüdischen Vorliebe für Süßsaures verdankt sie ausgefallene Einsprengsel.

Gastro-Szene

In den großen Städten gibt es Küchen aus aller Welt, doch trotz aller Vielfalt hat sich **kuchnia polska,** polnische Küche, sehr gut behauptet. Nachdem die Polen Chinesen, Italiener und Mexikaner kennen gelernt haben, wissen sie, was sie an ihrer eigenen Küche haben. Und auch die *Bar Mleczny* („Milchbar“), in der es alle mögliche polnische Kost, nur keine Milch gibt, hat die Wendejahre bestens überstanden. Sie weigert sich, mit der Zeit zu gehen und ist eben darum äußerst beliebt.

Exotische Suppen

Suppen rangieren auf der Beliebtheitsskala ganz oben. Sie sind mild und pikant, herzhaft und süß. Einige haben exotische Zutaten wie Sauerampfer, saure Gurke und Sauermehl, andere werden aus Rüben und Kräutern gemixt. Die Zubereitung ist arbeitsintensiv: Beim Klassiker **Borschtsch** *(barszcz)* muss rote Beete mit etwas Schwarzbrot mehrere Tage im Glas stehen, damit sie schön sauer wird. Anschließend wird sie stundenlang mit Sellerie, Porree und Zwiebel eingekocht. Auf den Tisch kommt nur die klare, scharlachrote Bouillon, die man mit Fleischkrokette *(z krokotkiem),* manchmal auch „mit Öhrchen“ *(z uszkami),* deftig gefüllten Teigtaschen, serviert. Im Sommer wird die Suppe variiert: Vermischt man sie mit saurer Sahne und Dickmilch, ergibt das eine tolle Kaltschale *(chłodnik).* „Weißer Borschtsch“, auch *żurek* genannt, besteht aus natürlichem Sauerteig: Roggenmehl, Knoblauch, Schwarzbrot und Wasser lässt man eine Woche lang an einem warmen Ort stehen, dann wird die abgeschöpfte sämige Flüssigkeit mit Wurst aufgekocht, auf dem Tellergrund schwimmt dekorativ ein verlorenes Ei.

Nationalgericht Bigos

„Welch ein Bigos!" *(Jaki Bigos!)* rufen die Polen, wenn sie vor einem heillosen Durcheinander stehen. Dabei denken sie unwillkürlich an ein Gericht gleichen Namens, das aus den unterschiedlichsten Resten zusammengewürfelt ist. In den Topf kommen Fleisch, Paprika und Äpfel, dazu getrocknete Pflaumen und Pilze, Kümmel und etwas Wein. Das Ganze wird mit Sauerkraut vermischt, das früher aus Großmutters Fass kam und heute im Supermarkt gekauft wird. Mit Gottes Hilfe und etwas Geduld wird daraus ein vollendet harmonisches Gericht. Je länger Bigos steht und je öfter er aufgewärmt wird, desto besser ist sein Geschmack!

Es geht um die Wurst

„Nur Fleisch gibt richtig Kraft" heißt eine alte polnische Weisheit, weshalb es auf der Speisekarte ganz oben rangiert. Aus der Zeit, da der Adel im Wald jagen ging, erhielt sich die Tradition, an Festtagen Reh, Hirsch und Wildschwein zu servieren. Wird es gut abgehangen und dann mit Wacholderbeeren und Wermut mariniert, bleibt es zart und erhält eine herbe Note. Sonntags gibt es oft mit Backpflaumen gefüllten Schweinsrücken und Bratente mit Äpfeln, werktags *kotlet schabowy,* paniertes Schweinekotelett. Polnische Würste sind nach wie vor schmackhaft: Beim Metzger stapeln sich Krakauer, Kabanossi, Krupniok und Warszawski – jede Region hat ihre eigene, unverwechselbare Sorte.

Klöße und Piroggen „wie bei Oma"

In der westlichen Light-Küche sind sie längst ausgestorben, aus der östlichen nicht wegzudenken: In Polen gibt es eine Vielfalt von Klößen, Nockerln, Fladen und Plinsen, die rund und rechteckig, süß und salzig sein können. Sie stammen garantiert nicht aus der Fertigpackung, sondern werden von Hand zubereitet. Gute Klöße erkennt man daran, dass sie weich und locker sind, aber fest genug, um in Scheiben geschnitten zu werden.

Zur Familie der **Teiggerichte** gehören die Piroggen *(pierogi),* die mit den schwäbischen Maultaschen verwandt sind. Aus hochwertigem Mehl,

Ei und einer Prise Salz wird ein Teig geknetet, den man dünn ausrollt. Nun werden runde, mittelgroße Taler ausgestochen, auf die man die gewünschte Füllung legt. Am beliebtesten ist die „russische“ *(pierogi ruskie)* mit zerstampften Kochkartoffeln, geschmorter Zwiebel, Schichtkäse und Speck. Die Taler werden zu einem Halbmond geschlossen und in siedendes Wasser geworfen. Sie sind gar, sobald sie an der Oberfläche schwimmen. Zu guter Letzt werden sie mit zerlassenem Fett und saurer Sahne beträufelt – Izabella schmecken sie köstlich!

Polnisches Pilzparadies

Im Frühherbst schwirren ganze Familien aus, um die Früchte des Waldes zu ernten. Wer die Kostbarkeiten nicht selber isst, verkauft sie korbweise auf dem Markt. Neben köstlichen Steinpilzen, die im Polnischen *prawdziki,* die „Wahrhaftigen“, heißen, gibt es Pfifferling und Reizker, Morchel und Milchling, Birken- und Butterpilz. Pilze werden mariniert oder in Rouladen gerollt, in Butter oder saurer Sahne gedünstet, oft auch getrocknet und als Aroma für Suppen und Soßen verwendet.

Fisch muss schwimmen

Als guter Katholik isst man freitags sowie zur österlichen und weihnachtlichen Fastenzeit vorrangig Fisch. Dieser kommt aus den masurischen Seen, aus dem baltischen Meer oder dem Stettiner Haff. Um gut zu schmecken, muss der Fisch schwimmen: sei es in Tomaten-, Sellerie- und Zwiebelsoße oder „auf jüdische Art“ in Aspik. Am häufigsten wird Hering gefangen, gefolgt von Zander, Aal, Hecht und Lachs. Neuerdings ist auch Süßwasserkrebs angesagt. Er wird nicht nur für die Fischsoße verwendet, sondern oft auch „solo“ genossen.

Trinkgeld

Im Restaurant kann der Gebrauch des Wortes *dziękuję* („danke“) gefährliche Konsequenzen haben. Lässt sich der Kellner das Geld geben, so lassen Sie sich auf keinen Fall hinreißen, ein „Danke“ zu flüstern – es würde als Signal gedeutet, dass Sie kein Geld zurück wollen! Sagen Sie also *proszę* („bitte sehr“) und lassen Ihr Portemonnaie geöffnet, damit der Kellner sieht, dass Sie noch etwas erwarten.

In den polnischen Medien wird derweil gestritten, ob ein Trinkgeld überhaupt sinnvoll ist und ob nicht die bloße Tatsache, dass viele Gäste sich zu einem Obolus verpflichtet fühlen, die Lokalbesitzer verleitet, das Gehalt ihrer Kellner unzulässig zu beschneiden. Wäre es nicht besser, von vornherein (wie etwa in Japan) den Lohn aufzubessern und das Trinkgeld als demütigende Geste zu verbieten?

Süßes Finale

Polnische Desserts sind wahre Kalorienbomben! Von den vielen bestehenden Törtchen seien hier nur die bekanntesten herausgegriffen. In jeder Konditorei sieht man Mohn-, Apfel- und Käsekuchen *(makowiec, szarlotka, sernik)*. Aus habsburgischer Zeit stammen die Cremeschnitte *(kremówka)*, die Pischinger-Torte *(piszinger)* und - wie der Name verrät - die Kaisersemmel *(kajzerki)*.

Wodka

Man trinkt den Wodka zur besseren Verdauung, aber auch zur Bewältigung eines seelischen Tiefschlags, in Vorfreude auf die große Liebe und die Besiegelung einer Freundschaft. Wer sich an ihm berauschen will, leert das Glas ruckartig und lässt das „Wässerchen", ohne dass es den Gaumen berührt, direkt in die weit geöffnete Kehle gleiten.

Wodka ist für die Polen, was Whisky für die Schotten und Cognac für die Franzosen ist. Allein 20 verschiedene Sorten bietet Polmos, die größte Schnapsfabrik im Land. Es gibt „klaren" Wodka, den man am besten eisgekühlt genießt, sowie „bunten" Wodka, der mit Kräutern angereichert ist. Die **Herstellung** ist einfach: Getreide bzw. Kartoffeln, die beiden wichtigsten Zutaten, werden mit Hefe und Wasser angesetzt, worauf das Gebräu alsbald zu blubbern und übelriechende Gase auszuscheiden beginnt. Hat es genügend Alkohol erzeugt, wird es erhitzt, anschließend wird das entstandene hochprozentige Destillat mit Quellwasser auf ca. 40–50 % verdünnt.

Die berühmteste bunte Variante ist der 40 %ige *Wódka Żubrówka*, abgeschmeckt mit dem im Frühsommer geernteten Büffelgras der Puszcza Białowieska. Schöne klare Wässerchen sind *Wyborowa, Lajkonik* und *Luksusowa;* gut schmeckt auch Wodka *Siwucha* („Schwarzmarkt"), der in einer Retro-Flasche mit Packpapier-Etikett verkauft wird. Seit ein paar Jahren wird die Tradition jüdischer Spirituosen wiederbelebt. Zur Wahl stehen *Jankiel,* dessen Plakette einen orthodoxen Juden zeigt, der mit einem Hauch Zimt gewürzte *Cymes* und schließlich *Fiddler,* der mit einem Klezmer-Musikanten auf dem Etikett an den Broadway-Erfolg „Fiddler on the Roof" erinnert .

„Unternehmerschule" (Karikatur von Andrzej Mleczko)

Arbeit und Reichtum

Was lange Zeit Sicherheit gab, ist hin. Eine gute Ausbildung, die man genossen, eine Arbeit, die man viele Jahre ausübte, sind kein Garant mehr fürs Fortkommen. Im Turbokapitalismus kommt es darauf an, im rechten Augenblick am richtigen Ort zu sein und nicht zu zögern, das zusammengekratzte Startkapital ins Rennen zu werfen. „Das Glück beim Schopf packen", heißt das in der Sprache der Marktanalysten. Viele verlieren das eingesetzte Geld, einige kommen groß heraus.

Emporkömmlinge

Die **polnischen Yuppies** sind vom Zeitenwechsel fasziniert. Sie glauben an die Macht des Kapitals, mit Geld, so meinen sie, liegt ihnen die Welt zu Füßen. Und so träumen sie von beruflichem Aufstieg, möchten umgeben sein von Prunk und Protz, von dicken Schlitten und schönen Frauen. Geld ist Glück ist der Ausweg ist Macht. In den Cafés im Warschauer Geschäftszentrum kann man sie sehen: Sie rauchen kubanische Zigarren und trinken französischen Wein. Ständig greifen sie zum Handy, als müssten sie unterstreichen, dass sie ständig etwas tun, sie sind keine Bohemiens, können das Leben nicht genießen.

Glückspilze

Ein Wessie staunte nicht schlecht, als er „seine" polnische Putzfrau nach einigen Jahren an der Ostseeküste wiedersah. Sie ist Besitzerin eines kleinen Hotels und widmet sich den schönen Dingen des Lebens, während ein von ihr beauftragter *menadżer* sich ums Geschäftliche kümmert. Ein Bekannter von ihr, ein ehemaliger Fliesenleger, hat es gleichfalls geschafft: Mit den in Deutschland erarbeiteten Devisen eröffnete er kurz nach der Wende einen Kiosk in Warschau; inzwischen hat er eine ganze Kette davon und kann mit den gescheffelten Millionen jeden Beamten kaufen.

Von solchem Glück können freilich die meisten Polen nur träumen. Die Arbeitslosenrate ist auf 20 % geklettert, bei Jugendlichen liegt sie doppelt so hoch. Mögen sie doch nach Irland gehen, erklärt uns ein Bankdirektor, dort benötigen sie schon jetzt keine Arbeitserlaubnis mehr. Doch wird das Vertrauen in die EU dadurch gestärkt, dass man nur zu Wohlstand gelangt, indem man das eigene Land verlässt?

Auf der Werft

Am Haupttor der Danziger Werft, wo einst *Lech Wałęsa* bejubelt wurde, herrscht Stille. Ein paar arbeitslose Kumpel stehen mit der Bierflasche vor einem Kiosk, in dem Solidarność-Souvenirs verkauft werden: Pamphlete und historische Fotos, Bildchen vom Papst und der Schwarzen Madonna. „Eine Mutter verkauft man nicht, die Werft ist ein nationales Heiligtum", hatte *Wałęsa* großspurig verkündet. Doch die Marktwirtschaft machte vor „Müttern" nicht halt – das Heiligtum wurde meistbietend versteigert. So wurden ausgerechnet jene Arbeiter, denen der Sturz des Sozialismus zu verdanken war, erste Opfer des neuen, von ihnen installierten Systems. „Ich habe also dafür gekämpft, abgeschafft zu werden", lautet die bittere Einsicht eines Ex-Streikführers. In den kommenden Jahren wird die Werft nach dem Vorbild der Londoner Docklands in ein Viertel für Neureiche verwandelt, zuvor dürfen sich ein paar junge Künstler in den Werfthallen austoben. Ein Museum erinnert an die fernen Tage der „Solidarität".

Im Bergwerk

Vor der Wende waren die Kumpel Spitzenverdiener, eine privilegierte Oberschicht unter den Arbeitern. Dann mussten sie erleben, wie die Mehrzahl der Bergwerke und Stahlfabriken ihrer Region geschlossen wurden, über 200.000 verloren ihren Job. Polens Beitritt zur EU war an die Bedingung geknüpft, das oberschlesische Industriegebiet zu sanieren.

Heute springen Kinder von Ex-Arbeitern auf langsam fahrende Güterzüge und werfen Kohle auf die Gleise, die sie privat verkaufen. Alle paar Wochen liest man in der Zeitung, dass sich wieder ein Kind beim Absprung verletzte oder beim Einsammeln des kostbaren Guts von einem entgegenkommenden Schnellzug erfasst wurde.

Korruption

„Pfötchen geben" und „Handgeld": Das sind die verniedlichenden Bezeichnungen für eine Korruption, die in Polen längst zur Normalität gehört. Eine polnische Zeitung startete eine Umfrage zu diesem Thema und bekam von den Lesern Antworten wie diese: „Ist Bestechung nicht eine Art indirekter Steuer? Einziger Unterschied ist doch, dass sie am Fiskus vorbei dem Volk zugute kommt!" Ein anderer meinte: „Ohne ‚Pfötchen' müsste der Staat seinen Angestellten bedeutend mehr zahlen, um sie bei der Stange zu halten: Er wird entlastet, denn diese Aufgabe übernimmt der einfache Mann."

Als Polen der EU beitrat, veröffentlichte Transparency International seinen alljährlichen **Korruptionsbericht:** Nach Auswertung der Studien von 13 vermeintlich unabhängigen Instituten und einer Umfrage unter Geschäftsleuten wurde über Polen ein vernichtendes Urteil gesprochen: Es lag auf Platz 64 noch hinter der Slowakei und war damit das korrupteste Land der neuen EU. Die FAZ kommentierte das Ergebnis mit den Worten: „Für dieses Ergebnis hätte es keine aufwendige Untersuchung gebraucht. Vermutlich hätte eine Umfrage in einer x-beliebigen deutschen Fußgängerzone nichts anderes ergeben."

Vizepremier *Hausner* hat die Herrschaft des Filz in bemerkenswerter Offenheit bestätigt: In **Polens Verwaltung,** sagte er, seien korrupte Praktiken üblich, die entscheidenden Wirtschaftssektoren würden von einigen Familienclans mit Geheimdienstkontakten dominiert.

Korruption findet sich auf allen gesellschaftlichen Ebenen. Ohne Bakschisch würde der Kassenarzt den Patienten nicht behandeln, der Polizist sein Strafmandat nicht zurückziehen und der Beamte die dringend benötigte Genehmigung nicht ausstellen. Den Führerschein, auch das weiß in Polen jedes Kind, erhält man grundsätzlich erst nach dem vierten Anlauf und entsprechenden „Zuzahlungen". Dabei bleibt Korruption selbstverständlich nicht auf Käuflichkeit beschränkt. Sie ist überall im Spiel, wo Beziehungen wichtig sind und eine Person, die Posten und Ämter zu verteilen hat, ihre Freunde nicht vergisst.

Krank sein

Wer früher krank wurde, ging zum betriebseigenen Arzt und wurde sofort behandelt. War die Sache ernster, folgte die Überweisung ins Krankenhaus und – falls erforderlich – ein Kuraufenthalt in den Bergen oder am Meer. Arbeiter mit berufsbedingten Krankheiten, z. B. Bergbauarbeiter mit Lungensyndrom, wurden bevorzugt behandelt.

Heute herrscht in Polen das **„Kassenmodell".** Die medizinische Versorgung ist nicht mehr kostenlos, sondern wird durch individuelle Beitragszahlungen an den staatlichen Versicherer erkauft. Dieser aber ist chronisch defizitär: Die Ausstattung der Krankenhäuser lässt zu wünschen übrig, das Personal ist knapp und obendrein schlecht bezahlt. Wer im Krankenhaus halbwegs vernünftig behandelt werden will, stellt sich auf „Zuzahlungen" an Ärzte, Krankenschwestern und Putzfrauen ein. Verzichtet man auf Bestechungsgelder, findet man sein Bett, sofern man eines bekommt, auf dem zugigen Korridor und muss die Bettwäsche selbst mitbringen. Bei der Austeilung des Essens mag es vorkommen, dass man vergessen wird.

Polen, die es sich leisten können, setzen auf **private Vorsorge**. In allen Großstädten haben sich moderne Praxen und Kliniken etabliert, die ihre Leistungen gegen monatliche Beitragszahlungen anbieten. In Privatkliniken gibt es weder Warte- noch Stoßzeiten, der Arzt ist nicht überfordert und nimmt den Patienten ernst. Die Kliniken heißen z. B. Medicover und Promedia und zielen auf ein internationales Publikum. Da die medizinischen Kosten in Polen um ein Vielfaches niedriger als in Westeuropa sind, erhoffen sich die Kliniken regen **Medizintourismus,** der vielleicht durch öffentliche Kassen unterstützt wird.

Freizeit

„Die Polen sind kleine Vulkane, die rauchen und von Zeit zu Zeit mit einem Lavastrom ausbrechen."
(Aleksander Świętochowski)

Statistisch gesehen haben die Polen viel freie Zeit. Ihnen stehen 52 freie Samstage und Sonntage zu, außerdem elf Feiertage. Fällt ein Feiertag auf den Samstag, wird er nachgeholt. Arbeitnehmer haben zusätzlich Anspruch auf mindestens 26 bezahlte Urlaubstage. Insgesamt sind das 141 freie Tage, d. h. 38 % des Jahres. Das klingt gut, ist aber nur die halbe Wahrheit. Weil der Lohn so mickrig ist, müssen viele einer Zweit- oder

053po Foto: sg

Drittbeschäftigung nachgehen. Zwischendurch steht der Wohnungsputz an, Rechnungen wollen beglichen sein, Arzt- und Behördengänge sind zu erledigen. Dann erst kommen die schönen Dinge des Lebens, die Vergnügungen und Feste.

Nach der Arbeit

Wann immer es geht, zieht es die Polen hinaus: in den Schrebergarten, zur Oma aufs Land, zum Wochenendtrip ans Meer oder in die Berge. Bleibt man, weil die Kasse knapp ist, zu Hause, freut man sich vor allem auf den mächtigen Sonntagsbraten, mit dem der obligatorische Kirchenbesuch besiegelt wird.

Für Jugendliche ist das alles zu bieder und brav. Sie wollen etwas erleben, haben ganz andere Vorstellungen von Genuss und Geselligkeit.

Für ein Spielchen im Park ist immer Zeit

Werktags treffen sie sich im Kino oder verabreden sich auf der Bowlingbahn, am Wochenende steigt die Fiesta. Zunächst trifft man sich in einer verfügbaren Wohnung zum *biforek,* der „Before Party", danach, meist gegen Mitternacht, taucht man ab in die Disko. Doch wohin gehen? Oft stehen am Eingang eklige Bodyguard-Typen, deren taxierenden Blick man sich gefallen lassen muss, um anschließend gar einen happigen Eintrittspreis zahlen zu müssen. Wer darauf keine Lust hat, zieht weiter in einen der neuen Off-Clubs, in denen sich vor allem Studenten treffen – dort ist die Stimmung besser und billiger ist es auch.

Im Urlaub

Ein paar Jugendliche möchten tun, was im Westen angesagt ist: Funsport aller Art, Kitesurfen, Wellenreiten und Snowboard. Doch die meisten wollen davon nichts wissen. Sie fahren lieber dorthin, wo sich Wolf und Bär „Gute Nacht" sagen: in die Waldkarpaten (Bieszczady). Die abgelegene Ecke im Dreiländereck Polen-Ukraine-Slowakei gilt als Europas letzte große Wildnis: Ein ideales Revier, um den Ausstieg aus der Zivilisation zu proben. Mit schwerem Rucksack, Isomatte und Schlafsack reisen sie an. Tagsüber ersteigen sie die einsamen Hochsteppen, abends treffen sie sich auf dem Campingplatz, lassen sich Piroggen auf Plastiktellern bringen oder kochen ihr eigenes Süppchen.

Ihre Eltern machen, wenn sie es sich leisten können, Pauschalurlaub im sonnigen Süden, ansonsten begnügen sie sich mit Ostsee, Riesengebirge und Tatra, wo sich die Freizeitindustrie voll auf ihre Bedürfnisse eingestellt hat. Es gibt Unterkünfte en masse, Spaßbäder und Riesenrutschen, Sioux Cities und Sommerrodelbahnen. Anders als in Deutschland, wo die Sommerferien gestaffelt sind, beginnen sie in Polen landeseinheitlich am letzten Freitag im Juni und dauern bis zum letzten Freitag im August.

Feste

Die Polen lieben es, sich dem Vergnügen zu ergeben. Der **katholische Jahreskalender** bietet dazu reichlich Gelegenheit. Nach jeder Prozession wird geprasst und gezecht, herrlich knackt die Wurst und das Bier fließt in Strömen. Beim großen Volksfest vereinigen sich alle zum Tanz: Rentnerpaare und junge Frauen, Bauernburschen und Kinder.

Andrzej Mleczko, der bekannteste Karikaturist Polens, spießt die Schwächen seiner Mitbürger auf

054po Abb.: am

Humor

„Der Witz ist eine Waffe, aber sein illegaler Besitz wird nicht bestraft." (Volksweisheit)

Die Psyche der Polen schwankt zwischen Hybris und eigener Geringschätzung, ist deshalb der ideale Stoff für **schwarzen Humor und Satire.** Haben die Polen eine Schlacht gewonnen, werden sie ihren Sieg so lange zertreten, bis er sich als Niederlage entpuppt; andererseits haben sie gelernt, Niederlagen mit gedanklichen Tricks in Siege umzudeuten.

Zielscheibe Sozialismus

Polens Witzproduktion hatte im Sozialismus ihre Blütezeit. Der **Witz wurde zur Waffe,** weil er zur offiziellen eine Gegenöffentlichkeit schuf und unter Beweis stellte, dass sich die Polen auf die Verhältnisse ihren eigenen Reim machten. Einen Paragraphen gegen das „Witze erzählen" konnte es schwerlich geben, und dass Scherzkekse wegen „Volksverhetzung" wie in den Nachbarstaaten vor dem Kadi landeten, war im liberalen Polen undenkbar. Die Machthaber waren klug genug zu begreifen, dass der Pole mithilfe des Witzes seiner Wut Ausdruck verleihen konnte, ohne etwas ändern zu müssen: Dieser war eine Ersatzhandlung für die fällige Rebellion.

„Polen ist wie ein Radieschen: außen rot, innen weiß." Neben derlei harmlosen Witzen gab es auch bitterböse Abrechnungen betrogener Idealisten: „Was ist Kapitalismus? Antwort: Die Ausbeutung des Menschen durch den Menschen. Und was ist der Kommunismus? Antwort: Das Gegenteil." Immer wieder hieß es, das System sei nicht reformierbar und der menschlichen Natur abhold: „Die vier Hauptschwierigkeiten beim Aufbau des Sozialismus: Frühling, Sommer, Herbst und Winter." Und: „Mit welchem System ist der Sozialismus am wenigsten vereinbar? Mit dem Nervensystem!"

Jede gesellschaftliche (Fehl-)Entwicklung wurde mit einem Witz quittiert. Über die Mangelwirtschaft, die den Alltag zur Hölle machte, ließen sich die Polen besonders gern aus. In Anspielung auf Dollarläden und bevorzugte Promi-Behandlung hieß es: „Bei uns gibt es alles – nur nicht für jeden." Die Lieblingsnahrung des Polen war Fleisch. „In einer Warschauer Metzgerei fragt der Kunde: ‚Haben Sie irgendetwas Fleischiges?' Die Verkäuferin antwortet: ‚Nur das, was Sie im Laden sehen'. Der Kunde betrachtet die leeren Regale und sieht das Staatswappen an der Wand: ‚Dann geben Sie mir bitte ein Kilo Adler.'" Nicht schlecht ist auch die Variante des Witzes: „Ein Kunde betritt die leere Metzgerei. Er fragt die Verkäufer: ‚Haben Sie Schweinefleisch?' – ‚Nein!' – ‚Haben Sie Rindfleisch?' – ‚Nein!' – ‚Haben Sie Kalbsfleisch?' – ‚Nein!' – ‚Haben Sie Hühnerfleisch?' – ‚Nein!' ‚Haben Sie Krakauer?' – ‚Nein!' – ‚Haben Sie Wiener Würstchen?' – ‚Nein!' Der Kunde verlässt traurig den Laden, worauf der eine Verkäufer zum anderen sagt: ‚Mann, hat der ein gutes Gedächtnis!'"

Der lange Marsch

Als in den 1980er Jahren der Exodus Richtung Westen einsetzte, kursierte folgender Spruch: „Was ist Emigration? Der friedliche Übergang vom Sozialismus zum Kapitalismus." Und in der Endphase des Systems hieß es: „Was ist der Sozialismus? Antwort: Der längste Weg vom Kapitalismus zum Kapitalismus."

Der Sozialismus hat abgedankt, doch der polnische Witz ist nicht ausgestorben. Die Kluft zwischen Versprechen und Wirklichkeit inspiriert Witzbolde zu immer neuen Pointen: „Was ist schlimmer als der Kommunismus? Das, was danach kommt." Auch heute gibt man sich schlagfertig, spielt mit Worten und Spitzfindigkeiten. Besonders auffallend ist die **Neigung zu Skurrilem und zur Lakonie,** die Lust am Fantastischen. So brechen Polen in Lachen aus, wo Deutsche nur verständnislos mit dem Kopf schütteln: „Liegt ein Vogel ohne Flügel im Bett und denkt: Wozu brauch' ich einen Kühlschrank, wenn ich nicht einmal ein Telefon habe?"

Deutsche kämen wohl auch nicht auf die Idee, ihr Leiden an der Fremde so selbstironisch in Szene zu setzen wie **polnische Emigranten in Berlin:**

Die „polnischen Wurstmenschen", wie sie sich nennen, haben einen „Club der Versager" gegründet, in dem sie über ihre vermeintlichen Defizite offenherzig Auskunft geben: Unvorstellbar ist auch eine deutsche Entsprechung zur Regisseurin *Mariola Brillowska,* die politischen Jargon mit derbem, pornographischem Humor persifliert. In ihrem Stück „Szpital Polski" („Polnisches Spital") stellt sie die EU-Vereinigung als Geschlechtsakt zwischen einem riesenhaften Penis (=Alt-Europa) und einer kuscheligen Muschi (=Polen) vor, die aus Angst vor der Penetration „nicht so recht feucht werden will".

Ein Deutscher in Polen

Ausgerechnet ein Deutscher zählt zu den beliebtesten Kabarettisten Polens und sorgt dafür, dass man in Polen nicht mehr genau weiß, was von Deutschen zu halten ist. **Steffen Möller** kam 1996 nach Warschau, weil er „einmal etwas ganz anderes machen wollte". Er lehrte Deutsch und lernte Polnisch, bald engagierte ihn der Jazzclub Harenda als **Entertainer.** Weil er in seinem gebrochenen Polnisch die Deutschen so gut aufs Korn nahm, wurde er fürs Fernsehen entdeckt. In der populären Fernsehreihe *M jak miłość* („L wie Liebe") spielt er einen verschrobenen deutschen Bauern, der in Polen Kartoffeln ziehen will und dabei nur Pannen und Pleiten erlebt. Dank des Vertrauensvorschusses, den *Möller* genießt, darf er mittlerweile auch über die Polen herziehen. Gern mokiert er sich über polnische Passivität, z. B. wenn's ums verdreckte Treppenhaus geht, für das sich niemand zuständig fühlt. Oder er erzählt Witze über deutschen Perfektionismus und polnische Unfähigkeit: „Ein Deutscher und ein Pole sitzen im Knast. Mit zwei Stahlkugeln sollen sie mal zeigen, was sie können. Tags darauf hat der Deutsche beide Kugeln in perfekter Balance aufeinander platziert. ‚Und', fragt der Wärter den Polen, ‚was hast du mit den Kugeln angestellt?' ‚Nichts', antwortet der Pole. ‚Die eine habe ich verloren, die andere ist kaputtgegangen.'"

Nach kurzem Zögern gibt Steffen noch einen Witz zum Besten: Ein deutscher Tourist kommt in einen Jägerladen in Warschau: „Ich hätte gern ein Messer!" sagt er. Darauf der Verkäufer: „Sie sind Deutscher nicht wahr? Nein, Messer haben wir nicht!" „Aber das Schaufenster ist doch voll davon!" Der Verkäufer nickt und schweigt. „Gut, dann hätte ich gern eine Pistole!" Antwort: „Nein, eine Pistole haben wir nicht!" Darauf der Deutsche, schon etwas genervt: „Dann nehme ich eben eine Granate!" Wieder heißt es: „Gibt es nicht!" Jetzt möchte es der Tourist aber wissen: „Haben Sie etwa was gegen Deutsche?" – „Ja", lautet die Antwort, „Messer, Pistolen und Granaten!"

Leben auf dem Land

„Lasst uns zu meiner babcia fahren“, schlägt Jurek vor. Babcia, so heißt die „Oma“ auf polnisch, lebt in einer schönen Gegend zwischen Tarnów und Rzeszów. Kaum sind wir von der Überlandstraße abgebogen, geht es nur noch im Spaziertempo voran. Wir fahren auf schmalen, kopfsteingepflasterten Alleen, können ein Pferdefuhrwerk, dann einen Traktor lange Zeit nicht überholen. Dafür nimmt das Auge um so mehr auf: Auf den Äckern brennen Kartoffelfeuer, in gebückter Haltung harken Bäuerinnen Früchte aus der umgeworfenen Erde. In den Dörfern laufen uns Hunde entgegen, aus den Hinterhöfen erklingt das Geschnatter von Gänsen.

Babcias Dorf heißt Wisowa und besteht aus einer Hand voll Häuser, einer Kirche und einem Tante-Emma-Laden. Beim letzten Gehöft halten wir an. Eine ältere Frau mit geblümter Kittelschürze und einem fest unterm Kinn verknoteten Kopftuch kommt uns entgegen. „Na so was! Jurek! Wie lang haben wir uns nicht gesehen? Und Gäste hast du mitgebracht! Ob ich euch was Vernünftiges auftischen kann? Warum hast du nicht vorher angerufen?“ Umständlich zieht sie die Plastikhandschuhe aus, um uns zu begrüßen. Dann winkt sie uns in den Stall, wo auf gleichem Stroh Milchkuh, Kalb und Schwein stehen, auf dem Balken darüber ein stolzgeschwellter Hahn mit seinen Hennen. Einer von ihnen soll es an den Kragen gehen – uns zu Ehren. Es tut uns Leid ums schöne Tier, doch Babcia ist nicht zu bremsen: Für den Besuch muss ein Sonntagshuhn her und so nimmt sie sich alle Zeit der Welt, es für uns zuzubereiten.

Alle miteinander setzen wir uns in die Küche, und während sie schneidet, rupft und zupft, erzählt sie, was sich in der letzten Zeit zugetragen hat. Sorgen haben ihr in diesem Jahr die Störche bereitet, denn sie seien viel zu spät, erst Anfang September gen Süden aufgebrochen. Zuvor schon habe es manch kühlen Tag gegeben. Doch was soll man tun, wenn der Kamin von einem Nest verstopft ist? Da sei an Heizen natürlich nicht zu denken und so habe sie sich eine schwere Erkältung geholt. Und dann ist da noch die Sache mit dem Plumpsklo im Garten. Seit der Sohnemann ein Bad im Haus eingebaut habe, sei es überflüssig geworden. Ach dieser Fortschritt! Und der żuk („Mistkäfer“) – gemeint ist der Kleinstlieferwagen, mit dem sie immer Kohl und Rüben zum Markt gekarrt habe – der sei nun auch endgültig liegen geblieben. „Wovon sollen wir einen neuen kaufen?“, klagt sie und rückt dem Huhn noch energischer auf den Leib. Regierung, Bauernbonzen und EU – das seien doch alles Gauner: „Wollten uns Geld für die Modernisierung des Hofes geben, für den Zukauf von Land, für Maschinen. Doch die Hälfte sollten wir sofort selbst bezahlen. Kredit aber ist teuer und keine Bank nimmt den Hof als Bürgschaft, er ist nichts wert!“

055po Foto: sg

So blieb und bleibt bei Babcia alles beim Alten. Im Morgengrauen steht sie auf, um die Kühe zu melken und geht erst zu Bett, wenn sie vor Müdigkeit umfällt. Dazwischen schrubbt sie den Boden, wäscht und bügelt, bringt die Beete in Ordnung und kalkt die Obstbäume, um sie gegen Ungeziefer zu schützen. Sie gibt den Tieren zu fressen, kocht für die ganze Familie, bereitet Käse und Kefir zu, mariniert Gurken und macht Kompott. Vieles muss sie in Eigenregie machen, denn seit ihr Mann die Gicht hat, kann er keinen Rechen mehr halten. Der Sohn hat sich derweil in Warschau eingeheiratet und ist nur am Wochenende da. Die Tochter, die mit Kind und Kegel auf dem Hof lebt, arbeitet tagsüber bei der Post und unterstützt die Familie finanziell.

Dank der Hilfe der Tochter geht es Babcia vergleichsweise gut. Auf vielen Höfen in Pommern, Masuren, Schlesien und Podlachien, wo fast ein Drittel der polnischen Bevölkerung lebt, sieht es schlechter aus. Die meisten **Kleinbauern** besitzen weniger als 10 ha Land, haben also keine Chance auf **EU-Subventionen.** Deren Kommissar *Günter Verheugen* meint lakonisch: „Die EU fördert keine Höfe, die nicht wettbewerbsfähig sind."

Was sollen die freigesetzten Kleinbauern tun? Da sie ökonomisch keinen Machtfaktor darstellen, sieht die Regierung in Warschau keinerlei

Landleben: Was auf dem ersten Blick idyllisch aussieht, entpuppt sich aus der Nähe als harter Arbeitsalltag

„Handlungsbedarf" und vertraut darauf, dass sich die „Überflüssigen" schon irgendwie durchwursteln. Das mag ein paar Jüngeren, die auf **Öko-Anbau und Agrotourismus** setzen, sogar gelingen. Auf der Strecke bleiben werden viele der Älteren. Man sieht sie heute in den Bahnhöfen der Großstädte, wo sie Passanten anflehen, Waldpilze, Maiglöckchen oder Knoblauchköpfe zu kaufen. Militante Kleinbauern organisieren sich in Leppers Partei *Samoobrona* („Selbstverteidigung", s. Exkurs), andere schlagen sich nach Westeuropa durch und helfen bei der Erdbeer- und Spargelernte. Sie alle gehören zur neuen Generation der „Vertriebenen", doch weil sie nicht durch Gewalt, sondern durch die Gesetze des Markts von Haus und Hof gedrängt werden, gilt ihr Schicksal als hinnehmbar.

Polens Kleinbauern – Vom „Bollwerk" zum „strukturellen Handicap"

1944/45 wurde in einer groß angelegten Bodenreform eine längst fällige Hypothek eingelöst: Polens Bauern, die mehrere hundert Jahre als Leibeigene und Pächter auf grundherrlichen Gütern hatten arbeiten müssen, sollten das bestellte Land endlich ihr eigen nennen dürfen. Der Adel wurde enteignet, sein riesiger Grundbesitz an landlose Bauern verteilt. Gleiches geschah mit den ehemals deutschen Gütern im Norden und Westen des Landes. So entstand binnen weniger Jahre fast eine Million neuer Bauernwirtschaften – nie gab es in der polnischen Geschichte eine derart große Landumverteilung.

1949 setzte sich freilich die Einsicht durch, Großbetriebe seien rentabler als eine Vielzahl kleiner, privater Höfe. Die Neubauern, glücklich über den Besitz eines Stückes *ojczyzna* („Vaterland"), widersetzten sich der Kollektivierung. Nach massiven Protesten gab die Regierung nach, worauf Polen das neben Jugoslawien einzige sozialistische Land blieb, in dem fast 80 % der Äcker privat waren. Die westlichen Medien waren von den polnischen Bauern begeistert: Sie sorgten dafür, dass im Sozialismus Millionen Inseln der privaten Wirtschaft überdauerten. „Das flache Land wurde nicht nur zum Bollwerk privatwirtschaftlicher Grundsätze, sondern gewissermaßen auch zum Widerstandsnest, in dem sich traditionelles Polentum gegen das Fremde, das Sowjetische einigelte" (FAZ). Heute sind es genau jene „Millionen Inseln", die dem Westen ein Dorn im Auge sind. Haben sie damals eine akzeptable Lebensmittelversorgung gewährleistet, so sind sie heute überflüssig. Als „Bollwerk privatwirtschaftlicher Grundsätze" hat der Mohr seine Schuldigkeit getan. Doch was der Bauer nicht kennt, das frisst er nicht. Stur wie er ist, klebt er an seiner Scholle und bläst zum Kampf: „Lenin hat uns nicht erledigt, Stalin hat uns nicht geschafft, auch die EU wird uns nicht in die Knie zwingen." Die Hoffnung ruht auf Andrzej Lepper und seiner Partei *Samoobrona* („Selbstverteidigung"). In der Vergangenheit organisierte er bereits Straßenblockaden und ließ Tonnen von Mist auf Warschaus Plätzen entladen. Nun prophezeit er der Regierung einen „Bauernkrieg" und droht damit, Polen „aus der EU herauszuholen", es sei denn, die Regierung erfüllt seine Forderungen: gesicherte Rente für alle Landarbeiter, Mindestpreise und Absatzgarantien für landwirtschaftliche Produkte, Gleichstellung der polnischen Bauern mit ihren europäischen Berufsgenossen.

Sehnsucht nach dem Sozialismus

„Zur Arbeit rasen, abends heimkommen und fernsehen: Wir sind alle Amerikaner geworden und sehnen uns nach der guten alten Zeit."
(Freund Jurek)

Prop-Art

056po Foto: sg

„Und was hast du für das Proletariat getan?" (Werbung für die Bar „Proletariat")

„Roter Oktober" in Lublin, „Proletariat" in Posen und „Propaganda" in Krakau: So heißen einige der Bars, in denen die „gute alte Zeit" des Sozialismus zelebriert wird. Nicht die alte Politszene versammelt sich hier, sondern ein Gemisch von Jung und Alt, kunterbunt und gottverlassen. In Posen ist der Andrang besonders groß. Janusz, der aufgrund seiner verblüffenden Ähnlichkeit mit Lenin den Barman spielt, weiß über sein Publikum: „Hierher kommen alte Sozialismusnostalgiker ebenso wie junge Kommis und manchmal auch ein paar andere, die sich provoziert fühlen und das alte System hassen." Im Schaufenster prangt eine überlebensgroße Lenin-Büste, in Regalen stapeln sich seine gesammelten Werke. An der Wand hängen Gemälde von *Marx* und *Engels* im Prop-Art-Stil, auf Plakaten stellen zornige junge Männer die Frage: „Was hast du für das Proletariat getan?" Man nimmt in knallroten Ledersesseln Platz und trinkt Bier oder Bloody Mary; für Stimmung sorgen revolutionäre Songs, mindestens einmal am Tag ertönt die „Internationale".

Für Janusz ist das „Proletariat" keine ironische Spielerei und erst recht keine clevere Marktstrategie im heiß umkämpften Gastro-Markt. Er kann linken Argumenten eine ganze Menge abgewinnen und meint: „Das sind keine hohlen Phrasen, die irgendwelche Kommis herunterbeten, sondern Sätze, mit denen man das, was heute abläuft, gut verstehen kann." Es gebe mittlerweile auch Studenten, die anfangen Marx zu lesen, diesmal freiwillig. Einer hat den Satz ans Nachrichtenbrett geschrieben: „Wo die Bourgeoisie zur Macht kommt, wird kein anderes Band zwischen Mensch und

Mensch übriggelassen als das nackte Interesse, als die gefühllose ‚bare Zahlung'." Ja, da sollte man doch gleich mal die Preise verdoppeln, meint Janusz, die Kneipe wäre dann immer noch voll.

Milchbar

Doch nicht nur Prop-Art feiert Auferstehung – auch Institutionen wie die *Bar Mleczny* („Milchbar"), in der es alles gab, nur keine Milch, werden wieder geschätzt. „Sattwerden zum Spottpreis" lautete hier die Devise. Gern nahm man in Kauf, dass die bekittelten Damen etwas mürrisch dreischauten und das dampfende Essen mit gar zu viel Schwung auf den Tisch knallten. Studenten und Arbeiter saßen neben Ärzten und Fabrikdirektoren – soziale Schranken gab es nicht. Heute, da sich kaum ein Pole einen „richtigen" Restaurantbesuch leisten kann und auch die Fast-Food-Ketten eintönig wirken, beginnt man die alten Milchbars, wo es sie noch gibt, wiederzuentdecken. Wie einst sitzt man am blank gescheuerten Resopaltisch und genießt es, nicht jeden Groschen dreimal umdrehen zu müssen: Für den Preis der billigsten Vorspeise in einem Restaurant gibt es hier ein dreigängiges Mittagessen mit Getränk. Und während in Lokalen manch ein teures Gericht aus der Mikrowelle kommt, wird in der Milchbar alles frisch zubereitet. „So lange der Vorrat reicht" steht auf der großen Karte – wenn alles weg ist, wird die Milchbar geschlossen.

Back to the Seventies

Wohin man schaut, das Alte ist im Vormarsch. In Buchläden sieht man Titel wie „Nostalgia", eine Anthologie des Czarne-Verlags, in der sich bekannte Autoren aus Ostmitteleuropa an „das Land erinnern, das es nicht mehr gibt". Eine ungeahnte Renaissance erleben **Nachdrucke von Comics** aus den 1960er und 70er Jahren. Zur Pop-Ikone unter Jugendlichen wurde „Kapitan Kloss", dessen Geschichten auf einer populären Fernsehserie aufbauen. Der Held, eine Art James Bond mit schwejkhaften Zügen, trägt eine Wehrmachtsuniform, ist in Wirklichkeit aber ein Pole und spioniert im Auftrag des sowjetischen Geheimdienstes. Ganz ähnlich „Vier Panzersoldaten und ein Hund", eine neu aufgelegte Filmserie aus den späten 1960er Jahren.

Vor allem die 1970er Jahre üben eine große Anziehungskraft aus. Damals führte der Oberschlesier **Edward Gierek** die Regierungsgeschäfte und bescherte den Polen für kurze Zeit einen **„Gulaschkommunismus".** Vor allem die Schlesier sehnen sich nach ihm zurück. Während die Warschauer Regierung auf Brüssels Weisung die Gruben schließt, werden in den Industriestädten Straßen nach dem kommunistischen Führer benannt. In der Hauptstadt regt sich derweil Widerstand gegen die Baupolitik rund um den **Kulturpalast.** Jahrelang hatte man das Geschenk *Stalins* als „Symbol sozialistischer Gigantomanie" beschimpft. Jetzt sieht man die eintönigen Wolkenkratzer, die längs der aleja Jana Pawła entstehen und will plötzlich nicht mehr zu denen gehören, die einst den Abriss des Kulturpalastes forderten.

„Die Erinnerung trickst uns aus", meint die liberale Tageszeitung „Gazeta Wyborcza". Bei Umfragen zur Stimmungslage zeigt sich die Gesellschaft gespalten. Die Regierungen aus sozialistischer Zeit erfahren viel Zustimmung, am besten schneidet die von *Gierek* mit über 40 Prozent ab. Nur ein Drittel der Leser beurteilt die damalige Zeit als „schlecht". Derweil häufen sich in den Leserbriefen aufgebrachte Kommentare: „Unsere Mentalität ist vergiftet!" „Alles dreht sich nur noch ums Geld!" „Uns werden fremde Normen aufgepfropft!" „Nun entscheidet nicht mehr Moskau, sondern Brüssel, wo es langgeht." „Was die Deutschen nicht mit ihren Gewehren schafften, erreichen sie mit der EU!"

Abrechnung mit dem alten Regime?

„Schwamm drüber! Begrabt endlich die Vergangenheit! Haben wir nicht alle irgendwie Dreck am Stecken?" Dies ist in Polen die vorherrschende Meinung. Von der polnischen „Gauck-Behörde" und ihren Enthüllungen will man nichts wissen, auf Abrechnung ist man nicht erpicht. Wird doch mal ein Versuch gestartet, Mitarbeiter und Repräsentanten des sozialistischen Staats anzuklagen, kommt es zu heftigen **Solidaritätsbekundungen mit den Beschuldigten.** Und stellt man die Frage, welcher der ehemaligen Politiker den Polen denn lieber ist – der demokratische Gründer der Solidarność oder der kommunistische General, der das Kriegsrecht ausrief – fällt das Ergebnis mit Sicherheit zugunsten des Letzteren aus.

Fazit

Die Freiheit des Marktes ist erobert – doch das hat die Mehrheit der Polen nicht glücklich gemacht. Auf ihren Häusern sind Satellitenschüsseln angebracht, im Supermarkt erklingt zum Kauf animierende Musik, und die Handybesitzer haben jemanden, mit dem sie reden können. Das kann doch nicht alles gewesen sein: Konsum als Ramschverwaltung, eine Welt scheinheiliger Freundlichkeit, gepanzerte Gesichtsmasken und Schielen auf den Mehrheitswillen. Hätte man den Aufstand von 1980 vielleicht doch verschlafen und sich am „Tanz der Strohpuppen" ergötzen sollen?

057po Foto: sg

REISE-KNIGGE

Tücken der polnischen Sprache

Den ersten Kontakt mit der polnischen Sprache hat man wahrscheinlich in einem deutschen Bahnhof oder Reisebüro: „Sie wollen nach Breslau? Ja, wie hieß das noch mal ... Wrotzlaw?“ Und am Bildschirm wird eine Strecke ausgespuckt: Zgorzelec – Węgliniec – Bolesławiec – Wrocław. Das wirkt nicht gerade vertrauenerweckend, dabei sind diese Ortsnamen noch recht harmlos im Vergleich etwa zu Szczebrzeszyn. Da möchte man verzweifeln: Auf ellenlangen Strecken kein einziger rettender Vokal! Wie kann man das dem Gaumen zumuten? Was die Aussprache zusätzlich kompliziert, sind die hübschen kleinen Häkchen unter dem ą und dem ę, das durchgestrichene ł, das aussieht wie ein verrutschtes t, die kecken Stri-

Rast an der neuen Uni-Bibliothek in Warschau

che über dem ś, ź, und ó sowie das aus der Reihe tanzende ż mit Punkt. Und auch was normal erscheint hat einen seltsamen Klang: So hart und fachmännisch rollen die Polen das r, dass Zweifel über die Herkunft des Sprechers unmöglich sind.

Aussprache

Es gibt im Polnischen eine Reihe von Buchstaben, die Deutschen Schwierigkeiten bereiten. Um wenigstens die Ortsnamen korrekt aussprechen zu können, hier eine kurze Anleitung:´

ą wie der französische o-Nasal in *mon*
c wie im Deutschen das *z*, z. B. in *Ziel*
ć wie ein weiches *tsch*, z. B. in *Matsch*
cz wie das *tsch* in *Tschetschenien*
e wie *ä* in Käse
ę wie der französische e-Nasal in *fin*
h wie im Deutschen, aber nach Vokal wie *ch*
i langes i, wie *ie* in *Spiel*
ł wie das englische *w* in *water*
ń wie das französische *gn* in *Champagner*
ó wie *u* in *Muschi*
rz wie das französische *j* in *journal*
sz wie *sch* in *Schule*
ś ähnlich wie *sz*, aber weicher
v wie *w* in *Wut*
z wie stimmhaftes *s* in *Sonne*
ź wie das französische g in *Giselle*
ż wie das französische j in *journal* (analog zu rz)

Crash-Kurs

Ermunternde Worte zum Spracherwerb vernahm man von *Annette Dittert,* der früheren ARD-Korrespondentin in Warschau: „Die meisten, die es versuchen, geben irgendwann auf. Ich habe einen zweimonatigen Crash-Kurs gemacht und konnte nach einem Monat noch nicht einmal in zusammenhängenden Worten ein Bier bestellen." Kein Wunder, gibt es doch im Polnischen sieben Fälle, jedes Verb hat zwei Formen und ist unregelmäßig. Und als ob das nicht genug wäre, malträtiert die Sprache den Fremden zusätzlich mit sieben verschiedenen Zischlauten, die nur schwer über die deutsche Zunge kommen.

Im Polnischen gibt es keinen Artikel, gleichwohl muss man sich das Geschlecht von Substantiven merken, da sich die Deklination der Adjektive danach richtet. Keine Schwierigkeit bereitet dagegen die Groß- und Kleinschreibung. Außer Eigennamen und der Bezeichnung für „Gott" *(Bóg)* werden alle Worte klein geschrieben!

Verknappte Sprache

Wie bei allen slawischen Sprachen gibt es auch im Polnischen eine fantastisch verknappte Ausdrucksweise. So können Person und Zeit unauffällig versteckt werden. Man kommt schneller zur Sache, weil die Artikel fehlen und sich die personalen Fürwörter im Verb verstecken (*Mam dom* = Ich habe ein Haus). Während man im Deutschen oft wahre Satzmonster ausbreiten muss, um die eigene Befindlichkeit auszudrücken, reicht es im Polnischen, dem Verb ein, zwei Silben voranzustellen und schon weiß das Gegenüber, was getan werden muss und was davon zu halten ist.

Achtung Kurve!

Vorsicht ist beim Wort „Kurve" angebracht. Ruft man im Auto ängstlich und in gebrochenem Polnisch *„Uwaga kurwa"* („Achtung Kurve!"), wird man vom Fahrer nur schallendes Gelächter ernten: *Kurwa* („Hure") ist ein starkes, obszön gefärbtes Schimpfwort.

Zeichensprache

Die Polen wissen, dass Ausländer mit ihrer Sprache nicht klar kommen. Doch sollten sie sich dadurch die Lust am Gespräch nehmen lassen? Mitnichten! Wenn schon nicht in zusammenhängenden Sätzen, so kann man doch ein paar Brocken ausspucken, denen Gestik und Mimik zu Hilfe kommen. „Die Polen – das ist ein Reichtum an physischen Lösungen, eine Vielfalt an Typen, ein Überfluss an Gesichtern" *(Witold Gombrowicz).* Doch Vorsicht: nicht alle Zeichen sind eindeutig. Rutscht ein Mann in der Bahnhofshalle vom Platz und bleibt starr auf dem Boden liegen, so kommt vom Polen auf der gegenüberliegenden Bank prompt ein Zeichen: Er weist mit flacher Hand schräg zur Gurgel und rollt die Augen nach oben. Damit will er nicht etwa sagen: „Der Typ ist tot", sondern: „Er ist stockhagelvoll und jede Hilfe zwecklos."

Deutsche und andere Rettungsanker

Viele deutsche Worte sind im Laufe der Zeit in die polnische Sprache eingesickert. Allerdings hat die polnische Zunge, damit sie weicher klingen, Konsonanten abgehobelt und Kanten geschliffen. Oft kam ihr dabei das mit dem Mittelhochdeutschen verwandte **Jiddische** zu Hilfe. *Zegarmistrz* steht über dem Laden eines Uhrmeisters: *Zegar* kommt vom Jiddischen „sejger" („Uhr") und „mistrz" ist eine Verballhornung des deutschen Wortes „Meister". Der *burmistrz* („Bürgermeister") ist nach ähnlichem Muster aufgebaut. Andere **deutsche Worte** sind leichter zu entziffern: *gmina* („Gemeinde") und *smak* („Geschmack"), *fajerwerk* („Feuerwerk") und *ferie* („Ferien"), *szef* („Chef") und *szlafrock* („Bademantel"). Woraus der Leser entnehmen kann, dass „sz" dem deutschen „sch" entspricht. Der polnische *frajer* ist keinesfalls ein „Freier", sondern ein „Waisenknabe", im übertragenen Sinn auch ein „Pfundskerl". *Furmańka* leitet sich vom deutschen „Fuhrmann" ab, bezeichnet aber das „Pferdefuhrwerk". Auch das Geldgeschäft ist auf dem Umweg übers Jiddische deutsch dominiert: Gebräuchlich sind *handel* und *weksel* („Geldwechsel"), *rata* („Rate") und *rachunek* („Rechnung") *plajta* („Pleite") und *dewiz* („Devisen").

Vielfach haben Polen fremde Laute übernommen und ihrem Schriftbild angepasst. Aus dem **Französischen** stammen *bagaż* („Baggage"), *budżet* („Budget") und *żurnal* („Journal"); der „Ingenieur" heißt im Polnischen *inżenier.* Aus dem **Englischen** kommen *bridż* („Bridge") und *dżentelmen* („Gentleman"). Neuerdings treffen sich *biznesmeni* („Businessmen") zum *fajf oklok* („five o'clock tea") oder zum *stek* („Steak"). Der *frik* („Freak") mit *seksapil* („Sexappeal") geht in die *dyskoteka* („Diskothek"), gern spielt er *bilard* („Billard").

Polonisierung

Alles, was von außen kommt, wird bis zur Unkenntlichkeit polonisiert: Aus Veit Stoss wird „Wit Stwosz" und aus Shakespeare „Szejkspir", sodass manch ein Pole glaubt, es handele sich jeweils um einen Landsmann. Selbst einfache Stadtnamen wie Paris, Potsdam oder New York kommen nicht ohne eine polnische Variante aus: Paryż, Poczdam, Nowa Jork.

Namen und Anrede

Frau Schmidt wird in Polen als *Pani Schmidt* vorgestellt, ihr Mann ist *Pan Schmidt.* Treten die beiden gemeinsam auf, heißen sie *Państwo Schmidt* (die „Herrschaften" Schmidt). Den Polen ist der **formale Umgangston** ein Gräuel. So schnell wie möglich versuchen sie, persönlicher zu werden: Wer sich etwas besser kennt, benutzt nur noch den **Vornamen,** dem er das *Pan/Pani* voranstellt. Ein weiterer Schritt in Richtung Intimität ist die **Koseform.** Die polnische Lust an Verniedlichung führt dazu, dass aus *Pani*

Titelsucht

Die Polen legen Wert auf Titel. Gern lässt sich der beruflich Höherstehende mit „Herr Ingenieur" *(Pan inżenier)* oder „Frau Doktor" *(Pani doktor)* ansprechen. Prinzipiell heißen alle, die unterrichten, *profesor,* egal ob sie in der Grundschule oder in der Universität arbeiten.

Schillernd ist der oft fiktive Titel *kierownik* („Leiter"). Da wird der Zugschaffner gefragt: *„Panie kierowniku,* können Sie mir sagen, ob ich den Anschlusszug noch bekomme?" Das Wort wirkt Wunder: Der Schaffner, der sich durch den *kierownik*-Zusatz geschmeichelt fühlt, ist bereit, eine korrekte Antwort zu geben. Die bittstellerische Anrede verrät allerdings, dass es mit dem Berufsethos nicht zum Besten bestellt ist: In Polen ist nicht der Kunde König, sondern der Angestellte. Der Arbeitende tut nicht, wofür er bezahlt wird, sondern will erst umworben werden und dann entscheiden, ob es sich zu handeln lohnt.

Dorota rasch *Pani Dorotka* („Frau Dorottchen") wird. Allerdings funktioniert die Verniedlichung nur von oben nach unten bzw. unter Gleichrangigen. So kann ein Chef seine Sekretärin getrost *Pani Magdusia* („Frau Magdalenchen") nennen, sie aber darf sich auf keinen Fall erdreisten, seinen Vornamen zu verkleinern.

Im **Privatleben** benutzt man nahezu immer das „Du" *(Ty/Ciebie).* Es wird dem Jüngeren vom Älteren, dem Rangniederen vom Ranghöheren, dem Mann von der Frau angeboten. In der Familie duzen sich alle untereinander, doch werden bei Eltern, Großeltern, Onkeln und Tanten der Du-Anrede oft die Verwandtschaftstitel beigefügt: *Mamusia, masz* ... („Mutti, hast du mal ...") oder *babcia, gdzie jest* ... („Oma, wo ist ...").

Begrüßung und Handkuss

Zur Begrüßung drückt man sich die Hand, allerdings nicht so forsch und fest wie in Westeuropa. Oft erscheint einem die präsentierte Hand so schlaff, dass man glaubt, die gegenüber stehende Person sei innerlich abwesend. Diese wiederum mag die Verbindlichkeit des westlichen Händedrucks überraschen.

Wer sich bereits kennt, begrüßt sich intimer: Frauen geben sich gegenseitig einen Kuss auf die linke und die rechte Wange; Männer umarmen sich, zur Geburtstags- und Namensfeier geben sie sich vielleicht sogar einen Kuss. Treffen Mann und Frau aufeinander, ist der Wangenkuss angesagt; der Handkuss, ein Relikt aus alter Feudalzeit, spielt bei Jugendlichen kaum noch eine Rolle.

059po Foto: sg

Grußformeln

Die häufigsten Worte sind *Dzień dobry* („Guten Morgen", „Guten Tag") bzw. *Dobry wieczór* („Guten Abend"). Jugendliche und gute Freunde sagen *cześć* („hallo"), hat man Lust auf ein Gespräch, könnte man fragen *Co nowego?* („Was gibt's Neues?"). Auf dem Land ist noch die Begrüßung *Szcześź Boże* („Glück Gott") gebräuchlich – eine Formel, die auch von Bergleuten benutzt wird, wenn sie in die Grube fahren.

Küss die Hand ...

Całuję rączki („Ich küsse die Händchen") murmelt der Herr und verbeugt sich tief vor der Frau. Kaum dass sie „Hallo" sagen kann, hat er schon ihre Hand ergriffen und haucht darauf seinen Kuss. Die ausländische Besucherin ist verdutzt: Wie kommt ein Fremder dazu, so vertraulich zu sein? Doch sie kann ihm die Hand schlecht entziehen – passiver Widerstand wäre ein Affront gegen polnische Sitte und Höflichkeit.

Da der **Kuss nicht obligatorisch** ist, die Frau also nie weiß, ob ihre Hand gleich geküsst oder nur getätschelt wird, sollte sie dem Mann diese in aller Vorsicht entgegenstrecken – er allein entscheidet über den Fortgang der Geschichte. Übrigens wird nicht nur bei der Begrüßung geküsst, sondern gern auch zwischendurch: zum Beispiel wenn der Mann guter Laune ist, sich für etwas bedanken will oder die Frau um einen Gefallen bittet. Der Handkuss kann Teil eines Flirts sein, ist aber auch Ausdruck von Ehrerbietung gegenüber einer älteren oder gesellschaftlich höherstehenden Frau.

Ein **Tipp für den deutschen Mann,** der nach Polen reist und sich an dem Spiel beteiligen möchte: Verbeugen Sie sich stets so tief wie ein Butler, nehmen Sie die Rechte der Frau und berühren Sie mit den Lippen ihren Handrücken – zehn Zentimeter vor der Hand innehalten gilt nicht, in Polen wird richtig geküsst! Und wenn Sie einer Gruppe gegenüberstehen, so vergessen Sie nicht, dass zuerst immer die Frau begrüßt wird – in Polen geht der Handkuss für die Sekretärin dem Händedruck für den Vorstandschef voraus!

Höflichkeit

Den polnischen Alltag durchzieht eine Höflichkeit, die vielen Deutschen übertrieben erscheint. Gut erzogene kleine Mädchen machen bei der Begrüßung einen Knicks, Jungen geben forsch die Hand. Mit einer Verbeugung dokumentiert der Mann seine Ehrerbietung vor dem „schönen Geschlecht". Er hilft der Frau galant aus dem Mantel und lässt ihr an der Tür den Vortritt.

Danke schön!

Irritierend oft hört man das Wort **dziękuję** („Danke!"). Die Polen wollen sich für alles bedanken: für die nette Begleitung im Aufzug, die Gesellschaft im Zugabteil und die Auskunft am Schalter. Vom Tisch, egal ob zu Hause oder im Restaurant, erhebt man sich mit einem *dziękuję* („Danke!"). Oft ist die Höflichkeit von der realen Situation abgekoppelt, weshalb sie zuweilen groteske Züge annimmt. Warum soll man sich bei jemandem bedanken, der – vielleicht sogar mit Absicht – eine falsche Auskunft erteilt hat? Doch der Pole, der ältere allemal, lässt sich nicht beirren. Etikette muss sein, egal wie sich das Gegenüber verhält: ein scheinbar unausrottbares Relikt höfischen Zeremoniells aus der Adelsrepublik.

Polen legen auf Höflichkeit und ein gepflegtes Erscheinungsbild großen Wert

Kontakte und Tipps

Lieber mündlich als schriftlich

Wer einen Kontakt herstellen will und glaubt, das sollte er schriftlich tun, ist auf dem Holzweg. „Briefe gelten in Deutschland als seriös und verbindlich. Im Idealfall sind sie klar und kurz. Doch das entspricht in Polen fast schon einer Kriegserklärung", schreibt der Soziologe *Krzysztof Wojciechowski,* der im Auftrag der Frankfurter Handelskammer einen **Polen-Knigge** verfasst hat. Darum sollte, wer am Abschluss eines Geschäfts interessiert ist, getrost in den sauren Apfel beißen (der für die Polen keiner ist!) und sich zu einem **Treffen mit dem Partner** verabreden. Für den Deutschen mag das verlorene Zeit sein, doch für den Polen ist es eine vertrauensbildende Maßnahme – er verlässt sich lieber auf seine fünf Sinne als auf Empfehlungen, Kalkulationen und Prognosen. Bei dem Treffen sollte man sich viel Zeit lassen und nicht nur über Geschäftliches reden: „Gerade für Unternehmer gilt in Polen: Sie müssen als Mensch punkten, damit steigt auch der Wert ihrer Produkte", so der Soziologe. Nach einem längeren Gespräch unter vier Augen erübrigt sich meist jeglicher Schreibkram. Und der Handschlag, der die Abmachung besiegelt, wiegt mehr als ein schriftlich fixierter Vertrag. Drum halte man seine Zunge im Zaum und hüte sich vor leeren Versprechungen!

Telefonieren

Es ist noch gar nicht lange her, da war Telefonieren in Polen ein Abenteuer: Wer ein Telefon besaß, war privilegiert. Hatte man keines, musste man zur Post gehen und dort stundenlang auf eine Verbindung warten. Viele Polen haben die Stufe des Festnetzes übersprungen und sind gleich mobil geworden. Wo man auch ist: überall klingelt, piepst und singt es aus dem **Handy.** Trotz hoher Kosten fallen Handy-Gespräche in Polen eher lang aus – man redet gern und kommt vom Hundertsten ins Tausendste.

Pünktlichkeit

„Entschuldige, dass ich zu spät komme, habe mich verplaudert!" Pünktlichkeit ist nicht gerade eine Stärke der Polen. Da fast jeder ein Handy hat, hält man sich bei Verabredungen gern eine Hintertür frei. Oft fügt man, nachdem Tag und Uhrzeit schon vereinbart sind, ein „Wir telefonieren noch!" oder „Ruf doch noch mal an" hinzu. Ob der Termin wahrgenommen wird, hängt davon ab, ob nichts Interessanteres dazwischenkommt.

058po Foto: sg

Verbindlichkeit

In einem Danziger Restaurant ließen wir per Mail einen Tisch reservieren, worauf wir eine schriftliche Bestätigung erhielten. Als wir zur anvisierten Stunde kamen, war das Lokal voll und für uns kein Platz reserviert. Unser Erstaunen wurde mit dem Satz quittiert: „Sie haben die Bestätigung nicht bestätigt, sodass wir glauben mussten, Sie kämen nicht!"

Lieber direkt als diplomatisch

Sag mir, wo du stehst! Erstaunlich direkt sind die Polen, wenn es darum geht, den Standpunkt des deutschen Besuchers zu erfragen. Wie findest du die Stadt? Was sagst du zum neuen Film von Andrzej Wajda? Und was hältst du eigentlich von den Juden? Doch es ist nicht leicht, den Fragesteller mit der Antwort zufrieden zu stellen oder gar mit ihm einer Meinung zu sein. Sagt man etwas Lobendes, folgt ein schnelles „aber"; äußert man sich kritisch, eine vehemente Verteidigungsrede. Hat man sich in der Diskussion vergaloppiert, sollte man nicht stur an seiner Position festhalten; viel besser ist es selbstkritisch einzuräumen: „Da hab ich wohl was Falsches gesagt."

Zugbekanntschaft

Blumen sind Kult

Die Polen lieben Blumen und verschenken sie bei jeder Gelegenheit – sie haben einen wahren Kult daraus gemacht! Zahlen und alles dem Fleurop-Shop überlassen? Nicht in Polen! Auf dem Markt stehen von früh bis spät Blumenfrauen und geben Ratschläge, welches Bouquet das passende ist: Rote Rosen bleiben für die Geliebte reserviert, Lilien und Chrysanthemen überreicht man im Trauerfall.

Die rote Nelke hat an Beliebtheit eingebüßt, wahrscheinlich liegt's daran, dass sie in kommunistischer Zeit die einzig erhältliche Blume war. Bekannten bringt man Schnittblumen mit, Veilchen im Topf sind gut für die Schwester oder eine Freundin. Bei der Übergabe von Blumen ist darauf zu achten, dass sie nicht in Papier, sondern bestenfalls in Klarsichtsfolie eingehüllt sind. Und in einem Land wie Polen dürfen selbstverständlich nur die Frauen mit Blumen beglückt werden, nicht die Männer! Einzige Ausnahme: Weibliche Dankesgesten gegenüber Arzt oder Professor sowie Freunden im Krankenbett.

Kleiderordnung

Die Konventionen werden stetig lockerer, man liebt es, lässig und salopp gekleidet zu sein. Um Wirkung geht es in Diskos und Nachtklubs, der dafür angesagte Code wechselt mit dem jeweiligen Zeitgeist. Elegante Kleidung wird in Edelrestaurants und zu besonderen Anlässen erwartet, teilweise leider auch wieder beim Theater und im Konzert.

Worauf man bei Einladungen achten sollte

Es kann nicht schaden, ein paar Dinge zu beherzigen, die in Polen angesagt sind. Wird man zum Essen eingeladen, bringt man normalerweise etwas mit: Die Frau freut sich über Blumen, der Mann über eine Flasche Wein oder Wodka.

Superpünktlich sollte man nicht sein, Polen könnten sich durch deutsche Präzision irritiert fühlen! Kommen Sie also getrost eine Viertelstunde zu spät, der Gastgeber ist für die gewonnene Zeit dankbar. Wird Ihnen ein „Wässerchen" angeboten, so sagen Sie, auch wenn Sie später noch Auto fahren müssen, bitte nicht nein, zumindest bei der ersten Runde rechnet man fest auf ihre Mitwirkung, mit einem Nein würden Sie die Stimmung vermiesen! Machen Sie auch nicht den Fehler, den Umtrunk mit russischen Wodka-Gelagen zu vergleichen – der polnische Gastgeber wäre verbittert: Er trinkt mit Maß, der Russe säuft!

061po Foto: sg

Gastfreundschaft

„Gast im Haus, Gott im Haus."
(poln. Sprichwort)

Sobald der Besucher die Türschwelle übertritt, ist ein kleines Fest angesagt. Dabei muss der Anklopfende keineswegs ein Vertrauter sein, selbst flüchtige Bekannte oder Freunde von Freunden, die eine Nachricht überbringen, werden freundlich bewirtet. Meist beginnt das Zusammensein mit einem Glas Tee oder Kaffee, zu dem sich rasch ein Teller mit Kuchen gesellt. Ist die Unterhaltung im Fluss, kommt die obligatorische Frage: „Sie bleiben doch zum Essen, nicht wahr?" Sagt man ja, darf man sich auf ein abendfüllendes **Verwöhnprogramm** einstellen. Am besten löst man schon einmal unauffällig den Gürtel, denn es wird mehr als nur ein paar *kanapki,* appetitlich angerichtete Schnittchen, geben. Sämtliche Hebel des Hauses werden in Bewegung gesetzt und findet sich im Kühlschrank nicht genug Vorrat, wird beim Nachbarn geklingelt und alles Nötige besorgt. Gegen das, was sich da anbahnt, ist ab sofort kein Widerspruch seitens des Gastes mehr möglich – er würde als persönlicher Affront gedeutet. „Er isst nicht, weil er uns nicht mag!" würde gedacht oder „Das Essen ist ihm nicht gut genug!" Da ist's besser, man gibt sich unbekümmert dem Genuss hin und lässt sich mästen, bis man, vom vielen Wodka betört, beschwingt unter den Tisch sinkt ...

Grenzüberschreitung

Der Gast bringt Abwechslung in den als eintönig empfundenen Alltag – das Leben ist ja so kurz, man muss es genießen! Doch auch die Freigiebigkeit der Polen hat ihre Grenzen. Kommt da ein Gast, der sich partout nicht verabschieden, sich gar für Tage einquartieren will, löst das Verärgerung aus. In Abwandlung des alten Sprichworts heißt es dann: „Gast im Haus, Gott weiß warum" *(Gość w dom, Bóg wie po co)* oder in gesteigerter Form „Fische und Gäste stinken nach drei Tagen" *(Gość – ja ryba po trzech dniach śmierdzi)*. Eifersüchtige Männer fügen dem gern einen weiteren Spruch hinzu: „Gast im Haus, Frau schwanger" *(Gość w dom, żona w ciąży)* – ein aus bitterer Erfahrung gespeistes Bonmot.

Unterwegs im Land

Sicherheit

Es gibt Klischees, die sich erfüllen – und dazu gehörte in den 1990er Jahren auch das Bild vom Auto, das in Polen „von der Bildfläche verschwand". Immer wieder hörte man abenteuerliche Geschichten. Kaum war man ins Hotel spaziert, um sich nach freien Plätzen zu erkundigen, da hatte sich schon jemand Zugang zum Auto verschafft und davon gemacht – in Richtung Russland, wie die meisten vermuteten, oder aber in Einzelteile zerlegt, sodass es unauffindbar war.

Seit einigen Jahren geht die **organisierte Kriminalität** dank schärferer polizeilicher Maßnahmen zurück, in den touristischen Zentren wurden Überwachungskameras installiert. Das Auswärtige Amt empfiehlt aber immer noch, Kameras, Pässe und Geldbörsen möglichst nicht sichtbar zu tragen. Das Auto sollte man, vor allem wenn es neu ist und zur gehobenen Preisklasse gehört, nie unbeaufsichtigt lassen und in Städten auf bewachten Parkplätzen abstellen.

Wer mit **öffentlichen Verkehrsmitteln** unterwegs ist, sollte vor allem in den Hauptbahnhöfen großer Städte und um sie herum vorsichtig sein. Unter den Stadtbussen erlangte die Warschauer Linie 175 traurige Berühmtheit: Sie verbindet den Flughafen mit der Altstadt und kommt an mehreren Viersternehotels vorbei. Bei Taxis beschränke man sich auf solche Firmen, die mit Telefonnummer und Firmenschild ausgestattet sind.

Kein Pardon für Parksünder

060po Foto: sg

Mit dem Auto

Obwohl es in Polen deutlich weniger Autos als bei uns gibt, ist die Zahl der Verkehrstoten doppelt so hoch. Das liegt nicht nur daran, dass viele Pkws keine Knautschzonen und Airbags haben, sondern auch an der **halsbrecherischen Fahrweise** vieler Polen. In unübersichtlichen Kurven vertrauen die Raser auf Gott, bei auf rot umspringenden Ampeln starten sie prinzipiell durch.

Der Soziologe *Majcherek* beobachtet einen „Hang zur Anarchie", einen „Mangel an Achtung gegenüber Regeln und Gesetzen" und eine „Atmosphäre falsch verstandener Konkurrenz". Wenn jemand besser oder schneller fährt, müsse der Pole – unabhängig von seinen Möglichkeiten – „die erlittene Kränkung wettmachen": Er gibt Gas und unternimmt leichtsinnige Überholmanöver. Wird man selber von der Polizei beim **Zuschnellfahren** erwischt, gibt es eine einfache Methode, die Strafgebühr zu halbieren. Unauffällig reicht man dem Polizisten einen entsprechenden Schein und murmelt *Bóg zapłać* („Gott vergelt's") – meist ist die Sache damit aus der Welt und der Polizist freut sich über das Zubrot.

Hinweise zum Straßenverkehr

- Die erlaubte **Höchstgeschwindigkeit** beträgt in geschlossenen Ortschaften 60 km/h, außerhalb 90 km/h, auf Landstraßen mit zwei Fahrbahnen 100 km/h und auf Autobahnen 130 km/h.
- **Gurtpflicht** besteht in Stadt und Land auf allen Sitzen.
- **Kinder** bis 12 Jahre dürfen nur auf dem Rücksitz transportiert werden.
- Autofahrer müssen von Oktober bis März auch tagsüber mit **Abblendlicht** fahren, Motorradfahrer ganzjährig.
- **Parken** ist bei Dunkelheit nur mit Standlicht gestattet.
- Das **Halten** ist innerhalb von 100 Metern vor und nach einem **Bahnübergang** untersagt.
- Im Bereich von **Kreuzungen** ist das **Überholen** verboten.
- **Straßenbahnen** haben Vorfahrt.
- Die **Blutalkoholgrenze** liegt bei 0,2 Promille.
- **Telefonieren** ohne Freisprechanlage während der Fahrt ist untersagt.

Mit dem Zug

Etwas teurer als der Bus, meist aber bequemer ist die Fahrt mit dem polnischen Zug. Bahnhof heißt im Polnischen *dworzec*. PKP ist die Polnische Staatsbahn. Der **Kauf einer Fahrkarte** *(bilet)* wird vielerorts zum Abenteuer: Die meisten Schalterbeamten, selbst die in der Großstadt, sprechen weder Englisch noch Deutsch. Angesichts langer Schlangen haben sie keine Lust, Geduld für hilflose Wessies aufzubringen. Am besten studiert man zuerst den ausgehängten **Fahrplan** (Fahrpläne zum Mitnehmen gibt es nicht): Die Abfahrten *(odjazdy)* sind auf der gelb markierten, die Ankünfte *(przyjazdy)* auf der weißen Tafel markiert. Auf einem Zettel notiert man Zielort, Abfahrtszeit und möglichst die Zugnummer. Damit geht man zur Kasse und hält ihn der Dame auf ihr gleichgültiges *proszę* („der Nächste, bitte!") unter die Nase. Wählt man einen **reservierungspflichtigen Zug** (auf dem Fahrplan mit einem roten R markiert), zahlt man zusätzlich eine *miejscówka* („Platzkarte"). Nichtraucher insistieren auf *miejsce dla niepalących,* Raucher auf *miejsce dla palących.*

Hat man sich in den Besitz des Tickets gebracht, gilt es den richtigen Zug zu finden. Anders als in Deutschland ist auf dem Fahrplan nicht das Gleis, sondern der **Bahnsteig** *(peron)* angegeben, sodass man nicht weiß: Soll ich in den linken oder rechten Zug einsteigen? Zusätzlich kompliziert wird die Sache dadurch, dass auf einem Gleis oft zwei Züge stehen, die in entgegengesetzte Richtung fahren. Damit man am richtigen Zielort ankommt, sollte man sich vorsichtshalber – und dies mehrfach – beim

Schaffner oder bei anderen Reisenden vergewissern, ob das wirklich der gewünschte Zug ist.

Hat man endlich seinen Platz, beginnt der schöne Teil der Reise. Man kann die vorbeifliegende Landschaft betrachten und sich dem einschläfernden Rhythmus der Räder hingeben. Anders als in Deutschland, wo die Bahnhöfe sich wie ein Ei dem andern gleichen, werden in Polen noch die Unterschiede gepflegt. Lange freilich wird es wohl nicht dauern, dann werden auch hier - wenigstens in den Großstädten - die Bahnhöfe mit Kaufläden, Boutiquen und Imbissständen einheitlich ausgestattet.

Mit dem Bus

Die staatlichen PKS-Busse verkehren auf allen wichtigen Straßen und sind erstaunlich pünktlich. **Fahrkarten** kauft man am Busbahnhof (Dworzec PKS), ist dieser geschlossen, beim Fahrer. Beim Kauf der Karte am Ausgangspunkt bekommt man in der Regel einen nummerierten Sitzplatz. Es geht mit PKS-Bussen meist nur langsam voran, aber oft bieten sie die einzige Möglichkeit, auch kleinere Orte zu erreichen. Die wenigen schnelleren Verbindungen sind auf der Anschlagtafel rot markiert. Daneben gibt es in Polen auch **private Busgesellschaften,** unter denen Polski Express hervorzuheben ist: schnell und direkt, bleibt aber leider auf Verbindungen zwischen größeren Städten beschränkt.

Stadtverkehr

In größeren Städten hat man die Wahl: Entweder kauft man bei der Touristeninformation eine **City-Karte,** die für 1–3 Tage freie Fahrt mit öffentlichen Verkehrsmitteln und kostenlosen bzw. ermäßigten Eintritt in viele Museen bietet, oder man geht zum Zeitungskiosk und kauft dort eine „normale" **Tages- oder Wochenkarte.** Wer nicht alle Museen anschauen will, ist mit der „normalen" Karte besser bedient. Vorsicht: Kontrolleure stürzen sich gern auf Fahrgäste mit Koffer oder Rucksack und kassieren ein Strafgeld, sofern diese kein **Zusatzticket** für das Gepäckstück gekauft (und entwertet) haben!

Toiletten

Ein kleines Wirrsal zum Schluss: Öffentliche Toiletten sind mit Dreieck oder Kreis markiert. Der Herr darf nur beim Dreieck hinein, die Dame beim Kreis. Unabhängig davon, wie schmutzig die Toiletten sind, ist bei der Garderobenfrau eine Gebühr zu zahlen.

062po Foto: sg

ANHANG

Lesetipps

- *Manfred Alexander.* **Kleine Geschichte Polens.** Stuttgart 2003.
  Die Geschichte einer Nachbarschaft, reich an Kriegen und Konflikten, wird in diesem handlichen Reclam-Buch detailliert nachgezeichnet.
- *Alfred Döblin.* **Reise in Polen.** 3. Aufl., München 2001.
  Der Reisebericht aus dem Jahr 1924 liest sich auch heute noch spannend. Viele Abschnitte sind den Juden gewidmet, die zu jener Zeit 10 % der Bevölkerung ausmachten.
- *Ute Frings.* **Anders Reisen.** Reinbek 1998.
  Ein schon etwas älteres, von den Hoffnungen der Umbruchszeit geprägtes Reisebuch. Immer noch mit Gewinn zu lesen.
- **GEO Special Polen.** August 2004.
  Unterhaltsam und faktenreich: mit Beiträgen über Pilzsammler, Schlossbesitzer und Grenzwächter.
- *Hannes Hofbauer.* **Osterweiterung.** Vom Drang nach Osten zur peripheren EU-Integration. Wien 2003.
  Jenseits der Hofberichterstattung: ein kritischer Blick auf die Hintergründe und Auswirkungen der Einbindung Polens in die EU.
- *Andreas Lawaty/Hubert Orłowski.* **Deutsche und Polen.** Geschichte – Kultur – Politik. Beck: München 2003.
  Unverzichtbares Kompendium des Deutschen Polen-Instituts mit über 60 wissenschaftlichen Beiträgen zu Politik und Wirtschaft, Kultur und Identität.
- *Stanisław Jerzy Lec.* **Sämtliche unfrisierte Gedanken.** Zürich 1999.
  In der Kürze liegt die Würze: ein unerschöpflicher Fundus scharf gewetzter Aphorismen für alle Lebenslagen.
- *Hubert Orłowski.* **„Polnische Wirtschaft" – Zum Polendiskurs der Neuzeit.** Wiesbaden 1996.
  Ein Posener Professor analysiert das bis heute wirksame Stereotyp der „polnischen Wirtschaft".
- *Uwe Rada.* **Zwischenland.** Berlin-Brandenburg 2004.
  Geschichten aus dem deutsch-polnischen Grenzgebiet kurz vor dem Eintritt Polens in die EU.
- Die **Polnische Bibliothek** ist ein gemeinsames Projekt des Deutschen Polen-Instituts, der Robert Bosch Stiftung und des Suhrkamp Verlags. Bisher liegen über 50 Bände vor, mit denen deutschsprachigen Lesern das literarische Schaffen der Polen vom Mittelalter bis heute exemplarisch vorgestellt wird.
- **Polnische Literatur und deutsch-polnische Literaturbeziehungen.** Berlin 2003.

Kostproben polnischer Literaten und Texte deutscher Autoren zu Polen: Materialien für mehr als nur den Deutschunterricht mit einer beigelegten zweisprachigen CD.

- Das **Panorama der polnischen Literatur des 20. Jahrhunderts** erschien im Ammann-Verlag und bietet in sieben Bänden einen Überblick über Dichtung, Prosa und pointierte Kurzformen aus Polen.
- *Bob Ordish,* **Polnisch – Wort für Wort.** Reise Know-How Verlag.
Spezieller Sprachführer für die Reise aus der Kauderwelsch-Serie für den schnellen Einstieg in die Polnische Umgangssprache. Separater AusspracheTrainer und Digitalvariante für den PC erhältlich.
- *Dieter Schulze,* **Polen aktiv,** Reise Know-How Verlag.
Der Praxis-Ratgeber für alle, die im Urlaub vor allem aktiv sein wollen: am Meer, auf Flüssen und Seen sowie im Gebirge.
- *Christine Jaath,* **Polens Norden – Ostseeküste und Masuren,** Reise Know-How Verlag.
Das aktuelle Reisehandbuch beschreibt zwei der schönsten Regionen Polens ausführlich: die gesamte Ostseeküste mit ihrem Hinterland und die Masuren. Viele praktische Tipps und alle Sehenswürdigkeiten.
- *Katarzyna Jone und Christine Rahn,* **Warschau und Umgebung, Krakau mit Tschenstochau,** Reise Know-How Verlag.
In den zwei City-Guides werden die interessantesten Metropolen Polens mit Liebe zum Detail und vielen Hintergründen beschrieben. Dazu eine Fülle praktischer Tipps zum Eintauchen in das pralle Stadtleben.
- *Izabella Gawin,* **Polens Süden,** Reise Know-How Verlag, 2005.
Breslau und Riesengebirge, Krakau und die Waldkarpaten – informativ und locker geschrieben, dazu auf dem neuesten Stand.

- Auch mehrere Zeitschriften und Periodika beschäftigen sich mit Polen, so der von der Deutsch-Polnischen Gesellschaft etwa alle sechs Monate veröffentlichte zweisprachige **Dialog.**
- Seit 1990 gibt das Deutsche Polen-Instituts das Jahrbuch **Ansichten** heraus: mit Essays zur polnischen Kultur, Politik und Geschichte, Leseproben polnischer Autoren, Chroniken und Bibliographien.
- Wissenschaftliche Ansprüche erhebt **Inter finitimos:** mit Aufsätzen zur deutsch-polnischen Beziehungsgeschichte und gemeinsamen Forschungsprojekten.

Informatives aus dem Internet

Die meisten Seiten sind in Englisch verfasst oder haben zumindest eine englische Sprachversion – deutsche Versionen gibt es nur relativ selten. Offizielle Seiten, z. B. die der Botschaft und des Fremdenverkehrsamts, sind recht zuverlässig, während auf privaten Seiten die Information oft im Schatten bezahlter Werbung steht.

Tourismus

- **www.polen-info.de:** Polnisches Fremdenverkehrsamt Berlin
- **www.poleninfo.at:** Polnisches Fremdenverkehrsamt Wien

Diplomatische Vertretungen und CIA

- **www.botschaft-polen.de:** Polnische Botschaft
- **www.auswaertiges-amt.de:** Deutsches Auswärtiges Amt
- **www.cia.gov/cia/publications/factbook/geos/pl.html:** US-Factbook

Infos aller Art

- **www.info-polen.com**
- **www.urlaub-polen.de**
- **www.entdecke-osteuropa.de/pl.htm**
- **www.slowik-page.de**
- **www.gopoland.com**
- **www.poland.pl**

Deutsch-polnische Beziehungen

- **www.deutsches-polen-institut.de:** Deutsches Polen-Institut in Darmstadt
- **www.pol-institut.de:** Düsseldorfer Polen-Institut
- **www.dhi.waw.pl:** Deutsches Historisches Institut in Warschau
- **www.dialogonline.org:** Magazin der Deutsch-Polnischen Gesellschaft
- **www.interfinitimos.de:** Zeitschrift Inter Finitimos
- **www.kulturforum-ome.de:** Deutsches Kulturforum Östliches Europa
- **www.deutsche-und-polen.de:** Begleitmaterial zu einer Fernsehreihe
- **www.wochenblatt.pl:** Schlesisches Wochenblatt der deutschen Minderheit

- **www.rbb-online.de/kowalskitrifftschmidt:** „Kowalski trifft Schmidt"
- **www.polnischeversager.de:** Berliner Kult-Institution

Kultur und Medien

- **www.cbos.pl:** Polnisches Meinungsforschungsinstitut
- **www.warsawvoice.pl:** Warschauer Wochenzeitung auf englisch
- **www.jewish.org.pl:** Jüdische Gemeinden in Polen

Sprache

- **www.free.polbox.pl/s/schwert/Polaussp.html:** Grundwortschatz mit Ausspracheregeln

Unterkunft

Bei Online-Buchungen von Hotels ist Vorsicht geboten: Beim letzten Vergleich zeigte sich, dass die vor Ort zu zahlenden Preise häufig günstiger als die im Web angegebenen waren.

- **www.hotelsinpoland.com**
- **www.polen-billig.de**
- **www.agritourism.pl**
- **www.ecotraveller.pl**
- **www.campingpolska.com**
- **www.ferienhaus-polen.net**

Verkehr/Reisevorbereitung

- **www.routenplanung.de**
- **www.pkp.pl:** Polnische Staatsbahn
- **www.pks.pl:** Polnische Busgesellschaft
- **www.deutsche-touring.com:** Dt. Touring GmbH (Europabus)
- **www.wetteronline.de/Polen.htm:** Polens aktuelle Wetterkarte

KulturSchock

Diese Reihe vermittelt dem Besucher einer fremden Kultur wichtiges Hintergrundwissen. **Themen** wie Alltagsleben, Tradition, richtiges Verhalten, Religion, Tabus, das Verhältnis von Frau und Mann, Stadt und Land werden nicht in Form eines völkerkundlichen Vortrages, sondern praxisnah auf die Situation des Reisenden ausgerichtet behandelt. Der **Zweck** der Bücher ist, den Kulturschock weitgehend abzumildern oder ihm gänzlich vorzubeugen.

- D. Jödicke, K. Werner, **KulturSchock Ägypten**
- Carl D. Goerdeler, **KulturSchock Argentinien**
- Elfi H. M. Gilissen, **KulturSchock Australien**
- Carl D. Goerdeler, **KulturSchock Brasilien**
- Jens Sobisch, **KulturSchock Cuba**
- Hanne Chen, **KulturSchock VR China/Taiwan**
- H. Schröder-Kühn, M. Richter, **KulturSchock Familienmanagement im Ausland**
- Kirstin Kabasci, **KulturSchock Golfemirate/Oman**
- Rainer Krack, **KulturSchock Indien**
- Kirsten Winkler, **KulturSchock Iran**
- Martin Lutterjohann, **KulturSchock Japan**
- Kirstin Kabasci, **KulturSchock Jemen**
- M. Würmli, U. Friesen, **KulturSchock Kaukasus**
- Sam Samnang, **KulturSchock Kambodscha**
- Michael Schultze, **KulturSchock Laos**
- Klaus Boll, **KulturSchock Mexiko**
- Muriel Brunswig, **KulturSchock Marokko**
- Hanne Chen, Henrik Jäger (Hrsg.) **KulturSchock Mit anderen Augen sehen**
- Susanne Thiel, **KulturSchock Pakistan**
- Barbara Löwe, **KulturSchock Russland**
- Andreas Drouve, **KulturSchock Spanien**
- Rainer Krack, **KulturSchock Thailand**
- Manfred Ferner, **KulturSchock Türkei**
- I. Hámos, I Sohlo, **KulturSchock Finnland**
- Monika Heyder, **KulturSchock Vietnam**

Reise Know-How Verlag, Bielefeld

Alle Reiseführer von Reise

Reisehandbücher
Urlaubshandbücher
Reisesachbücher
Rad & Bike

Afrika, Bike-Abenteuer
Afrika, Durch, 2 Bde.
Agadir, Marrak./Südmarok.
Ägypten individuell
Ägypten Niltal
Alaska ⇗ Kanada
Algarve
Algerische Sahara
Amrum
Amsterdam
Andalusien
Apulien
Äqua-Tour
Argentinien, Uru., Para.
Athen
Äthiopien
Auf nach Asien!
Australien, Osten/Zentr.
Auvergne, Cevennen

Bahrain
Bali und Lombok
Bali, die Trauminsel
Bangkok
Barcelona
Berlin
Borkum
Botswana
Brasilien
Brasilien kompakt
Bretagne
Budapest
Bulgarien
Burgund

Cabo Verde
Canada ⇗ Kanada
Chile, Osterinseln
China Manual
Chinas Norden
Chinas Osten
Cornwall
Costa Blanca
Costa Brava
Costa de la Luz
Costa del Sol
Costa Dorada
Costa Rica
Cuba

Dalmatien
Dänemarks Nordseek.
Disneyland Resort Paris
Dominik. Republik
Dubai, Emirat

Ecuador, Galapagos
El Hierro
Elsass, Vogesen
England – Süden
Erste Hilfe unterwegs
Europa BikeBuch

Fahrrad-Weltführer
Fehmarn
Florida
Föhr
Friaul, Venetien
Fuerteventura

Gardasee
Golf v. Neapel, Kampan.
Gomera
Gotland
Gran Canaria
Großbritannien
Guatemala

Hamburg
Hawaii
Hollands Nordseeins.
Holsteinische Schweiz
Honduras
Hongkong, Macau, Kant.

Ibiza, Formentera
Indien Norden, Süden
Iran
Irland
Island
Israel, palästinens. Gebiete, Ostsinai
Istrien, Velebit

Jemen
Jordanien
Juist

Kairo, Luxor, Assuan
Kalabrien, Basilikata
Kalifornien, USA SW
Kambodscha
Kamerun
Kanada Alaska, USA Ost, NO, West
Kap-Provinz (Südafr.)
Kapverdische Inseln
Kenia
Kerala
Korfu, Ionische Inseln
Korsika
Krakau
Kreta
Kreuzfahrtführer

Ladakh, Zanskar
Langeoog
Lanzarote
La Palma
Laos
Lateinamerika BikeB.
Libyen
Ligurien
Litauen
Loire, Das Tal der
London

Madagaskar
Madeira
Madrid
Malaysia, Singapur, Brunei
Mallorca
Mallorca, Leben/Arbeiten
Mallorca, Wandern auf
Malta
Marokko
Mauritius/La Réunion
Mecklenb./Brandenb.: Wasserwandern
Mecklenburg-Vorp. Binnenland
Mexiko
Mexiko kompakt
Mongolei
Motorradreisen
München
Myanmar

Namibia
Nepal
Neuseeland BikeBuch
New York City
Norderney
Nordfriesische Inseln
Nordseeküste NDS
Nordseeküste SLH
Nordseeinseln, Dt.
Nordspanien
Normandie

Oman
Ostfriesische Inseln
Ostseeküste MVP
Ostseeküste SLH
Outdoor-Praxis

Panama
Panamericana, Rad-Abenteuer
Paris
Peru, Bolivien
Peru kompakt
Phuket
Polens Norden
Prag
Provence
Pyrenäen

Qatar

Rajasthan
Rhodos
Rom
Rügen, Hiddensee

Sächsische Schweiz
Salzburg
San Francisco
Sansibar
Sardinien
Schottland
Schwarzwald – Nord
Schwarzwald – Süd
Schweiz, Liechtenstein
Senegal, Gambia
Singapur
Sizilien
Skandinavien – Norden
Slowenien, Triest

now-How auf einen Blick

Spaniens Mittelmeerk.
Spiekeroog
Sri Lanka
St. Lucia, St. Vin., Gren.
Südafrika
Südnorwegen, Lofoten
Südwestfrankreich
Sydney
Sylt
Syrien

Taiwan
Tansania, Sansibar
Teneriffa
Thailand
Thailand – Tauch- und Strandführer
Thailands Süden
Thüringer Wald
Tokyo
Toscana
Transsib
Trinidad und Tobago
Tschechien
Tunesien
Tunesiens Küste
Türkei, Hotelführer

Uganda, Ruanda
Umbrien
USA/Canada
USA, Gastschüler
USA, NO, S, SW, W
USA – Südwesten, Natur u. Wandern
USA SW, Kalifornien, Baja California
Usedom

Venedig
Venezuela
Ver. Arab. Emirate
Vietnam

Wales
Warschau
Westafrika – Sahel
Westafrika – Küste
Wien
Wo es keinen Arzt gibt

Yukatan

Zypern

Edition RKH

Abenteuer Anden
Burma – Land der Pagoden
Durchgedreht
Finca auf Mallorca
Geschichten/Mallorca
Goldene Insel
Mallorca, Leib u. Seele
Mallorquinische Reise
Please wait to be seated!
Salzkarawane, Die
Südwärts Lateinamerika
Taiga Tour
Traumstr. Panamerikana
Unlimited Mileage

Praxis

(Auswahl, vollständiges Programm siehe Homepage.)

Aktiv Algarve
Aktiv Andalusien
Aktiv Dalmatien
Aktiv frz. Atlantikküste
Aktiv Gardasee
Aktiv Gran Canaria
Aktiv Istrien
Aktiv Katalonien
Aktiv Marokko
Aktiv Polen
Aktiv Slowenien
Als Frau allein unterwegs
Australien: Reisen/Jobben
Australien: Outback/Bush
Auto durch Südamerika
Ayurveda erleben
Bordbuch Südeuropa
Clever buchen/fliegen
Clever kuren
Drogen in Reiseländern
Fernreisen, Fahrzeug
Fliegen ohne Angst
Fun u. Sport im Schnee
Geolog. Erscheinungen
Gesund. Dtl. Heilthermen
GPS f. Auto, Motorrad
GPS Outdoor
Inline-Skaten Bodensee
Inline Skating
Islam erleben
Kanu-Handbuch
Konfuzianismus erleben
Kreuzfahrt-Handbuch
Küstensegeln
Maya-Kultur erleben
Mountain Biking
Mushing/Hundeschlitten
Orientierung mit Kompass und GPS
Paragliding-Handbuch
Reisefotografie
Reisefotografie digital
Respektvoll reisen
Richtig Kartenlesen
Safari-Handbuch Afrika
Selbstdiagnose unterwegs
Shoppingguide USA
Sicherheit/Bärengeb.
Spaniens Fiestas
Sprachen lernen
Tango in Buenos Aires
Transsib – Moskau-Peking
Trekking-Handbuch
Trekking/Amerika
Trekking/Asien Afrika
Tropenreisen
Unterkunft/Mietwagen
Verreisen mit Hund
Wandern im Watt
Was kriecht u. krabbelt in den Tropen
Wein-Reiseführer Italien
Wein-Reiseführer Toskana
Wildnis-Ausrüst., Küche
Wohnmobil-Ausrüstung
Wohnmobil-Reisen
Wüstenfahren

KulturSchock

Ägypten
Argentinien
Australien
Brasilien
China, VR/Taiwan
Cuba
Familenmanagement
Finnland
Golf-Emirate, Oman
Indien
Iran
Islam
Japan
Jemen
Kambodscha
Kaukasus
Laos
Leben in fremd. Kulturen
Marokko
Mexiko
Pakistan
Polen
Russland
Spanien
Thailand
Türkei
USA
Vietnam

Wo man unsere Reiseliteratur bekommt:
Jede Buchhandlung Deutschlands, der Schweiz, Österreichs und der Benelux-Staaten kann unsere Bücher beziehen. Wer sie dort nicht findet, kann alle Bücher über unsere **Internet-Shops** bestellen.
Auf den Homepages gibt es **Informationen** zu allen Titeln:

www.reise-know-how.de oder **www.reisebuch.de**

Register

T

U

V

Bildnachweis

Die Kürzel an den Abbildungen stehen für folgende Personen, Firmen und Einrichtungen. Wir bedanken uns für ihre freundliche Abdruckgenehmigung.

am Andrzej Mleczko (Galeria autorska Andrzeja Mleczki, Warschau und Krakau, www.mleczko.pl)
em Ethnografisches Museum Tarnów, A. Barto
kd Krzysztof Dydo (Plakatgalerie Krakau)
mn Muzeum Narodowe we Wrocławiu
pf Polnisches Fremdenverkehrsamt, Berlin (www.polen-info.de)
sg Izabella Gawin, Dieter Schulze
to Towarzystwo im. Fryderyka Chopina, Warschau

OSTSEE
MORZE BAŁTYCKIE
Pommersche Bucht
Zatoka Pomorska
Gdyn
Słupsk
Gdańsk (Danzig)
Koszalin
Ahlbeck
Dziwnów
Wolin
Szczecin (Stettin)
Lubieszyn
Grudziądz
Stargard Szczeciński
Bydgoszc
Schwedt
Krajnik Dolny
Toruń
Altglietzen
Osinów Dolny
Warta
Gorzów Wielkopolski
Gniezno
Gorgast
Kostrzyn
Berlin
Frankfurt (Oder)
Poznań (Posen)
Guben
Gubin
Zielona Góra
Cottbus
Forst
Prosna
DEUTSCHLAND
Wrocław (Breslau)
Zgorzelec
Dresden
Görlitz
Odra
Jelenia Góra
Jakuszyce
Wałbrzych
Opole
Labe
Hradec Králove
Prag
Ostrava
TSCHECHIEN
Morava
0
200 km

atoka
łańska
Kaliningrad
RUSSLAND
LITAUEN
Braniewo
Wolfs-
schanze
Kętrzyn
Suwałki
Elbląg
Ełk
albork
Sorkwity
Augustów
Olsztyn
Hrodna
WEISS-
RUSSLAND
Grunwald
(Tannenberg)
Szymany
Łomża
Białystok
Ostrołęka
Narew
Bug
Warszawa
(Warschau)
Brest
Łódź
Pilica
Wisła
Radom
Piotrków
Trybunalski
Lublin
Częstochowa
(Tschenstochau)
Kielce
Zamość
Sosnowiec
Katowice
Kraków
(Krakau)
Tarnów
Rzeszów
Ľviv
San
Auschwitz
Wieliczka
Przemyśl
Krosno
Sanok
Bielsko
Biała
Nowy Sącz
UKRAINE
Zakopane
SLOWAKEI

064po Foto: sg

063po Foto: sg

Die Autoren

Dr. Dieter Schulze studierte Literatur und Politik, Dr. Izabella Gawin Kunst und Kulturwissenschaften. Sie ist in Polen aufgewachsen, nach der Wende trieb es sie ins Land ihrer Kindheit zurück. 1991 überredete sie ihren Freund zu einer ersten gemeinsamen Reise nach Krakau. Sie blieben vier Monate, verliebten sich in den morbiden Charme dieser Stadt und beschlossen, ein Buch über sie zu schreiben. In der Folge fuhren sie jeden Sommer nach Polen, reisten kreuz und quer durchs Land und erlebten die Jahre des Aufbruchs. Sie arbeiteten für Merian und GEO und verfassten Reisebücher für DuMont, Reise Know-How und die Edition Temmen.

Danksagung

Unser Dank gilt allen, die uns bei unseren Recherchen mit Rat und Tat unterstützten: ganz besonders dem Karikaturisten Andrzej Mleczko, aber auch unseren Freunden Jurek und Marta, Adam und Ewa, Anna und Agniezska, Jacek, Jolanta, Bibek und Ela.